फिल्म निर्देशन

फिल्म निर्देशन

कुलदीप सिन्हा

राधाकृष्ण प्रकाशन

ISBN : 978-81-8361-098-8

फिल्म निर्देशन

पहला संस्करण : 2007
चौथा संस्करण : 2019
This book is printed on **Print on Demand** Technology : 2024

मूल्य : ₹795

प्रकाशक
राधाकृष्ण प्रकाशन प्राइवेट लिमिटेड
जी-17, जगतपुरी, दिल्ली-110 051

शाखाएँ : अशोक राजपथ, साइंस कॉलेज के सामने, पटना-800 006
पहली मंजिल, दरबारी बिल्डिंग, महात्मा गांधी मार्ग, प्रयागराज-211 001
1, अनमोल सोराबजी संतुक लेन, धोबी तलाव, मरीन लाइंस, मुम्बई-400 002
वेबसाइट : www.radhakrishnaprakashan.com
ई-मेल : info@radhakrishnaprakashan.com

FILM NIRDESHAN
by Kuldeep Sinha

मेरे पूज्य बड़े भैया तथा उन सभी जनों को जिनकी प्रेरणा तथा उत्साहवर्धन से मैं आज इस मुक़ाम तक पहुँच सका।

—कुलदीप सिन्हा

मुझे कुछ कहना है...

मेरे लिए लेखन सिर्फ एक अभिव्यक्ति ही नहीं है बल्कि एक फिल्म लेखक, निर्देशक एवं सम्पादक के रूप में पिछले तीन दशकों में सँजोए हुए अनुभवों को उन सभी से बाँटना है जो फिल्मों के सपने तो देख सकते हैं परन्तु साधनों के अभाव में उन्हें साकार नहीं कर पाते। अधिकतर फिल्म साहित्य अंग्रेजी में आयातित होना एक मुख्य कारण है इसीलिए हिन्दी में सिनेमा शिक्षा साहित्य का लेखन मेरा एक स्वप्निल प्रयास है।

मेरी पूर्व लिखित पुस्तक 'पटकथा लेखन के तत्त्व' की अपार सफलता के पश्चात् राष्ट्रभाषा हिन्दी में सिनेमा शिक्षा साहित्य श्रृंखला की अगली कड़ी 'फिल्म निर्देशन' उन सभी हिन्दी भाषी फिल्म प्रेमियों को समर्पित है जिन्होंने फिल्मों की कलात्मक दुनिया में चमकने के सपने सँजोए हैं। जहाँ 'पटकथा लेखन के तत्त्व' ने लेखकों को पटकथा लेखन की तकनीकियों से अवगत कराया है, वहीं यह पुस्तक 'फिल्म निर्देशन' उन सभी भावी फिल्म निर्देशकों का मार्गदर्शन करेगी जो फिल्म क्षेत्र में अपनी पहचान बनाना चाहते हैं।

फिल्म निर्माण की प्रक्रिया में पटकथा लेखन, निर्देशन एवं सम्पादन तीन मुख्य चरण हैं। हर अच्छे निर्देशक में इन तीनों चरणों की विशेष समझ आवश्यक है, इसीलिए इन्हें फिल्म निर्देशक की सफलता का सोपान भी कहते हैं। मुझे याद है, एक बार फिल्म संस्थान पुणे के प्रांगण में अनेक सफल फिल्मों के निर्माता, निर्देशक एवं सम्पादक श्री ऋषिकेश मुकर्जी ने अपने विचार व्यक्त करते हुए हमें सुझाव दिया था कि यदि कोई सफल निर्देशक बनना चाहता है तो उसे लेखन एवं सम्पादन अवश्य सीखना चाहिए। यही बात ऋषि दा की फिल्मों में हमेशा महसूस की जाती रही है और इसीलिए ऋषि दा का नाम सफल निर्देशकों की पंक्ति में अग्रणी रहा है।

ये मेरा सौभाग्य है कि मेरी पिछली पुस्तक 'पटकथा लेखन के तत्त्व' सिर्फ फिल्मकारों द्वारा ही नहीं सराही गई बल्कि जनसंचार माध्यम के विशेषज्ञों एवं समीक्षकों ने भी इसे प्रशंसित किया है। एस.एन.डी.टी. महिला विश्वविद्यालय ने

जनसंचार माध्यम की स्नातकोत्तर शिक्षा के लिए इसे 'सन्दर्भ पुस्तक' का मान देकर इस पुस्तक के उद्‌देश्य को साकार कर दिया है। फिल्म शिक्षा के अधिक एवं सारगर्भित ज्ञान के लिए 'पटकथा लेखन के तत्त्व' एवं 'फिल्म निर्देशन' दोनों ही पुस्तकों का पठन अधिक उपयोगी होगा।

पुस्तक 'फिल्म निर्देशन' के लेखन के आरम्भ से अन्त तक विभिन्न प्रकार से प्राप्त सहयोग के लिए मैं श्री मधुकर इंगले, श्रीमती अजीता नायर, श्रीमती काजल परचानी आदि के साथ वरिष्ठ फिल्म समीक्षक श्री सुरेश शर्मा का हार्दिक आभार प्रकट करता हूँ जिन्होंने समय-समय पर मुझे प्रेरित कर इस लेखन को गति दी। इसके अतिरिक्त मैं उन सभी का आभारी हूँ जिन्होंने सिनेमा शिक्षा में हिन्दी लेखन की पहल का स्वागत करते हुए मेरा उत्साहवर्धन किया। आशा है कि यह पुस्तक 'फिल्म निर्देशन' एक बार फिर सभी की अपेक्षाओं पर खरी उतरेगी।

धन्यवाद।

—कुलदीप सिन्हा

सी-56, हैदराबाद इस्टेट
नेपियन सी रोड
मुम्बई 400026

दृश्यावलोकन

दृश्य-1

फिल्म निर्देशन : एक परिचय

सब देखते हैं, उसी तरह मैंने भी एक सपना देखा था फिल्म निर्देशक बनने का। उस समय लगा था कि ये सिर्फ एक स्वप्न ही रहेगा और सभी स्वप्न साकार नहीं होते। एक मध्यम वर्गीय परिवार में बच्चे डॉक्टर, इंजीनियर बनते थे या फिर बैंक में या किसी सरकारी कार्यालय में नौकरी। फिल्म, नाटक या फिर गाना-बजाना, इसे आदर-सम्मान की दृष्टि से नहीं देखा जाता था, शायद इसीलिए न जाने कितने लोगों की रचनात्मक प्रतिभा विकसित होने के पूर्व ही दम तोड़ देती थी। परन्तु मेरे मन में रचनात्मकता काफी तीव्रता से अपना विकास करने को उन्मुख थी और आयु की उस सीढ़ी पर मेरी कल्पना ने अभिव्यक्त होना आरम्भ कर दिया, गीत, कविताओं, नाटक तथा उपन्यास लेखन के रूप में। शायद औरों की तरह मैं भी डॉक्टर ही बन जाता परन्तु हिन्दी साहित्य की एक सर्वश्रेष्ठ विभूति तथा ऐतिहासिक उपन्यासकार डॉ. वृन्दावन लाल वर्मा द्वारा की गई मेरे प्रथम उपन्यास 'उड़ते पंछी' की प्रशंसा तथा प्रेरणा ने न सिर्फ मेरे अध्ययन की दिशा बदली परन्तु मेरे अन्तर्मन में छुपी हुई कल्पनाशीलता तथा रचनात्मक शक्ति को एक नया आयाम भी दे दिया। मेरे सपनों ने एक करवट ली और डॉक्टर बनने के सपने देखते-देखते मैं 'डायरेक्टर' बनने के सपने देखने लगा।

अपनी मध्यमवर्गीय पृष्ठभूमि तथा पारिवारिक विचारधारा तथा परम्परा को तोड़कर एक ऐसे व्यवसाय की कल्पना, जिसे आदर की दृष्टि से न देखा जाता हो, को साकार करना उतना ही दुर्गम था जितना एक अपाहिज के लिए पहाड़ चढ़ना। सिर्फ अपनी रचनात्मक तथा कल्पनात्मक शक्ति के अतिरिक्त मेरी और कोई धरोहर नहीं थी। थी तो वह मेरी 'इच्छाशक्ति' तथा मेरा 'दृढ़ निश्चय'। उसी समय पुणे के फिल्म संस्थान की प्रसिद्धि आरम्भ हो गई थी। सोचा, फिल्म संस्थान के द्वारा शायद कोई मार्ग प्रशस्त हो। फिर भी फिल्म संस्थान तक पहुँचना मुझे कठिन ही नहीं असम्भव सा लग रहा था। इस आशा-निराशा के झूले में झूलते हुए एक दिन मैंने एक लॉटरी टिकट खरीदा अपने पॉकेट मनी से। यह मेरा पहला और अन्तिम टिकट था। सोचने लगा कि यदि कहीं मेरी लॉटरी लग गई तो मैं

स्वयं ही फिल्म निर्माता बनकर अपनी फिल्म का निर्देशन करूँगा। और एक दिन स्वप्न में मैं वाकई निर्देशक बन गया था, और उस समय के बड़े सितारे जीतेन्द्र, नवीन निश्चल तथा शर्मिला टैगोर आदि को एक बड़े से महल के सेट पर 'डायरेक्ट' कर रहा था। जैसे हर स्वप्न टूटता है, मेरा यह स्वप्न भी टूटा और मैं वास्तविकता के धरातल पर आ गया परन्तु इस स्वप्न ने मेरे 'फिल्म निर्देशक' बनने की इच्छा को और बलवती बना दिया। शायद इसी दृढ़ निश्चय ने मुझे एक स्वप्न से उसे साकार होने की लम्बी यात्रा तय करने में सहायता दी है और मेरी इस यात्रा में फिल्म संस्थान का पड़ाव अत्यन्त महत्त्वपूर्ण है।

आपको अपने जीवन के उन्नत अंश से परिचित कराने के पीछे एक मुख्य कारण है आपको ये बताना कि फिल्म निर्देशक बनने के लिए किसी व्यक्ति में इन गुणों का होना अत्यन्त आवश्यक है–

1. कल्पना शक्ति; 2. रचनात्मक प्रतिभा; 3. अभिव्यक्ति; 4. दृढ़ निश्चय।

1. कल्पना शक्ति

चाहे वह फिल्म हो या नाटक या लेखन कार्य, इनमें सफलता का प्रथम सूत्र है किसी व्यक्ति में मौलिक कल्पना शक्ति का होना। यह मौलिक कल्पना शक्ति हमारे जीवन या आस-पास घटित होनेवाली उन घटनाओं को, जिनसे हमारा जीवन किसी-न-किसी रूप में प्रभावित होता है, एक विशिष्ट दृष्टिकोण से विश्लेषित करने या उसे अलग तरीके से जानने या समझने की प्रेरणा देती है। इस विश्लेषण से सृजनकर्त्ता एक नई विचारधारा को जन्म देता है जो अन्य लोगों की या सामान्य प्रचलित विचारधारा से भिन्न होती है।

2. रचनात्मक प्रतिभा

मौलिक कल्पना में उभरी विभिन्न विचारधाराओं, सूचनाओं तथा सूत्रों को एक साथ पिरोने के लिए आवश्यक होती है रचनात्मक प्रतिभा, बिलकुल वैसे ही जैसे विभिन्न रंगों तथा आकारों के फूल-पत्तियों को पिरोकर एक सुन्दर-सी माला बनाई जाती है। यह रचनात्मक प्रतिभा हर व्यक्ति में अलग होती है क्योंकि इसका कोई निश्चित मापदंड नहीं होता। इसकी सफलता या असफलता सिर्फ अन्तिम परिणाम पर निर्भर करती है।

3. अभिव्यक्ति

यदि एक चित्रकार अपनी पेंटिंग में निहित भाव दर्शकों तक नहीं पहुँचा पाता तो यह उसकी अभिव्यक्ति की असफलता है। अपनी कल्पना को रचनात्मक रूप में एक ही सूत्र में बाँधने के बाद उसको अभिव्यक्त करना सृजन का अन्तिम चरण है। आधी-अधूरी या अस्पष्ट अभिव्यक्ति सम्पूर्ण रचना को निरस्त तथा असफल कर सकती है। स्पष्ट अभिव्यक्ति की यह क्षमता एक फिल्म निर्देशक के लिए भी उतनी ही आवश्यक है जितनी किसी नाटककार, लेखक या अभिनेता तथा अन्य रचनाकारों के लिए।

4. दृढ़ निश्चय

किसी भी उद्देश्य की प्राप्ति के लिए सर्वाधिक आवश्यक है किसी व्यक्ति में दृढ़ निश्चय होना। ये जितना किसी अन्य व्यवसाय में सच है उतना ही या फिर उससे अधिक, पर कम नहीं, जरूरी है एक फिल्म निर्देशक के लिए, क्योंकि फिल्म निर्देशन सिर्फ एक कार्य नहीं है बल्कि कई रचनात्मक धाराओं का संगम है, चाहे वह नाटक हो, लेखन हो, चित्रकारी हो, भवन निर्माण हो, संगीत हो या फिर अभिनय आदि। एक फिल्म निर्देशक को कला की विभिन्न विधाओं का कार्यात्मक ज्ञान होना चाहिए। इसके अतिरिक्त फिल्म निर्माण से सम्बन्धित विभिन्न तकनीकी जानकारी भी फिल्म निर्देशन का अभिन्न अंग है, जिसके अभाव में किसी व्यक्ति का एक सफल फिल्म निर्देशक बनना यदि असम्भव नहीं तो कठिन अवश्य है। ये सब ज्ञान प्राप्त करने के लिए फिल्म निर्देशक बनने का स्वप्न सँजोए हुए व्यक्ति में 'दृढ़ निश्चय' होना चाहिए।

किसी फिल्म के निर्माण की सम्पूर्ण प्रक्रिया में लेखन, निर्माण तथा निर्देशन अति महत्त्वपूर्ण हैं। ये तीनों कार्य किसी एक व्यक्ति द्वारा भी किए जा सकते हैं अथवा अलग-अलग व्यक्तियों द्वारा या फिर एक ही कार्य कई व्यक्तियों द्वारा भी किए जा सकते हैं, जैसे कई व्यक्ति मिलकर फिल्म का निर्माण कर सकते हैं या कई लेखक एक साथ सामूहिक रूप से फिल्म का लेखन कर सकते हैं। फिल्म की कहानी, पटकथा एवं संवाद भी अलग-अलग व्यक्तियों द्वारा लिखा जाना सामान्य है परन्तु ये असम्भव है कि कई व्यक्ति मिलकर फिल्म का निर्देशन करें। फिल्म निर्माण में इन कार्यों को निम्नलिखित श्रेणियों में रखा जा सकता है–

1. निर्देशक (Director); 2. निर्माता (Producer); 3. निर्माता-निर्देशक (Producer-Director); 4. लेखक-निर्देशक (Writer-Director); 5. लेखक-निर्माता

(Writer-Producer); 6. लेखक-निर्माता-निर्देशक (Writer-Producer-Director)।

इन श्रेणियों में यह देखा जा सकता है कि एक व्यक्ति के पास विभिन्न कार्यों का अनुभव एक साथ हो सकता है परन्तु एक जहाज के कप्तान या वाद्यवृन्द के संयोजक की तरह एक निर्देशक का किसी फिल्म के निर्देशन में सम्पूर्ण अधिकार होना चाहिए। फिल्म की शूटिंग फिल्म का एक महत्त्वपूर्ण अंग है। सोचिए कि कई निर्देशक शूटिंग के समय परस्पर विरोधी आदेश दे रहे हैं तो क्या होगा ? बिलकुल वही होगा जो एक समुद्र में चलते हुए या किसी तूफान में घिरे हुए जहाज को अलग-अलग कप्तान विभिन्न आदेश दे रहे हों या किसी वाद्यवृंद कार्यक्रम में विभिन्न संयोजक विभिन्न वादकों को अलग-अलग आदेश दे रहे हों, परिणामतः न तो जहाज बचेगा और न ही कार्यक्रम ठीक होगा।

कभी-कभी एक निर्देशक सिर्फ 'फिल्म निर्देशन' तक ही अपने आपको सीमित कर देता है, एक निर्माता पटकथा लिखने तक की पूरी जिम्मेदारी अपने ऊपर ले लेता है। निर्देशक का काम मात्र शूटिंग करना होता है। सम्पादन काल में निर्देशक का सहयोग सिर्फ रफ कट (Rough Cut) तक ही होता है, इसे डायरेक्टर्स कट (Directors Cut) भी कह सकते हैं। इसके पश्चात् निर्माता सम्पादक के द्वारा फिल्म का फाइनल कट (Final Cut) करवाकर फिल्म पूरी कर देता है। इस दशा में यह सम्भव है कि फाइनल कट (Final Cut) निर्देशक के कट से बिलकुल अलग हो। हमारी भारतीय फिल्मों के निर्माण में सामान्यतः यह प्रक्रिया नहीं अपनाई जाती परन्तु कई विदेशी फिल्मों के निर्माण में विदेशों में यह कभी-कभी होता है। किसी फिल्म के निर्माण में फिल्म निर्देशक का महत्त्व निर्माण में उसकी भागीदारी अथवा सहयोग के प्रतिशत पर भी निर्भर करता है।

किसी भी ध्वनि-दृश्य माध्यम (Audio Visual Medium) में निर्देशन की मूल तकनीकियाँ समान होती हैं। यदि अन्तर होता है तो मुख्य विषयवस्तु पर जो मुद्रण (Recording) के माध्यम, प्रस्तुतीकरण, प्रदर्शन की विभिन्न परिस्थितियाँ (Viewing Conditions) तथा दर्शकों की संख्या पर आधारित है। यह अन्तर मुख्य रूप से सिनेमा तथा टेलीविजन में देखा जाता है। कहते हैं कि सिनेमा मूल रूप से 'मूक' था। उसमें 'ध्वनि' जोड़ी गई परन्तु टेलीविजन मूल रूप से ध्वनि प्रसारण (Sound Broadcasting) था उसमें दृश्य जोड़े गए। यह भेद अधिकतर फिल्मों में तथा टेलीविजन कार्यक्रमों के बीच देखा जाता है, यद्यपि समयान्तर में दोनों माध्यमों में होते रहे तकनीकी विकास का प्रभाव एक-दूसरे पर पड़ता रहा है। इस प्रकार दोनों माध्यमों के प्रस्तुतीकरण में तकनीकी दूरियाँ भी कम हुई हैं। कुछ बड़े फिल्म निर्माताओं ने टेलीविजन से घटती हुई इस दूरी की

प्रतिक्रियास्वरूप अधिक-से-अधिक दर्शकों को फिल्मों की तरफ आकर्षित करने के प्रयास में सिनेमास्कोप, पेनाविजन, 70 mm, स्टीरियोफोनिक या डाल्वी ध्वनि तकनीकों का विकास किया। वहीं टेलीविजन माध्यम में प्रयोग की जानेवाली हलकी-फुलकी प्रकाश व्यवस्था, कैमरे तथा सम्पादन तन्त्रों से लघु तथा कलात्मक फिल्म निर्माताओं को भी प्रोत्साहन मिला। टेलीविजन की बढ़ती हुई लोकप्रियता ने बड़े-बड़े उद्योगपतियों को भी फिल्मी स्तर पर टेलीविजन कार्यक्रम बनाने के लिए आकर्षित किया।

टेलीविजन माध्यम में आए कई तकनीकी तथा रचनात्मक परिवर्तनों ने इसके मूलभूत स्वरूप को भी काफ़ी हद तक बदल दिया है। आरम्भ में दूरदर्शन तुरन्त प्रसारण के लिए प्रयोग किया जाता था जिसमें खेल, किसी राजनीतिक, सामाजिक या सांस्कृतिक घटना या कार्यक्रम का सीधा प्रसारण (Live Telecast) किया जाता था। उसी समय घटनेवाली किसी घटना को स्वयं की आँखों से उसी समय देखना किसी भी दर्शक के लिए एक सुखद अनुभव होता था और दर्शक अपने आपको उसमें पूर्णरूप से लिप्त हुआ पाता था। धीरे-धीरे आज इस स्थिति में परिवर्तन आया है। आज सिर्फ कुछ महत्त्वपूर्ण घटनाओं या कार्यक्रम को छोड़कर सभी कार्यक्रम पहले से ही टेप पर रिकॉर्ड कर लिए जाते हैं और बाद में उन्हें प्रसारित किया जाता है, इसे अन्तराल प्रसारण (Differed Telecast) कहते हैं। चाहे ये वृतचित्र हों, नाटक हों या अन्य कार्यक्रम, सभी को पहले से रिकार्ड कर लिया जाता है, बाद में इसका सम्पादन करके एक कार्यक्रम तैयार कर लिया जाता है। ये रिकॉर्डिंग या शूटिंग वीडियो टेप या सेल्यूलोयड फिल्म पर की जाती है। इसका मुख्य कारण यह भी है कि वीडियो टेप की सम्पादन तकनीक इतनी विकसित हो गई है कि टेलीविजन नाटक या भव्य कार्यक्रम फिल्म तकनीक के काफी पास हो गए हैं और फिल्म या टेप पर रिकॉर्ड करके उसका सम्पादन कम खर्चीला तथा कम समय में हो जानेवाला हो गया है, अतः निर्देशकों को ये काम उतना ही आसान लगता है जैसे कोई खेल।

इसी प्रकार फिल्म निर्माण की तकनीक में भी टेलीविजन का प्रभाव देखा जा सकता है। पहले फिल्म की शूटिंग सिर्फ एक कैमरे से की जाती थी और उसका परिणाम तथा गुणवत्ता जानने के लिए निर्देशक तथा छायाकार को रशेज (Rushes) आने तक प्रतीक्षा करनी पड़ती थी। यदि कुछ गलत हुआ तो फिर उसी 'शूटिंग' की पुनरावृत्ति करनी पड़ती थी। आज फिल्म शूटिंग के लिए कई कैमरों का प्रयोग (Multiple Camera Set up), रिफ्लेक्स व्यूफाइंडर इमेज (Reflex View-finder Images) को एक टेलीविजन मॉनीटर पर उसी समय देखा जा सकता है

या उसे टेप करके बार-बार 'प्ले बैक' (Play Back) किया जा सकता है। इस प्रकार निर्देशक व छायाकार को 'रशेज' आने की प्रतीक्षा नहीं करनी पड़ती। कुछ गलत होने पर उसी समय पुनः शूटिंग कर ली जाती है। इस तकनीक में फिल्म निर्माण में होनेवाले समय तथा धन दोनों की ही बचत होती है। कई कैमरों के प्रयोग से समानान्तर रूप से सम्पादन भी किया जा सकता है। दृश्य संयोजन (Vision Mixer) में एक कैमरे के दृश्यों से दूसरे कैमरे के दृश्यों तक आवश्यकतानुसार पहुँचा जा सकता है। इन्हें पूर्ण रूप में अलग कैमरों में एक साथ शूटिंग करके बाद में भी सम्पादित (Edit) किया जा सकता है। ये निर्देशक के द्वारा चुने हुए विकल्प पर निर्भर करता है।

यह एक सामान्य धारणा है कि किसी भी सांस्कृतिक या रचनात्मक अभिव्यक्ति का सम्पूर्ण श्रेय मात्र एक व्यक्ति को होता है, जैसे किसी कलाकृति के लिए कलाकार या किसी कहानी, उपन्यास, काव्य आदि के लिए लेखक। फिल्म माध्यम के आरम्भ में जब मूक फिल्में बनती थीं जो एक नए माध्यम का प्रयोगात्मक एवं शैशवकाल था, तब लूमियर बन्धुओं ने जिन फिल्मों का निर्माण किया वह रचनात्मक अभिव्यक्ति कम थी बल्कि किसी घटना की उसी रूप में चलचित्र रूप में प्रस्तुति अधिक थी। दर्शकों के सम्मुख चलती-फिरती आकृतियाँ

फिल्म : एराइवल ऑफ ए ट्रेन (1896)

एक विशेष आकर्षण का केन्द्र थीं। उदाहरणस्वरूप 'एराइवल ऑफ ए ट्रेन', 'लीविंग द फैक्ट्री', 'ए डेमोलीशन' आदि मूक फिल्में या सत्य घटनाओं का फिल्मीकरण। इन फिल्मों के लिए न तो लेखक होते थे और न ही सम्पादक व ध्वनि मुद्रक। कई बार निर्देशक स्वयं ही कैमरा चलाया करते थे। फिल्मों के विकास के प्रथम दशक में अधिकतर फिल्मों का निर्माण एक व्यक्ति के अथक परिश्रम और कल्पना का ही परिणाम होता था।

विकास की सीढ़ियाँ पार करते हुए पहली बार 1903 में एडविन एस. पोर्टर ने एक एक्शन दृश्य (Action Sequence) की कल्पना करके 'द ग्रेट ट्रेन रॉबरी' फिल्म का निर्माण किया और फिल्मों के पर्दे पर सोच-विचार कर तैयार की गई 'कथावस्तु' (Story Line) को प्रस्तुत करके अपनी विशिष्ट सूझबूझ का परिचय दिया। इस दृश्य को अलग-अलग टुकड़ों (Shots) में शूट करके उन्हें समय तथा क्रम के अनुसार जोड़कर एक नई तकनीक फिल्म सम्पादन (Film Editing) का आरम्भ किया गया। मि. पोर्टर ने एक शॉट में छायांकित छायाचित्रों में निहित स्थान (Space) तथा उसके तत्त्वों (Elements) की गहनता (Depth) का विश्लेषण करके उन्हें अन्य शॉट के चित्रों से सम्बन्धित (Relate) करने का प्रयास किया। इस प्रकार एक शॉट से दूसरे शॉट को जोड़ने की प्रक्रिया में निरन्तरता (Continuity), समय, स्थान तथा वांछित प्रभाव (Desired Effects & Feelings) पर मुख्य ध्यान दिया गया। कहना गलत नहीं होगा कि मि. पोर्टर ने पहली बार फिल्म माध्यम के द्वारा किसी निश्चित कथावस्तु को प्रभावपूर्ण तरीके से कहने की विधा (Narrative Form) का अविष्कार किया जो आज भी फिल्म की कथावस्तु कहने की एक प्रचलित विधा (Form) है।

फिल्म निर्देशक

सप्ताह प्रति सप्ताह जैसे ही कोई नई फिल्म सिनेमाहॉल में रिलीज होती है फिल्मी पत्र-पत्रिकाओं में, समाचारपत्रों के फिल्मी कॉलमों में फिल्म के बारे में चर्चाओं, आलोचनाओं, समालोचनाओं, सफलता-असफलता पर आँकड़ों तथा विश्लेषणों का दौर शुरू हो जाता है। किसी फिल्म को दर्शक (आलोचकों की नजर में) सिर पर उठा लेते हैं तो किसी को सिरे से नकार देते हैं और इस सफलता व असफलता का सेहरा निर्देशक के सिर पर पहना दिया जाता है। आखिर ऐसा क्यों? जिस फिल्म में इतने सारे लोग एक उद्देश्य को लेकर चलते हैं, फिल्म निर्माण में सहयोगी सभी व्यक्ति अपने-अपने हुनर, कला, ज्ञान तथा तकनीकी का सर्वश्रेष्ठ प्रदर्शन करने से पीछे नहीं हटते तो फिर फिल्म की सफलता या असफलता का ताज सिर्फ निर्देशक के सिर पर ही क्यों? ये एक बहुत ही महत्त्वपूर्ण प्रश्न है। कहा जाता है कि यदि फिल्म अच्छी है या सफल है तो उसकी जिम्मेदारी लेखक, निर्देशक, छायाकार, रिकॉर्डिस्ट, अभिनेता, कला तथा संगीत निर्देशक, संवाद लेखक आदि सभी बाँटते हैं परन्तु यदि फिल्म स्तरहीन है या असफल है तो उसका उत्तरदायित्व सिर्फ फिल्म निर्देशक का है। कुछ अजीब-सी स्थिति है ये, शायद फिल्म निर्देशक के साथ अन्याय भी। सफलता का सेहरा सबके सिर, असफलता का सिर्फ उसके सिर। बात अनुचित है परन्तु सत्य है क्योंकि फिल्म निर्देशक जहाज के कप्तान की तरह होता है जो जहाज चालन में सहयोगी तकनीशियनों तथा कर्मचारियों को दिशा निर्देश देकर जहाज को एक निश्चित दिशा प्रदान करता है ताकि वह सही रास्ते पर चलता रहे। एक गलत निर्देश जहाज को दिशाहीन करने के साथ अनगिनत सहयात्रियों के जीवन को खतरे में डाल सकता है। सहयोगियों का कार्य कप्तान के दिशा-निर्देशों का अपनी योग्यतानुसार सर्वश्रेष्ठ तरीके से पालन करना होता है। यही कार्यप्रणाली फिल्म निर्माण में फिल्म निर्देशक तथा अन्य समूह के सदस्यों द्वारा अपनाई जाती है।

मूल रूप से फिल्म निर्देशक का माध्यम है जिसमें निर्देशक का कार्य फिल्म निर्माण की योजना बनने के साथ ही आरम्भ हो जाता है। निर्देशक सर्वप्रथम

सुनिश्चित फिल्म की कथा को आत्मसात करता है और फिर पटकथा लेखन से लेकर फिल्म निर्माण के प्रत्येक विभाग से सम्बन्धित कार्यों को अपनी कल्पना, रुचि तथा विचारधारा के अनुरूप एक योजनाबद्ध कार्यक्रम तैयार करता है जिसके पश्चात् एक-एक कर फिल्म निर्माण के विभिन्न पड़ाव पार करता है। तकनीकी रूप से हर क्षेत्र में निर्देशक की कल्पनाशीलता का प्रभाव होता है, फिल्म के पर्दे पर जो कुछ भी होता है, दिखाई देता है या सुनाई देता है उसके पीछे निर्देशक की कल्पना या स्वीकृति जरूर होती है। वाद्यवृन्द के प्रबन्धक की तरह ही निर्देशक का कार्य होता है कि वह कथा के अनुसार फिल्म निर्माण के सभी विभागों में सामंजस्य बनाकर उचित परिणाम तथा प्रभाव प्राप्त करे। यहाँ एक बात ध्यान में रखनी चाहिए कि फिल्म के पर्दे पर स्वयं कुछ भी नहीं होता, सब कुछ कराया जाता है चाहे वह चिड़ियों का चहकना हो या रेलगाड़ी का आना या फिर प्राकृतिक क्रियाकलाप जैसे बारिश होना या सर्दी में बर्फ का गिरना आदि। जो भी होता है या किया जाता है वह मूल रूप से कथा एवं दृश्य की आवश्यकता के अनुसार ही होता है। किसी विशेष दृश्य में किसी विशेष प्रभाव के लिए निर्देशक विशेष रंग-योजना, प्रकाश-व्यवस्था, साज-सज्जा, अभिनय व संवादोच्चारण का सुझाव दे सकता है जिसे कार्यान्वित करने के लिए उसके तकनीकी सहयोगी भरपूर प्रयत्न करते हैं। इस मार्गदर्शन के लिए निर्देशक के पास फिल्म की तकनीकी ज्ञान-सम्पदा होने के साथ समाज, देश, रीति-रिवाज, धर्म एवं संस्कृति, विभिन्न सामाजिक समूहों तथा व्यक्तियों के व्यवहार, सोच-विचार तथा रहन-सहन आदि का ज्ञान होना भी आवश्यक है ताकि वह कथा के चरित्रों तथा दर्शकों की भावनाओं तथा सम्वेदनाओं के साथ सामंजस्य कर सकें।

एक फिल्म निर्देशक तथा उसके सहयोगियों के बीच एक मुख्य अन्तर यह भी है कि निर्देशक किसी फिल्म को सम्पूर्ण परिपेक्ष्य में देखता है जब कि अन्य सिर्फ अपने-अपने विभागों से सम्बन्धित कार्य में ही सीमित होते हैं। उनका सोच, उनकी विशेषता, उनका कार्यज्ञान उन्हीं के विभाग में निहित होता है, उसके अतिरिक्त न ही उनकी क्षमता होती है और न ही आवश्यकता। इसीलिए फिल्म की असफलता का सेहरा सिर्फ निर्देशक के सिर पर होता है और सफलता का दायित्व सभी पर। इस परिपेक्ष्य में निर्देशक की भूमिका काफी महत्त्वपूर्ण हो जाती है।

तकनीकी रूप से निर्देशक का सम्बन्ध फिल्म के व्यवसाय, वितरण तथा प्रदर्शन आदि से अधिक नहीं होता परन्तु उसका ये दायित्व होता है कि वह किसी फिल्म की कल्पना या योजना बनाते समय इन क्षेत्रों का ध्यान रखें क्योंकि फिल्म

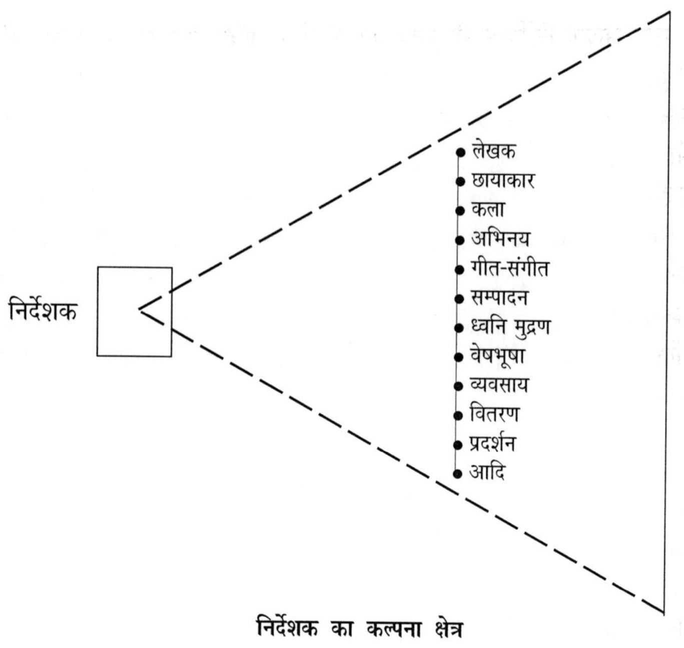

निर्देशक का कल्पना क्षेत्र

निर्माण एक महँगा व्यवसाय है, अतः निर्देशक को फिल्म का आर्थिक पक्ष ध्यान में रखते हुए ही उसी प्रकार की योजना बनानी चाहिए ताकि आर्थिक कारणों से निर्माता की कमर न टूट जाए।

निर्देशक का अन्य महत्त्वपूर्ण दायित्व है अपने दर्शकों को एक निश्चित उद्देश्य (कथा के अनुरूप) तक ले जाना। अपने कलात्मक तथा तकनीकी ज्ञान द्वारा कथा को फिल्म के प्रारूप में रुचिकर बनाकर दर्शकों तक पहुँचाना निर्देशक का प्रमुख कार्य है यद्यपि अभिनेताओं के अतिरिक्त उसके तकनीकी सहयोगी भी उसको समुचित सहयोग देते हैं, अतः निर्देशक का अपने सहयोगियों के साथ कलात्मक सामंजस्य होना बहुत आवश्यक है। निर्देशक को अपनी कल्पना के अनुसार उनसे काम निकालना चाहिए तथा उनके साथ अपने व्यवहार में सन्तुलन बनाए रखना चाहिए। एक तकनीकी रूप से कमजोर निर्देशक सामान्यतः अपनी यूनिट के सदस्यों पर निर्भर रहकर उनके दबाव में कार्य करता है जो उचित नहीं है क्योंकि सभी का अपना अलग सोच तथा अहं होता है। वह फिल्म को सम्पूर्णता में देखने में असमर्थ होते हैं, अतः एक निर्देशक को अपनी अन्तरात्मा को सन्तुष्ट करते हुए इच्छित परिणाम प्राप्त करने का प्रयत्न करना चाहिए।

एक आदर्श निर्देशक में मुख्य गुण ये होने चाहिए कि यह स्वयं अहं रहित होते हुए सम्पूर्ण फिल्म में डूब जाए। उसका हर एक्शन, उसका सोच, उसकी कल्पना सभी फिल्म को सुरुचिपूर्ण तथा सफल बनाने के लिए होना चाहिए। यहाँ ये भी जान लेना चाहिए कि आर्थिक सफलता का कोई विशेष फॉर्मूला नहीं होता। यदि होता तो शायद कोई भी फिल्म असफल नहीं होती, अतः निर्देशक को फिल्म की आर्थिक सफलता एवं असफलता के जाल से निकलकर एक अच्छी फिल्म बनाने के सतत प्रयास करते रहना चाहिए क्योंकि एक अच्छी फिल्म बनाना सिर्फ निर्देशक तथा अन्य के पक्ष में ही नहीं है, उनके अपने अधिकार क्षेत्र में आता है। किसी भी फिल्म में निर्देशक की ईमानदारी तथा सच्चाई दिखाई देनी चाहिए। एक निर्देशक की सफलता की बस यही परिभाषा है।

एक फिल्म निर्देशक अपने आपको हमेशा दोराहे पर खड़ा हुआ पाता है। एक ओर जहाँ उसका दायित्व मूल कथा के लेखक तथा निर्माता के लिए होता है वहीं दूसरी ओर वह अपने दर्शकों के लिए भी उत्तरदायी होता है, जिनकी उससे कुछ अपेक्षाएँ होती हैं और जिन्हें पूरा करना उसका कर्त्तव्य है। यही कर्त्तव्य उसे मूल कथा के लेखक के साथ जिसकी मौलिक कल्पना शक्ति उस कथा से जुड़ी हुई है तथा निर्माता जो फिल्म निर्माण में लगनेवाली बड़ी लागत का प्रबन्ध करता है, के साथ भी निभाना पड़ता है। फिल्म की आवश्यकता तथा दर्शकों की रुचि के अनुसार कथा के मौलिक स्वरूप में परिवर्तन आवश्यक होते हैं जिसके कारण कभी-कभी लेखक आहत हो जाते हैं, अतः निर्देशक को मूल कथा, निर्माता तथा दर्शकों की अपेक्षाओं के अनुरूप सन्तुलन बनाए रखते हुए कार्य करना चाहिए। एक सफल निर्देशक का प्रयास होना चाहिए कि वह अपनी फिल्म के सर्वश्रेष्ठ परिणामों के लिए कार्य करे न कि सिर्फ अपनी प्रसिद्धि के लिए, क्योंकि एक अच्छी फिल्म अपने निर्देशक को सफलता एवं प्रसिद्धि की सीढ़ियाँ स्वयं ही चढ़ा देती है।

जितना आसान दिखाई देता है, एक निर्देशक का कार्य एवं उत्तरदायित्व, उतना आसान नहीं होता। अतः फिल्म निर्देशक बनने के इच्छुक व्यक्तियों को सर्वप्रथम उसके दायित्व एवं उत्तरदायित्व, तकनीकी ज्ञान, असीमित कल्पना शक्ति, प्रबन्ध क्षमता, धैर्य एवं सम्वेदनशीलता आदि गुणों का विकास करना चाहिए ताकि एक निर्देशक परिस्थितियों तथा व्यक्तियों की कठपुतली बनकर न रह जाए।

फिल्म दर्शक

एक फिल्म निर्देशक जहाँ एक ओर मुख्यतः अपने निर्माता तथा लेखक के लिए उत्तरदायी होता है उसी प्रकार दर्शकों के लिए भी। चाहे कोई भी प्रदर्शन हो, बिना दर्शकों की उपस्थिति तथा झुकाव के, व्यर्थ ही माना जाएगा। चाहे वह मंचन हो, संगीत सभा हो या एक फिल्म, इन सभी के दर्शक समूह की अपनी पहचान तथा व्यक्तित्व होता है, जिसमें हर दर्शक एक व्यक्ति तथा एक समूह के रूप में अलग-अलग परिस्थितियों में अलग-अलग तरीके से व्यवहार करता है, क्योंकि प्रत्येक दर्शक का बुद्धिस्तर अलग-अलग होता है। एक फिल्म निर्देशक को अपनी फिल्म की योजना बनाने के पूर्व यह सुनिश्चित कर लेना चाहिए कि उसका दर्शक समूह एवं उनका बुद्धिस्तर क्या है। एक व्यावसायिक फिल्म के निर्माण में सामान्यतः औसत बुद्धिस्तर वाले दर्शक या समूह का ध्यान रखा जाता है ताकि उसे अधिक-से-अधिक लोग देख सकें...जाहिर है इसीलिए व्यावसायिक फिल्मों का बजट भी अधिक होगा और उसके निर्माण में व्यावसायिक एवं गुणवत्ता का विशेष ध्यान रखा जाएगा। इसके विपरीत अधिकतम बुद्धिस्तरवाले दर्शकों की संख्या कम होने से लाभ भी कम होंगे अतः बजट भी कम होगा। इन दोनों ही परिस्थितियों में निर्देशक का प्रयास यही होना चाहिए कि निर्माण गुणवत्ता में समझौता किए बिना अधिक-से-अधिक दर्शकों को

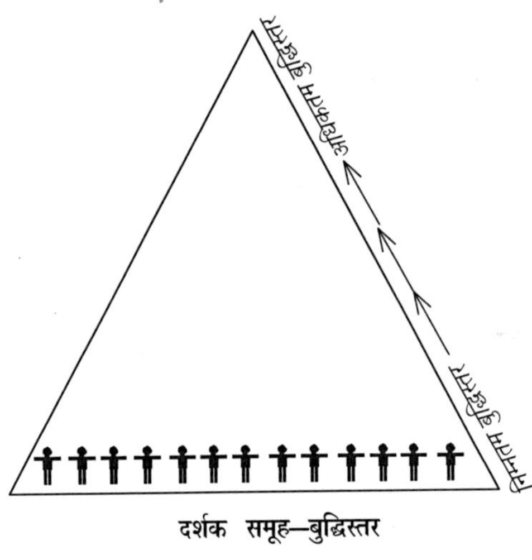

दर्शक समूह—बुद्धिस्तर

आकर्षित किया जाए। चूँकि दर्शक समूह में बुद्धिस्तर का कोई निश्चित मापदंड नहीं होता, इसीलिए दर्शकों के मस्तिष्क एवं कल्पनाशीलता पर बिना दबाव दिए ऐसी फिल्म बनाई जाए जो हर वर्ग के दर्शक को स्वीकार हो और उसमें किसी भी वर्ग के दर्शक की बुद्धि अथवा सामान्य ज्ञान को चुनौती न दी गई हो।

दर्शक समूह में प्रत्येक दर्शक के बुद्धिस्तर में अन्तर होने के साथ ही उनकी रुचि, धर्म एवं संस्कृति, आचार-विचार आदि में भी भारी अन्तर होता है। सिनेमा हॉल में प्रत्येक दर्शक अलग-अलग तरीके से प्रतिक्रिया व्यक्त करता है। एक निर्देशक का मुख्य दायित्व है कि सभी प्रकार के दर्शकों को अपनी कल्पना शक्ति तथा कहानी कहने की शैली द्वारा एक ही भावनात्मक स्तर पर लाकर फिल्म समाप्त होने तक उन्हें अपने साथ ले जाए। इस कार्य में एक निर्देशक की समानता एक जादूगर से की जा सकती है जो अपने दर्शकों को अपनी इच्छानुसार अपने बौद्धिक स्तर पर ले आता है और वह वही देखते और समझते हैं जो जादूगर उन्हें दिखाना तथा समझाना चाहता है। इस प्रक्रिया में वह उचित समय पर तनाव एवं रहस्य उत्पन्न करता है, फिर उसका समाधान प्रस्तुत करता है, फिर एक नया तनाव और फिर समाधान। यही प्रक्रिया अन्त तक चलती रहती है और दर्शक उसमें उलझा रहता है। बिलकुल इसी प्रकार एक फिल्म निर्देशक को अपनी कथा कहने की शैली निर्धारित करनी चाहिए, जिसमें समस्या हो, तनाव हो, फिर उसका समाधान हो और समाधान भी ऐसा जो दर्शकों के सोच एवं कल्पना के दायरे से बाहर हो।

फिल्म निर्देशक को ये भी जानना चाहिए कि एक सामान्य व्यक्ति/दर्शक एक समय में एक ही प्रभाव पर प्रतिक्रिया कर सकता है। यदि एक ही समय में कई समस्याएँ, कई तनाव, कई समाधान होंगे तो दर्शक उन्हें पचा नहीं पाएँगे, अतः एक बार में एक ही मुख्य समस्या को प्रमुखता देकर आगे बढ़ना चाहिए। जब तक इसका समाधान न हो जाए दूसरी समस्या नहीं लानी चाहिए। इसके उदाहरणस्वरूप ये देखा गया है कि जब कई व्यक्ति एक साथ बात करते हैं तो किसी एक की ही बात सुनी जा सकती है, अन्य की नहीं। और जो सुनी जाती है उसमें भी स्पष्टता का अभाव होता है। यही बात सिनेमा हॉल में आए हुए हर दर्शक पर लागू होती है।

प्रत्येक व्यक्ति की देखने तथा सुनने की सीमा में भी अन्तर होता है, जैसे मनुष्य की आँखें एक ही बार में बहुत सारी चीजें तथा दूरी देख सकती हैं, वहीं कान सबसे नजदीक की ध्वनि ही सुन पाते हैं। इस समस्या से निपटने के लिए फिल्म निर्देशक के पास आसान-सा समाधान ये है कि वह जो भी ध्वनि (पास

से या दूर से आती हुई) सुनाना चाहता है उसको रिकॉर्डिंग के समय प्रमुखता दे। इस प्रकार दृश्य के अनुसार छवि (Images) तथा ध्वनि में सन्तुलन बना दिया जाता है और एक फिल्म दर्शक पर्दे पर दिखाई देनेवाले चित्र एवं ध्वनि में तारतम्य बनाए रखता है।

फिल्म निर्माण

अधिकतर लोगों का मानना है कि फिल्म तकनीक किसी भी रचनात्मक अभिव्यक्ति का एक प्राकृतिक माध्यम है क्योंकि फिल्म कला का आधार अन्य सभी कलाओं का संगम है परन्तु फिल्म निर्माण के लिए फिल्म तकनीक की जानकारी उतनी ही आवश्यक है जितनी किसी साहित्यकार के लिए भाषा का ज्ञान अथवा किसी संगीतज्ञ के लिए सुर, ताल एवं लय का ज्ञान। फिल्म निर्माण में तकनीकी जानकारी जरूरी है परन्तु इसकी अधिकता कथ्य की प्रभावशाली अभिव्यक्ति में बाधक होती है, इसीलिए अधिकतर फिल्मकार स्वयं को फिल्म तकनीशियन नहीं मानते। फिल्म निर्माण में उपयुक्त विभिन्न तकनीकें किसी अभिव्यक्ति को अधिक-से-अधिक प्रभावशाली बनाने की प्रक्रिया में मात्र एक यन्त्र की भूमिका निभाती हैं, चाहे वह छायाकार हो, कला निर्देशक हो, सेट डिजानर हो या विशिष्ट प्रकाश-व्यवस्था आदि हो। सभी एक निश्चित गंतव्य के लिए कार्य करते हैं। यह गंतव्य है प्रत्येक दृश्य को कहानी के अनुसार अधिक-से-अधिक प्रभावशाली बनाना न कि अपने-अपने विभाग से सम्बन्धित तकनीकी श्रेष्ठता का प्रदर्शन करना।

फिल्म निर्माण में आजकल अनेक निर्देशक नाटक (Theatre) या टेलीविजन का अनुभव लेकर प्रवेश करते हैं। अधिकतर निर्देशक इस प्रकार अपने पूर्व अनुभवों के आधार पर किसी विशिष्ट तकनीक या शैली के विशेषज्ञ हो जाते हैं परन्तु उनमें सिनेमा माध्यम की आवश्यकता के अनुसार किसी विशेष तकनीकी या अभिव्यक्ति का अभाव होता है। इस तरह के निर्देशकों को तकनीकी सहयोग तो मिलता है लेकिन तकनीकी जानकारी के अभाव में ये अपनी विशेष शैली को उस तकनीक के साथ प्रभावपूर्ण तरीके से संयोजित नहीं कर पाते, अतः किसी भी फिल्म निर्देशक को फिल्म माध्यम की तकनीकी जानकारी होनी ही चाहिए ताकि वह उस तकनीक को अपनी रचनात्मक अभिव्यक्ति के लिए ठीक तरह से प्रयोग कर सके और तकनीक का बन्धक बनकर न रह जाए या अन्य तकनीशियनों से स्वयं को कमजोर न समझे। अतः एक निर्देशक को कथा कथन

(Story Telling), पटकथा प्रस्तुति, छायांकन, ध्वनि तथा सम्पादन आदि की कार्यरूप जानकारी होना चाहिए।

फिल्म निर्माण तथा फाइनेंस (आर्थिक व्यवस्था)

फिल्म निर्माण की योजना बनाने के साथ ही सबसे पहला तथा प्रमुख कार्य होता है फिल्म की लागत तैयार करना। यह एक विशेष कार्य है जो किसी भी निर्माता या निर्देशक के द्वारा न तो अकेले किया जाता है और न ही अकेले किया जाना चाहिए क्योंकि इस कार्य में फिल्म की कहानी के अधिकार खरीदने से लेकर पटकथा लेखन, गीत-संगीत, कलाकार तथा अन्य सहयोगी तकनीशियन, शूटिंग तथा शूटिंग के पश्चात् प्रयोग होनेवाले साजो-सामान तथा उपकरण (Equipments) से लेकर फिल्म का विज्ञापन, प्रचार-प्रसार तथा प्रदर्शन तक के सारे व्ययों का आकलन किया जाता है और यह कार्य अकेले निर्माता या निर्देशक के बस का नहीं है, इसके लिए किसी अनुभवी फिल्म लेखाकार या निर्माण प्रबन्धक (Production Manager) का सहयोग लेना चाहिए।

कई बार ऐसा भी देखा गया है कि फिल्म की लागत तैयार करते समय अधिकांश निर्माता या निर्देशक सिर्फ शूटिंग पूरी होने तक को अधिक महत्त्व देते हैं और शूटिंग के पश्चात् होनेवाले व्यय जैसे रश प्रिंट, सम्पादन, पार्श्व संगीत तथा पुनर्ध्वनि, डबिंग तथा अन्तिम प्रिंट आदि पर होनेवाले खर्च को नज़रअन्दाज कर जाते हैं क्योंकि उनके विचार से यह मामूली या साधारण-सा व्यय है जिसके लिए उन्हें कोई चिन्ता करने की आवश्यकता नहीं है। पर उनका यह सोचना गलत है। कम लागतवाली तथा नए निर्माता या निर्देशकों की फिल्मों में ऐसा होना अति सामान्य बात है। ऐसी कई फिल्में होती हैं जिनकी शूटिंग पूरी होने के बाद भी वह प्रदर्शन के लिए तैयार नहीं हो पाती क्योंकि फिल्म के लिए निश्चित लागत शूटिंग में ही खत्म हो जाती है। कुछ अनुभवी निर्माता या निर्देशक शूटिंग के बाद होनेवाले व्यय को वितरकों से मिलनेवाली कीमत या किस्त मिलने की आशा में अपने बजट में शूटिंग पश्चात् कार्य का प्रावधान नहीं रखते। यह एक खतरनाक स्थिति हो सकती है। फिल्म निर्माण में बढ़ती प्रतियोगिता तथा स्टार सिस्टम (Star System) और अधिकतर फिल्मों की लागत भी वसूल न कर पाना, आदि कारणों से वितरक तथा प्रदर्शक अग्रिम धन देने से कतराते हैं। ऐसा अधिकतर कम लागतवाली या कला फिल्मों के निर्माण के साथ होता है परन्तु अधिक लागतवाली या बड़ी कम्पनियों की फिल्में भी इससे अछूती नहीं हैं। ऐसी बड़े

बजट, बड़ी कम्पनी तथा बड़े कलाकारोंवाली अनगिनत फिल्में हैं जिनमें वितरक अग्रिम धन नहीं देते और फिल्में पूरी नहीं हो पातीं या फिर प्रदर्शित नहीं हो पातीं। अतः बजट बनाते समय आरम्भ से अन्त तक की लागत का आकलन उपलब्ध धन (Available Money) या स्वीकृत धन (Committed Money) के आधार पर करना चाहिए और किसी भी मद को छोड़ना नहीं चाहिए।

एक नए फिल्मकार जिसकी आर्थिक पृष्ठभूमि अधिक अच्छी न हो, उसे फिल्म का बजट या व्यय करते समय अत्यधिक सावधान रहने की आवश्यकता है। इसके लिए उसे अपनी विषय-वस्तु पर पूर्ण विश्वास होना चाहिए और एक योजनाबद्ध तरीके से उसे अपना विषय, कार्ययोजना, बजट तथा प्रदर्शन योजना आदि प्रस्तुत करनी चाहिए। आरम्भ में धन उपलब्धि कम होने से उसे अपना कार्य आरम्भ करने के लिए अपने मित्रों तथा अपने स्वयं के स्रोतों का प्रयोग करने के लिए तैयार रहना चाहिए। बाद में जब धन सुचारु रूप से आने लगे तब अपनी कार्य योजना के अनुसार व्यय करना चाहिए। यहाँ यह बात ध्यान रखना आवश्यक है कि आरम्भ में जिन व्यक्तियों का सहयोग लिया गया है उनकी भी उचित कीमत बजट में रखी जाए ताकि उन्हें यह न लगे कि उनके सहयोग को बरबाद किया गया है। इस तरह की प्रवृत्ति न तो निर्माता के लिए लाभदायक है और न ही भविष्य में बने रहनेवाले घनिष्ठ सम्बन्धों के लिए। निर्माता जब तक फिल्म निर्माण के व्यवसाय में है उसे हमेशा इस तरह के सहयोग की आवश्यकता होगी, चाहे वह सहयोग व्यक्तिगत, आर्थिक, उधारी या अन्य किसी रूप में हो। अतः व्यवसाय में अपनी सम्मानजनक स्थिति तथा विश्वसनीयता बनाए रखने के लिए निर्माता का किसी भी प्रकार के सहयोग का मेहनताना देने में कंजूसी नहीं करनी चाहिए।

एक बड़े बजटवाली फिल्म के निर्देशक को रचनात्मक होने के साथ-साथ व्यावसायिक भी होना आवश्यक है क्योंकि जो व्यक्ति इतनी बड़ी फिल्म के निर्माण में अपना धन निवेश करता है उसकी अपने निर्देशक से पहली अपेक्षा ये होती है कि वह सीमित या निश्चित बजट में फिल्म पूरी करे और प्रदर्शन के बाद उसका निवेश किया हुआ धन लाभ सहित वापस आए क्योंकि कोई भी निर्माता समाज सेवा करने के लिए फिल्म नहीं बना सकता और न ही उससे ये आशा करनी चाहिए। अतः एक सफल निर्देशक को अपने निर्माता के साथ अपने दर्शकों की आकांक्षाओं पर भी खरा उतरना पड़ता है अन्यथा वह फिल्म व्यवसाय से बाहर हो जाएगा। यदि निर्देशक मात्र स्वयं की सन्तुष्टि के लिए फिल्म बनाता है तो उसे न सिर्फ फिल्म निर्माण में लगनेवाले धन की बल्कि उसके निर्माण से

लेकर प्रदर्शन तक की व्यवस्था स्वयं ही करनी होगी और यह आसान कार्य नहीं है। कहने का तात्पर्य यह है कि एक निर्देशक का फिल्म के रचनात्मक प्रस्तुतीकरण में जितना श्रेय होता है उतना ही उस फिल्म के आर्थिक प्रबन्ध (Financial Management) में भी होता है। एक नया निर्देशक यदि दर्शकों की रुचि को ध्यान में रखते हुए तकनीकी रूप से एक अच्छी फिल्म बना सकता है तो उसे इस कार्य के लिए उचित धन की व्यवस्था करना इतना कठिन नहीं होगा, इस कार्य में थोड़ा समय अधिक लग सकता है।

एक फिल्म की योजना को कार्य-रूप देना वास्तविक शूटिंग तथा अन्य कार्यों से अधिक कठिन ही नहीं, इसमें अधिक समय भी लगता है। निर्माताओं तथा फाइनेंसरों के कार्यालयों में जाकर अपनी सुनिश्चित कहानी पर उन्हें फिल्म बनाने के लिए सहमत करना रेगिस्तान में पानी निकालने जैसा है, क्योंकि उन्हें फिल्म की व्यावसायिकता दिखाई देती है जब कि एक निर्देशक अपनी रचनात्मक अभिव्यक्ति के लिए बेचैन रहता है। ये कार्य युवा निर्देशकों के लिए भी उतना ही कठिन है जितना अनुभवी तथा सफल निर्देशकों के लिए। अन्तर मात्र उनके अंशों में होता है। इस प्रकार अधिकतर समय अरचनात्मक कार्यों में व्यर्थ होता है। ये कार्य पटकथा के विकास के पूर्व ही हो जाना उचित है अन्यथा पटकथा लेखन में किए गए सारे रचनात्मक तथा शारीरिक प्रयास व्यर्थ हो जाते हैं। कई लोगों का ये भी मानना है कि एक सुगठित पटकथा लिखने के बाद उसके फिल्म निर्माण के लिए धन की उपलब्धि आसान हो जाती है। ये किसी का व्यक्तिगत विचार अवश्य हो सकता है परन्तु ये कोई न तो सामान्य धारणा है और न ही गारंटी, क्योंकि धन लगानेवाले व्यक्ति तथा रचनात्मक व्यक्ति यानी निर्देशक दो विभिन्न धरातलों पर कार्य करते हैं, एक के मन में 'व्यवसाय' है तो दूसरे के मन में सिर्फ 'रचना'।

रचनात्मकता एवं व्यावसायिकता के बीच ये प्रतियोगिता फिल्म उद्योग की जानकारी से अछूती नहीं है। यह सभी जानते हैं परन्तु असहाय है। एक सफल निर्देशक के लिए रचनात्मकता तथा व्यावसायिकता के बीच सन्तुलन बनाए रखना बहुत जरूरी है। इस समस्या से निपटने के लिए आरम्भ में स्टूडियो सिस्टम (Studio System) स्थापित किया गया। भारत में प्रभात स्टूडियो, बॉम्बे टॉकीज, फिल्मिस्तान, प्रकाश स्टूडियो आदि थे जिन्होंने भारतीय फिल्म इतिहास को कई अमर फिल्में दीं।

ये स्टूडियो नए तथा अनुभवी दोनों प्रकार की ही रचनात्मक प्रतिभाओं को मासिक वेतन पर रखकर फिल्में बनाते थे और निर्देशक जहाँ सिर्फ रचनात्मक

कार्यों के प्रति उत्तरदायी था, स्टूडियो व्यावसायिकता के लिए। ये दोनों कार्य एक-दूसरे की कार्य सीमाओं का अतिक्रमण न करते हुए समानान्तर रूप से होते रहते थे परन्तु धीरे-धीरे स्थिति फिर वही हो गई। स्टूडियो बन्द होने लगे और फिल्म या टेलीविजन निर्माण फिर मुख्यतः एक व्यावसायिक गतिविधि बनकर रह गए। अमेरिका में अब भी स्टूडियो सिस्टम सफल है और एम.जी.एम., यूनिवर्सल, बार्नर ब्रदर्स स्टूडियोज अब भी फिल्म निर्माण में सिर्फ सक्रिय ही नहीं, फिल्म तकनीक के विकास एवं परिवर्तनों में अपना विशिष्ट सहयोग दे रहे हैं।

आजकल अनेक राजकीय तथा व्यावसायिक फिल्म संस्थानों तथा टेलीविजन के लघुकालिक पाठ्यक्रमों के विस्तार होने से अनेक युवा प्रतिभाएँ फिल्म तथा टेलीविजन कार्यक्रम निर्माण क्षेत्र में प्रवेश कर रही हैं। इन प्रतिभाओं में न तो रचनात्मकता का अभाव है और न ही व्यावसायिक बुद्धि की कमी परन्तु अफ़सोस है कि फिल्मों के निर्माण में निरन्तर कमी तथा बढ़ती लागत के वातावरण में इन युवा प्रतिभाओं को समुचित अवसर नहीं मिल पाते और ये प्रतिभाएँ अपने सपनों को साकार करने के प्रयास एवं संघर्ष में धीरे-धीरे दम तोड़ देती हैं। कुछ हैं जिनके भाग्य का सितारा चमक उठता है और वे इस माध्यम में अपना एक विशेष स्थान बना पाने में सफल होते हैं। अब तक ये समझा जाता रहा है कि टेलीविजन के बढ़ते प्रभाव तथा प्रसार से इन युवा प्रतिभाओं को कई नए अवसर मिल सकेंगे परन्तु दुर्भाग्य से टेलीविजन माध्यम भी व्यावसायिकता के प्रभाव से बच नहीं पाया और कुछ गिने-चुने टेलीविजन कार्यक्रम निर्माताओं ने हर चैनल पर अपना लगभग एकाधिकार जमा लिया। परिणामतः यहाँ भी नई प्रतिभाओं के लिए मार्ग सँकरा होता गया, क्योंकि सभी निर्माताओं (Content Providers) का अपना स्थायी समूह होता है जिनसे उनका कार्य होता है। किसी स्थापित समूह में प्रवेश करना नए निर्देशकों तथा तकनीशियनों के लिए सरल नहीं होता। अब एक और तरीका होता है कि किसी निर्माण संस्था में सबसे निचले स्तर में प्रवेश लेकर कार्य आरम्भ करना। इसमें मुश्किल यह है कि न ही उचित वेतन मिलता है और न ही उचित अनुभव, अतः पढ़ी-लिखी व प्रशिक्षित युवा प्रतिभाएँ इस वातावरण में घुटन-सी महसूस करने लगती हैं। इस समस्या से निपटने का एक ही तरीका है कि फिल्म उद्योग के किसी बड़े तथा सफल निर्देशक के सहायक के रूप में कार्य आरम्भ किया जाए परन्तु विभिन्न ट्रेड यूनियनों की अनावश्यक दखलन्दाजी के कारण ये समाधान भी इतना आसान नहीं क्योंकि कम फिल्मों के निर्माण के कारण यूनियनें अपने सदस्यों के हितों की रक्षा करने के लिए बाध्य हैं। इस स्थिति में अपना स्वतन्त्र फिल्म निर्माण ही एकमात्र विकल्प रह जाता है नए युवा निर्देशकों के

लिए परन्तु ये विचार भी तब तक सार्थक नहीं होगा जब तक कि युवा निर्देशकों की पहुँच अत्याधुनिक उपकरणों (Equipments) तथा आकर्षक बैंक एकाउंट तक न हो।

सहयोग

फिल्म निर्माण में जैसा पहले भी बताया जा चुका है कि फिल्म निर्देशक का कार्य मात्र फिल्म के तकनीकी पक्ष तक ही सीमित नहीं होता बल्कि फिल्म निर्माण की योजना, अर्थव्यवस्था, वितरण तथा प्रदर्शन, विज्ञापन एवं व्यापार आदि पर भी निर्देशक की सम्पूर्ण प्रतिबद्धता आवश्यक है, इसीलिए आजकल एक फिल्म डायरेक्टर को 'फिल्म मेकर' भी कहा जाता है। निर्देशक की इस कार्यसूची में तकनीशियनों के साथ तालमेल तथा आत्मीय सम्बन्ध भी शामिल है।

तकनीशिनों के साथ कार्य करते हुए निर्देशक का ये प्रयास होना चाहिए कि वह विभिन्न विभागों के विशेषज्ञों से अधिक-से-अधिक तालमेल तथा सहयोग का वातावरण बनाए रखे क्योंकि यही तकनीशियन निर्देशक की कल्पनात्मक फिल्म को साकार करते हैं, अतः उन्हें न सिर्फ निर्देशक की आवश्यकताओं की पूर्ण समझ होनी चाहिए बल्कि उसे साकार करने की इच्छाशक्ति तथा ज्ञान भी होना चाहिए,, इसलिए निर्देशक की कल्पना स्पष्ट होने के साथ-साथ तकनीशियनों के साथ उसका विचार-विमर्श भी स्पष्ट होना चाहिए। फिल्म निर्माण एवं निर्देशन के अपने लम्बे अनुभव के बाद मैं यह कह सकता हूँ कि एक निर्देशक की यूनिट जितनी छोटी होगी, आपसी समझ, तालमेल तथा सहयोग उतना ही अच्छा होगा। एक वृत्तचित्र के निर्माण में तीन या चार व्यक्तियों से अधिक की यूनिट नहीं होनी चाहिए। यद्यपि एक कथाचित्र के निर्माण में यह सम्भव नहीं होता फिर भी निर्देशक की कोशिश यही होनी चाहिए कि यूनिट सम्भवतः छोटी हो।

कई बार ऐसा भी देखा गया है कि एक निर्देशक समुचित तकनीकी ज्ञान न होने पर भी फिल्म निर्माण में कूद पड़ता है और विभिन्न तकनीशियनों से अपेक्षा करता है कि वह उसके तकनीकी ज्ञान के अभाव की पूर्ति करते हुए पूर्ण सहयोग दें। ऐसा सम्भव है परन्तु इस स्थिति में हर व्यक्ति निर्देशक तो बन जाता है और फिल्म खिचड़ी बन जाती है। यहाँ निर्देशक न तो एक अच्छी फिल्म बनाने में सक्षम होता है और न ही अपने समूह के सदस्यों के आदर का पात्र बन पाता है, पीछे वह उसका उपहास उड़ाने से भी नहीं चूकते।

जब एक निर्देशक फिल्म निर्माण की तकनीक का अधिक जानकार होता है तब दूसरी समस्या ये खड़ी हो जाती है कि वह अपने मूलभूत काल्पनिक विचार (Concept) को बनाए रखते हुए किस प्रकार तकनीशियनों के सहयोग तथा ज्ञान का उपयोग करे। यहाँ एक भय यह भी होता है कि निर्देशक तानाशाह न बन जाए क्योंकि वह अपनी काल्पनिक आवश्यकताओं के प्रति स्पष्ट है और वह नहीं चाहेगा कि कोई अन्य उसके कार्य करने के तरीके, उसकी कल्पना तथा तकनीकी ज्ञान को नकारकर दखलन्दाजी करे। ऐसा भी होता है कि मानवीय आधार पर निर्देशक अपने सहयोगियों की व्यक्तिगत समस्याओं से प्रभावित हो जाए या व्यक्तिगत सम्बन्धों के आधार पर उसकी कमजोरियों को नजरअन्दाज कर दे। ये दोनों ही स्थितियाँ फिल्म निर्माण के लिए घातक हैं अतः निर्देशक को फिल्म निर्माण में किसी भी प्रकार की तानाशाही या व्यक्तिगत समझौतों से बचना चाहिए।

एक फिल्म निर्देशक के लिए ये समझना आवश्यक है कि उसकी कल्पना में अंकित फिल्म को साकार करने के लिए उसकी यूनिट के विभिन्न विशेषज्ञों का रचनात्मक, कल्पनात्मक तथा तकनीकी सहयोग अनिवार्य है। इसके लिए एक निर्देशक को अपने सहयोगियों के साथ मधुर व्यवहार रखने के साथ-साथ उनके रचनात्मक सहयोग की प्रशंसा भी करते रहना चाहिए। इससे यूनिट के सदस्यों के साथ सम्बन्ध मधुर होते हैं और निर्देशक पर उनका विश्वास तथा आत्मीयता भी बढ़ती है। निर्देशक द्वारा समय-समय पर की गई प्रशंसा तकनीशियनों के आत्मविश्वास को भी बढ़ावा देती है। ये भी सत्य है कि फिल्म निर्माण से सम्बन्धित विभिन्न विशेषज्ञ/तकनीशियन उस निर्देशक को ही आदर देते हैं जो अपना काम जानता है और उसे भलीभाँति कार्यान्वित कर सकता है।

मेरा अपना अनुभव है कि फिल्म निर्देशन सिर्फ निर्देशन ही नहीं है बल्कि 'प्रबन्धन' (Management) भी है जिसमें निर्देशक को फिल्म निर्माण से जुड़ी हुई विभिन्न आवश्यकताओं तथा व्यक्तियों का समुचित प्रबन्धन करना होता है और इस कार्य के लिए उसे तकनीकी ज्ञान के अतिरिक्त मनोविज्ञान का ज्ञान भी होना चाहिए ताकि आवश्यकता तथा समय के अनुरूप हर व्यक्ति को उचित रूप से प्रेरित किया जा सके। अपने समूह के सदस्यों का सर्वोत्तम सहयोग ही एक निर्देशक की सफलता है।

दृश्य-2

चलचित्र के प्रारूप, निर्माण एवं तकनीक

सिनेमा के प्रबुद्ध दर्शक सामान्यतः यही सोचते हैं कि फिल्म कला एवं अभिव्यक्ति का एक सशक्त माध्यम है। सिनेमा समाज से प्रभावित होकर कई प्रकार के सामाजिक उत्तरदायित्वों की पूर्ति में अत्यधिक प्रभावशाली माध्यम भी है। अपने इन्हीं दायित्वों के सफल कार्यान्वयन में सिनेमा के कई प्रारूप (Forms) सामने आए हैं जिनमें कलात्मकता एवं व्यक्तिगत अभिव्यक्ति मुखर होती है। सिनेमा के प्रमुख प्रकारों (Forms) में वृत्तचित्र, विज्ञापन फिल्में, प्रयोगात्मक चित्र एवं कथा चित्र प्रमुख हैं। इसके अतिरिक्त 'शैक्षणिक' (Educational) फिल्मों का भी काफी चलन है। बड़े-बड़े औद्योगिक संस्थान अपने संस्थान एवं उत्पादों के प्रचार व प्रसार (Advertising) के लिए 'प्रचार फिल्में' बनाते हैं। कार्टून फिल्में (Animation Films) भी सिनेमा की एक महत्त्वपूर्ण विधा है जिसमें कलात्मक तरीके से रचित बनावटी चरित्रों (Cartoons) के द्वारा कथा एवं सूचना का प्रसार किया जाता है। कथा-फिल्में मुख्य रूप से मनोरंजन का साधन हैं।

वृतचित्र (Documentaries)

बीसवीं शताब्दी में सिनेमा के उद्‌गम के साथ ही लोगों में विभिन्न स्थानों, देशों तथा घटनाओं के बारे में अधिक-से-अधिक जानने की उत्सुकता ने जन्म लिया जिसके फलस्वरूप वास्तविक सिनेमा (Reality या Actuality Films) का प्रचलन हुआ। इस प्रकार की फिल्में अधिकतर वास्तविक घटनाओं, राज्याभिषेक, मनमोहक स्थानों तथा समाचार-विचार (News and Views) पर आधारित होती थीं, चूँकि ये फिल्में वास्तविकता को रिकॉर्ड (Document) करती थीं अतः इन्हें वृत्तचित्र (Documentary Films) का नाम दे दिया गया। आगामी वर्षों में वृत्तचित्र इतिहास को दृश्य-रूप में सुरक्षित (Preserve) करने का प्रमुख माध्यम बन गए। अभी भी विश्व के लगभग हर देश में उनके विकास के अनुरूप दृश्य-रूप में उनके यहाँ का इतिहास (Visual History) उनके फिल्म संग्रहालयों में सुरक्षित है, जो

आनेवाली पीढ़ियों के लिए एक बहुमूल्य धरोहर हैं।

समय के साथ-साथ वृत्तचित्रों के भी कई प्रारूप (Forms) विकसित हुए हैं जिनका अलग-अलग उद्देश्य है, समाचार चित्र (News Films), आत्मकथात्मक (Biographical), वैज्ञानिक (Scientific), शोध एवं विकास (Research and Development), सूचनात्मक (Informational), प्रशिक्षण (Training), प्रचार एवं प्रसार (Promotional and Broadcast) आदि विभिन्न उद्देश्यों के लिए वृत्तचित्रों का निर्माण किया जाता है। फिल्मकार के काल्पनिक सोच की अभिव्यक्ति के लिए प्रयोगात्मक वृत्तचित्र (Experimental Documentaries) भी बनाए जाते हैं।

कथाचित्र की तुलना में वृत्तचित्र का निर्माण काफी कठिन माना जाता है क्योंकि निर्माण के पूर्व वृत्तचित्र की कोई विशेष रूपरेखा नहीं होती, सिर्फ विषय पर आधारित एक विचार (Concept) के अतिरिक्त, जबकि कथाचित्र में कथा के अनुसार चरित्र, स्थान, दृश्य एवं ध्वनि का प्रभाव आदि सुनिश्चित होता है, इसीलिए वृत्तचित्र के निर्माण में निर्देशक की भूमिका भी काफी महत्त्वपूर्ण हो जाती है। कहते हैं एक अच्छे कथाचित्र (Fiction Film) के निर्माण के लिए सभी तकनीकी पक्षों का उत्कृष्ट होना आवश्यक है, वहीं वृत्तचित्र के निर्माण के लिए सिर्फ एक अच्छा निर्देशक होना आवश्यक है क्योंकि कथाचित्र के विपरीत वृत्तचित्र में तकनीकी पक्ष फिल्म की रूपरेखा से पूर्णतः अनजान होते हैं और निर्देशक पर उनकी निर्भरता सम्पूर्ण होती है। जहाँ कथाचित्र में एक निर्देशक जहाज के कप्तान की तरह होता है, वृत्तचित्र स्वयं निर्देशक की कल्पना का माध्यम है। अपनी कल्पना की इस अभिव्यक्ति में निर्देशक को वास्तविकता की सीमा में ही कार्य करना होता है ताकि वृत्तचित्र की मूल भावना यानी कि 'वास्तविकता' (Reality) का हनन न हो।

धारावाहिक (Serials)

सिनेमा की आरम्भिक अवस्था में तकनीकी विकास समुचित रूप से न होने के कारण किसी घटना या कथा को टुकड़ों में दिखाया जाता था, उस समय सिनेमा प्रदर्शन साप्ताहिक होता था, अतः घटनाओं को क्रमवार सप्ताह-दर-सप्ताह दिखाया जाता था, हर सप्ताह पिछले सप्ताह दिखाए गए भाग से आगे का भाग दिखाया जाता था।

आजकल टेलीविजन में कथा कार्यक्रम सामान्यतः इन्हीं धारावाहिकों का आधुनिक रूप हैं। इनमें एक कथा को शृंखलाबद्ध कर दिया जाता है और हर

शृंखला (Episode) कथा को आगे की ओर बढ़ाती रहती है। कथात्मक धारावाहिक के अतिरिक्त अन्य कार्यक्रम भी, जो प्रसारण समय सीमा से अधिक होते हैं, शृंखलाबद्ध किए जा सकते हैं। यह टेलीविजन की प्रसारण नीति तथा प्राथमिकताओं पर भी निर्भर करता है कि किन कार्यक्रमों को शृंखलाबद्ध किया जाए या न किया जाए। निश्चित प्रसारण समय सीमा (Time Slot) के अन्तर्गत आनेवाले कार्यक्रम स्वतन्त्र रूप से भी प्रसारित किए जा सकते हैं।

कार्टून फिल्में (Animation Films)

कार्टून फिल्मों का मुख्य आधार फिल्म के एक-एक फ्रेम को स्थिर चित्रों की तरह शूट करके हर फ्रेम में निहित चरित्रों (Characters) के समुचित हाव-भाव (Action) तथा सम्बन्धित ध्वनि प्रभाव का प्रभावशाली सामंजस्य होता है। फिल्म चलने की सामान्य गति 24 फ्रेम प्रति सेकंड होती है। हर फ्रेम में कोई-न-कोई एक्शन होता है। यही एक सामान्य गति से चलाए जाने पर हमें 'एक्शन' के सामान्य होने का आभास होता है। चलचित्र (Live Shooting) में सभी एक्शन सामान्य गति से होते हैं जिन्हें 24 फ्रेम प्रति सेकंड की रफ्तार से शूट किया जाता है जबकि कार्टून फिल्मों में बनावटी चरित्रों (Caricatures) के हर एक्शन तथा पार्श्वभूमि में होनेवाले परिवर्तनों को एक-एक फ्रेम में इस तरह रिकॉर्ड किया जाता है कि सामान्य गति में देखने पर वह सामान्य से लगे। यह काफी कठिन कार्य है तथा काफी समय भी लगता है। एक सेकंड के 24 फ्रेम में कार्टून के हर एक्शन को विभाजित किया जाता है यानी एक सेकंड के एनीमेशन में 24 कलाकृतियाँ, (Skatches/Drawings/Caricatures) जो उस सेकंड में होनेवाले सभी एक्शन को दर्शाएँ, बनाई जाती हैं। इस प्रकार एक मिनट की कार्टून फिल्म में सैकड़ों कलाचित्र (Drawings) बनाना होता है। ये कलाचित्र सामान्यतः विशेष पारदर्शी पत्र जिसे 'सेल पेपर' (Cell Paper) कहते हैं, पर बनाए जाते हैं। पार्श्व भूमि के लिए अलग कलाचित्र होते हैं एवं विभिन्न चरित्रों (Characters) के लिए अलग।

कम्प्यूटर तथा वीडियो तकनीक के विकास से कार्टून फिल्म निर्माण में भी भारी बदलाव आया है। इस तकनीक में डिजिटल तकनीक द्वारा चरित्रों को रचा जा सकता है, एवं उसे गति दी जा सकती है। इस प्रकार कम्प्यूटर में ही पूरी फिल्म का निर्माण हो सकता है। इस तकनीक (Computerised Animation) में समय, श्रम तथा व्यय सभी में अनपेक्षित कमी हो जाती है। टेलीविजन के विकास के फलस्वरूप कम्प्यूटरीकृत कार्टून फिल्म निर्माण की शिक्षा एवं प्रचलन काफी बढ़ गये हैं।

फिल्म समालोचना (Film Appreciation)

फिल्म निर्माण के पश्चात् फिल्म समालोचना इस सम्पूर्ण प्रक्रिया का एक महत्त्वपूर्ण अंग है। फिल्म समालोचना द्वारा ही किसी फिल्म के दर्शकों पर प्रभाव एवं गुणवत्ता तथा सफलता का अनुमान लगाया जा सकता है। अन्य कलाओं की तरह यह आवश्यक नहीं कि फिल्म समालोचक फिल्मकार या फिल्म तकनीक का विशेषज्ञ हो। चूँकि फिल्म निर्माण कई कला विधाओं (Art Forms) का मेल है अतः यह सम्भव भी नहीं कि दर्शक, फिल्मकार या तकनीशियन किसी तकनीक का विशेषज्ञ अथवा पारखी हो।

फिल्म की आर्थिक सफलता तकनीक से अधिक दर्शकों पर उसके प्रभाव एवं उनकी स्वीकृति पर निर्भर करती है। यह भी आवश्यक नहीं कि एक सफल फिल्म तकनीकी रूप से उत्कृष्ट हो। फिल्म की सफलता दर्शकों की पार्श्वभूमि, सामाजिक स्तर तथा उनकी मानसिक परिपक्वता का भी सूचक है। अतः फिल्म समालोचना के लिए कोई विशेष मानदंड (Standared) निर्धारित कर पाना सम्भव नहीं है। एक तकनीकी रूप से उत्कृष्ट फिल्म भी शायद दर्शकों के गले न उतर पाए, वहीं ऐसी फिल्म प्रबुद्ध दर्शकों के लिए मील का पत्थर बन सकती हैं। साप्ताहिक समाचारपत्रों एवं पत्रिकाओं में फिल्म समीक्षा सामान्यतः समीक्षक के व्यक्तिगत विचारों का प्रतिबिम्ब होती है परन्तु कुछ विशेष फिल्म पत्रिकाओं में समीक्षक फिल्म कला से सम्बन्धित प्रबुद्ध फिल्मकार, शिक्षाविद् एवं फिल्म तकनीकी विशेषज्ञ भी होते हैं जो फिल्म के तकनीकी पक्ष का सूक्ष्म विश्लेषण करते हैं। ये विश्लेषण सामान्यतः फिल्म के छात्रों के लिए महत्त्वपूर्ण होते हैं।

फिल्म निर्माण एवं तकनीक

फिल्म के प्रकार साधारणतया उनकी चौड़ाई के अनुसार निश्चित होते हैं। सिनेमाघरों में चलाई जानेवाली फिल्म की चौड़ाई (Guage) 35 mm. होती है। 70 mm. फिल्म के लिए सामान्यतयः 35 mm. फिल्म को प्रिंट करते समय ब्लो अप (Blow Up) कर दिया जाता है। विभिन्न संस्थाओं तथा छोटे-छोटे हॉल एवं यात्रिक सिनेमा (Touring Theatre) में 16 mm. या 8 mm. चौड़ाईवाली फिल्म प्रयोग की जाती है। 65 mm. की फिल्म विशेष प्रभाव (Special Effects) अथवा विशेष प्रदर्शन जैसे Imax तथा Showscan आदि के लिए उपयुक्त है। 35mm. फिल्म के निगेटिव तथा पॉजिटिव प्रिंटों (Negatives and Positive Prints) के स्प्रोकेट छिद्रों (Sprocket Holes) में थोड़ा अन्तर होता है। कम चौड़ाई (Guage) की फिल्म को अधिक

चौड़ाई की फिल्म में ब्लो अप (Blow Up) तकनीक से परिवर्तित किया जा सकता है, यद्यपि इस तकनीक में फ्रेम फटने के कारण दृश्य में छोटे-छोटे दानों (Grains) से विकृति उत्पन्न होती है।

आजकल कच्ची फिल्म (Raw Stock) बनानेवाली कम्पनियों ने कई प्रकार की कच्ची फिल्में बाजार में प्रस्तुत की हैं। ये फिल्म निर्देशक की आवश्यकता के अनुरूप उपलब्ध प्रकाश (Available Lights) संसाधनों में सन्तुलन बनाते हुए अधिक-से-अधिक प्रभाव उत्पन्न करती हैं। बाह्य तथा आन्तर (Outdoor and Indoor) शूटिंग के लिए विभिन्न प्रकार तथा गति (Speed) की फिल्म का प्रयोग किया जाता है। इसका निर्णय छायाकार द्वारा दृश्य में अन्तर्निहित विशेष आवश्यकता तथा प्रभाव के अनुसार किया जाता है।

प्रकाश व्यवस्था

छायांकन तकनीक में प्रकाश व्यवस्था का विशेष महत्त्व होता है। हालीवुड में प्रकाश छायाकार (Lighting Cameraman) मुख्य छायाकार के समकक्ष होता है। चलचित्र में 'एक्सपोजर' (Exposer) का निर्णय दृश्य की आवश्यकता, निर्देशक तथा छायाकार की विशेष शैली एवं प्रकाश-व्यवस्था के अतिरिक्त प्रयोग की जानेवाली फिल्म की गति के आधार पर किया जाता है। स्टूडियो में प्रकाश-व्यवस्था के लिए ऊँचाई पर स्थित रैक (Racks) तथा नीचे स्टैंड (Stands) का उपयोग किया जाता है। बाह्य शूटिंग में 'परावर्तक' (Reflectors) का प्रयोग होता है।

सम्पूर्ण शूटिंग के दौरान हर शॉट में प्रकाश स्थिरता (Consistancy of Tone) बनाए रखने के लिए आवश्यक है कि हर शॉट की प्रकाश व्यवस्था में फिल्म पर पड़नेवाले प्रकाश की मापतौल (Measurement of Light Exposure) रखी जाए। इस कार्य के लिए एक विशेष प्रकाश मापक यन्त्र (Light Meter or Exposure Meter) का प्रयोग किया जाता है। प्रकाश-मापन रंग तापमान (Colour Temperature) के लिए भी किया जाता है। विभिन्न प्रकार के रंगों में सन्तुलन बनाए रखने के लिए कई प्रकार के रंगीन फिल्टर (Colour Filters) होते हैं।

ध्वनि अंकन

फिल्म निर्माण में छायांकन के समकक्ष ही ध्वनि अंकन का महत्त्व होता है। दृश्य में प्रभाव के लिए अलग-अलग प्रकार की ध्वनियाँ (Sounds) होती हैं, जैसे संवाद,

ध्वनि प्रभाव (Sound Effects), संगीत आदि। इन सभी ध्वनि प्रकारों का सन्तुलित समायोजन (Syschronisation) दृश्य को पूर्णता प्रदान करता है। ध्वनि अंकन के क्षेत्र में महत्त्वपूर्ण विकास हुआ है। ध्वनि के विशेष प्रयोग से विशेष प्रभाव उत्पन्न तथा शूटिंग पश्चात् ध्वनि समायोजन में विभिन्न प्रयोग किए जा सकते हैं।

शूटिंग के दौरान ध्वनि अंकन निम्नलिखित तरीके से किया जा सकता है–

1. सिंगल सिस्टम रिकॉर्डिंग (Single System Recording)–इस प्रकार की रिकॉर्डिंग में एक ही कैमरे में फिल्म के साथ ध्वनि भी अंकित होती है। ये ध्वनि फ्रेम के एक ओर चुम्बकीय टेप या ऑप्टीकल तरंगों के रूप में रिकॉर्ड की जाती है। सामान्यतः समाचार अथवा जीवन्त दृश्यों (Live Recording) की शूटिंग के लिए Single System Recording का उपयोग किया जाता है क्योंकि इसमें समय तथा शूटिंग की नियमितता का अभाव होता है।

2. डबल सिस्टम रिकॉर्डिंग (Double System Recording)–सामान्य फिल्मों की शूटिंग में कैमरा तथा ध्वनि अंकन अलग-अलग व्यक्तियों द्वारा अलग माध्यम यानी फिल्म तथा टेप (Film and Tape) पर किया जाता है। इस प्रक्रिया में शूटिंग से फिल्म के समापन तक दृश्य तथा ध्वनि अलग होते हैं। इस प्रकार ध्वनि के विभिन्न प्रयोग तथा प्रभाव उत्पन्न करने में रिकॉर्डिस्ट (Recordist) को काफी स्वतन्त्रता प्राप्त हो जाती है। Double System Recording में हर शॉट के पूर्व एक क्लैप बोर्ड (Clap Board) द्वारा दृश्य तथा टेक (Takes) की सूचना लिखकर क्लैप किया जाता है। यही सूचना समान्तर रूप से बोलकर (Aurally) भी रिकॉर्ड की जाती है। शूटिंग के पश्चात् इस प्रकार हर शॉट के क्लैप को ध्वनि रूप में अंकित क्लैप के साथ मिलान (Synchronise) किया जाता है ताकि पूरे शॉट में दृश्य एवं ध्वनि का सही मिलान हो जाए। यह प्रक्रिया हर शॉट के समायोजन में अपनाई जाती है। आजकल प्रचलित नई तकनीक के अनुसार डिजिटल स्लेट (Digital Slate) का प्रयोग किया जाता है। इसमें फिल्म पर ध्वनि तरंगें प्रकाश के रूप में ध्वनि पट्टी (Sound Track) पर अंकित हो जाती हैं तथा समानान्तर रूप में टेप पर भी अंकित हो जाती हैं, जिन्हें मिलान कर दृश्य तथा ध्वनि में पूर्ण मेल (Perfect Synchronisation) प्राप्त किया जाता है। शूटिंग के समय यह ध्यान अवश्य रखना चाहिए कि फिल्म तथा टेप एक ही समानान्तर गति से चलें। इस गति में अन्तर होने पर दृश्य तथा ध्वनि के समायोजन में अन्तर हो जाएगा। यह अन्तर लॉंग शॉट (Long Shot) की तुलना में क्लोज शॉट (Close Shot) में अधिक खटकता है जबकि होंठों के चालन के साथ संवाद समानान्तर

नहीं सुनाई देते। अतः कैमरा तथा टेप की गति सामान्य रूप से 24 फ्रेम प्रति सेकंड ही रहनी चाहिए जो कि चलचित्र प्रदर्शन के लिए अन्तर्राष्ट्रीय मापदंड पर आधारित है।

कई बार ऐसा होता है कि एक ही शॉट के लिए कई कैमरे प्रयोग किए जाते हैं लेकिन ध्वनि एक ही टेप पर होती है या एक ही कैमरे द्वारा लिये गए शॉट में विभिन्न प्रकार की ध्वनियों को अंकित करने के लिए कई ध्वनि इकाइयाँ (Sound Recording Units) उपयोग में लाई जाती हैं, परन्तु एक ही क्लैप बोर्ड द्वारा ध्वनि तथा दृश्य सूचना अंकित की जाती है ताकि हर शॉट का दृश्य एवं ध्वनि संयोजन पूर्ण मेल के साथ हो। यहाँ भी यह ध्यान रखना आवश्यक है कि हर कैमरा तथा ध्वनि इकाई की गति में विभिन्नता न हो। पूर्ण मेल प्राप्त करने के लिए आधुनिक तकनीक में सर्वाधिक प्रचलित है 'क्रिस्टल सिंक' (Crystal Synch)। इस तकनीक में कैमरा तथा रिकॉर्डर की गति एक क्रिस्टल की पेंडुलमनुमा गति से नियन्त्रित की जाती है। यह क्रिस्टल हर उपकरण में लगा होता है। एक अन्य अत्याधुनिक विधि में फिल्म तथा टेप पर 'वास्तविक समय' (Real Time) का 'समय संकेत' (Time Code) अंकित हो जाता है जिसकी सहायता से ध्वनि तथा दृश्य का पूर्णमेल (Total Synchronisation) प्राप्त होता है। इसके अतिरिक्त कैमरा तथा रिकॉर्डर में 'सिंक पल्स' (Synch Pulse) के नियन्त्रित प्रसारण से भी समायोजन प्राप्त किया जाता है।

रिकॉर्डिस्ट का शूटिंग के समय मुख्य कार्य एवं उत्तरदायित्व होता है, शॉट में सुनाई देनेवाली हर ध्वनि एवं संवादों को शोर रहित रिकॉर्ड करना ताकि हर ध्वनि साथ सुनाई दे। पार्श्व कथन (Background Narration), विशेष ध्वनि प्रभाव (Special Sound Effects) तथा पार्श्व संगीत आदि को बाद में भी रिकॉर्ड किया जा सकता है। शूटिंग के समय ध्वनि की उच्च गुणवत्ता (Quality) प्राप्त करने के लिए रिकॉर्डिस्ट ध्वनि स्तर (Sound Levels), माइक्रोफोन का समुचित स्थापन (Placement) तथा विभिन्न प्रकार के ध्वनि संकेतों का उचित समायोजन (Mixing) करता है। शेष तकनीकी उत्कृष्टता (Technical Excellence) के लिए शूटिंग पश्चात् की जानेवाली रिकॉर्डिंग जैसे डबिंग (Dubbing), संगीत तथा विशेष ध्वनि प्रभाव एवं पुनर्ध्वनि समायोजन (Re Recording or Mixing) के समय प्राप्त की जा सकती है। दृश्य के वातावरण (Ambience) में निरन्तरता (Continuity) बनाए रखने के लिए रिकॉर्डिस्ट को शॉट में होनेवाली हर बेमेल ध्वनि प्रभाव (Non-Synchronous Sound Effects) को भी रिकॉर्ड करते रहना चाहिए।

फिल्म सम्पादन

शूटिंग के पश्चात् किए जानेवाले कार्य (Post Production Activities) सामान्यतः शूटिंग की तुलना में अधिक समय लेते हैं। इस अवस्था में फिल्म सम्पादन, जिसमें दृश्य तथा ध्वनि का सम्पादन किया जाता है, विशेष दृश्य प्रभाव, विशेष ध्वनि प्रभाव, टाइटल्स, ध्वनि समायोजन, संगीत आदि आयोजित या रिकॉर्ड किए जाते हैं।

शूटिंग के पश्चात् कैमरे में शूट की हुई कच्ची फिल्म (Exposed Film) को प्रयोगशाला में डवलप तथा प्रिंट (Develop and Print) करने के लिए भेजा जाता है, जहाँ से पिक्चर निगेटिव (Picture Negative) को डवलप करके एक पिक्चर पॉजिटिव प्रिंट तैयार किया जाता है जिसे रश प्रिंट (Rush Print) या वर्क प्रिंट (Work Print) कहा जाता है। इस प्रिंट के एक ओर हर फुट पर छपे हुए नम्बर (Key Numbers) निगेटिव कटिंग के लिए उपयोगी होते हैं। निगेटिव कटर प्रिंट में छपे हुए इन नम्बरों (Key Numbers) को निगेटिव के समानान्तर रखकर सम्पादित रश प्रिंट (Rush Print) के अनुसार निगेटिव काटता है।

फिल्म सम्पादक सर्वप्रथम रश प्रिंट के दृश्य क्रमांक के अनुसार शॉट्स (Shots). को अलग-अलग छाँटता (Sorting) है। उसके पश्चात हर शॉट के आरम्भ में लिये हुए 'क्लैप' (Clap) को 35 mm. मैगनेटिक टेप (Megnatic Tape) या उसी चौड़ाई के अन्य माध्यम जैसे ऑप्टीकल साउंड ट्रैक (Optical Sound Tract) में उपस्थित क्लैप ध्वनि (Clap Sound) को समान्तर रूप से मिलाकर (Parallel Synchronisation) सम्पूर्ण शॉट के दृश्य एवं ध्वनि का मिलान कर दिया जाता है। दृश्य एवं ध्वनि का मिलान करने के लिए शूटिंग के समय ¼" के टेप पर रिकॉर्ड की गई सभी ध्वनियों (Sounds) को फिल्म की चौड़ाई के समान उसी चौड़ाई (Gauge) के टेप तथा गति में परिवर्तित (Transfer) किया जाता है। फिल्म (Celluloid) की सामान्य प्रदर्शन गति (Standard Running Speed) 24 फ्रेम प्रति सेकंड होती है।

प्रचलित प्रथा के अनुसार प्रतिदिन की शूटिंग समाप्त होने के पश्चात् निर्देशक तथा छायाकार अपने सहयोगियों के साथ रश प्रिंट (Rushes) देखते हैं ताकि शूटिंग के दौरान किसी शॉट में हुई त्रुटियों को अगले दिन की शूटिंग में सुधारा जा सके।

अपने कार्य के आरम्भ में फिल्म सम्पादक सभी शॉट को दृश्य के अनुसार छाँटकर अलग रखता है, फिर उन्हें पटकथा में लिखित दृश्यों के क्रमानुसार लगाया

(Assemble) जाता है। इस प्रक्रिया में निर्देशक तथा छायाकार के निर्णय को सम्मान देते हुए शॉट के कई टेक (Takes) में से सर्वश्रेष्ठ टेक (Best Take) का चयन करके दृश्य की निरन्तरता (Continuity) के अनुसार संयोजित किया जाता है। दृश्य का सम्पादन करते समय पात्रों की अभिनय गुणवत्ता, ताल एवं लय, कैमरे के कोण एवं स्थिति, ध्वनि तथा छवि (Images) के बीच सम्बन्ध आदि का ध्यान रखा जाता है। कार्य प्रिंट (Work Print) पर कार्य करते समय दृश्य में अधिक-से-अधिक प्रभाव उत्पन्न करने के लिए निर्देशक एवं सम्पादक कुछ विशेष निर्णयों के अनुसार दृश्य तथा ध्वनि में फेरबदल भी करते हैं जिसे कैमरे के द्वारा कर पाना सम्भव नहीं होता। ये कार्य नामांकन (Titles) से कम्प्यूटर द्वारा उत्पन्न विशेष प्रभाव तक सम्पन्न किए जाते हैं। कुछ रचनात्मक प्रभाव (Creative Effects) विशेष प्रयोगशाला में उत्पन्न किए जाते हैं।

फिल्म सम्पादन मशीन/उपकरण

अपने कार्य को कार्यान्वित करने के लिए एक फिल्म सम्पादक की न्यूनतम आवश्यकता है रश प्रिंट या वर्क प्रिंट (Rush Print or Work Print) तथा सम्बन्धित ध्वनि का अवलोकन। इसके लिए प्रचलित उपकरणों में व्यूअर्स (Viewers), साउंड रीडर्स (Sound Readers), सिंक्रोनाइजर्रा (Synchonisers) तथा स्प्लाइसर (Splicer) की आवश्यकता होती है। व्यूअर्स तथा साउंड रीडर्स का प्रयोग वर्क प्रिंट के दृश्य अवलोकन तथा ध्वनि को सुनने के लिए किया जाता है जबकि सिंक्रोनाइजर्स का दृश्य एवं ध्वनि पट्टियों को समानान्तर मिलान के लिए किया जाता है। काटे हुए दृश्य एवं ध्वनि पट्टी के टुकड़ों को जोड़ने के लिए स्प्लाइसर का प्रयोग होता है। ये स्प्लाइसर फिल्म को सीमेंट (A Chemical Liquid Adhesive) या टेप (Adhesive Tape) के द्वारा जोड़ने के लिए काम में आते हैं।

दशकों तक फिल्म सम्पादन की मुख्य मशीन मूवीओला (Moviola) काफी प्रचलित रही है। ये सीधी-खड़ी मशीन (Vertical Device) फिल्म तथा ध्वनि पट्टियों को सामान्य तथा परिवर्तित (Variable or Changeble) गति से चलाती है। इस मशीन की बाईं ओर ध्वनि पट्टी तथा दाईं ओर स्थित एक छोटे-से स्क्रीन (Screen) पर फिल्म को देखा जाता है। आवश्यकतानुसार इन दोनों पट्टियों (Stripes) को अलग-अलग एवं विभिन्न गतियों यानी धीमी और तेज (Slow and Fast Motion) गति से भी चलाया जा सकता है। उसके पश्चात् नई मशीनों के

प्रचलन में फ्लेट बेड मशीनों (Flat Bed Machines) में के.ई.एम. (K.E.M.) व स्टीनबैक (Steenbeck) मशीन प्रमुख हैं। ये समतल मशीन (Horizontal Device) प्लेटों (Plates) की संख्या पर आधारित हैं। इनमें दृश्य तथा ध्वनि रोल (Picture and Sound Rolls) मशीन के दोनों ओर स्थित प्लेटों पर रखकर बाएँ से दाएँ विभिन्न गतियों से आवश्यकतानुसार चलाए जाते हैं। बीच में स्थित स्क्रीन पर एक प्रिज्म के घुमाव (Rotation) द्वारा छवि (Image) प्रदर्शित की जाती है। इन मशीनों में एक अथवा अधिक साउंड ट्रैक (Sound Track) चलाने की सुविधा होती है। दोनों तरफ स्थित प्लेटों में एक ओर की प्लेट 'सप्लाई प्लेट' (Supply Plate) तथा दूसरी ओर की समानान्तर प्लेट (Corresponding Plate) 'टेक अप प्लेट' (Take up Plate) कहलाती है। ये प्लेट (Rotating Plates) छवि (Image) तथा ध्वनि (Sound) पट्टी को लाने व ले जाने का कार्य करती है। सामान्यतः सम्पादन में आवश्यक उपकरण यानी व्यूअर्स, सिंक्रोनाइजर तथा साउंड रीडर्स आदि इन्हीं मशीनों के भाग होते हैं अतः अलग से इनकी आवश्यकता नहीं होती।

फिल्म सम्पादन मशीनों तथा उपकरणों में नई-नई तकनीकों तथा विकास के बाद भी सम्पादन क्रिया में कोई आधारभूत परिवर्तन नहीं हो पाया। वही हजारों-लाखों फीट वर्क प्रिंट जो 35 mm. की महँगी फिल्म पर बनता है तथा मूल्यवान मैग्नेटिक टेप प्रयुक्त होते हैं जो सम्पादन समाप्त होने के पश्चात् व्यर्थ हो जाते हैं। अब भी पारम्परिक फिल्म सम्पादन प्रक्रिया इन्हीं मशीनों पर पूर्ण की जाती है परन्तु हाल के दशक में कम्प्यूटर के प्रचलन ने फिल्म सम्पादन विधियों को भी एक नया मोड़ दिया। कम्प्यूटर तथा वीडियो तकनीक (Computer and Video System) में सम्पादन कार्य में शारीरिक श्रम के अतिरिक्त महँगी फिल्म तथा टेप की भी बचत होती है और सम्पूर्ण प्रक्रिया में लगनेवाला समय भी काफी कम हो जाता है। इस तकनीक में यद्यपि सम्पादन के सभी आधारभूत सिद्धान्त (Princples of Editing) पारम्परिक रूप से ही प्रयुक्त होते हैं, अन्तर यह है कि सभी महत्त्वपूर्ण कार्य सिर्फ बटन दबाकर ही कर लिये जाते हैं। इसी कारण से आजकल वीडियो सम्पादन (Video Editing) काफी प्रचलित है। वीडियो सम्पादन में आवश्यकतानुसार दृश्यों में विशेष प्रभाव (Special Effects) भी उत्पन्न किए जा सकते हैं जो सम्पादन की प्राचीन विधियों में सम्भव नहीं था।

ध्वनि सम्पादन एवं पुनर्मुद्रण

शूटिंग के दौरान लगभग एक-चौथाई ध्वनि संवादों के रूप में रिकॉर्ड की जाती

है, शेष ध्वनि प्रभाव, संगीत आदि शूटिंग पश्चात् (Post Shooting) किए जानेवाले संयोजन तथा अंकन (Recording) में रचित किए जाते हैं। लोकेशन पर की गई अधिकतर रिकॉर्डिंग आस-पास के वातावरण तथा अनचाहे शोर से दूषित होती है। अतः इस रिकॉर्डिंग को 'मार्गदर्शक' (Guide Track) के रूप में प्रयोग किया जाता है। उसी के अनुसार संवाद डबिंग (Dubbing) की जाती है जिसमें अभिनेता या डबिंग कलाकार (Dubbing Artist) पर्दे पर दृश्य का अवलोकन कर मार्गदर्शक ध्वनि को सुनते हुए संवाद पुनर्उच्चारित करता है और दृश्य में अभिनेता द्वारा संवादों में हिलाए गए होठों (Lip Movement) के अनुरूप ध्वनि का मिलान (Synchronisation) करता है। डबिंग में दृश्य एवं ध्वनि को आवश्यकतानुसार ऊपर-नीचे (Rock and Roll) करने की भी सुविधा होती है। इस प्रक्रिया में छवि तथा ध्वनि एक ही मानक गति से चलते हैं जिन्हें साथ-साथ बन्धित (Interlock) कर दिया जाता है। इस प्रकार दृश्य के संवादों को पुनर्उच्चारित (Dubbing) करके अनचाही ध्वनियों को निकाल दिया जाता है और हमें एक साफ-सुथरी ध्वनि (Clean Sound Track) प्राप्त होती है।

संवादों के अतिरिक्त दृश्य में सुनाई देनेवाली सभी ध्वनियाँ, प्राकृतिक ध्वनियाँ (Natural Sounds) तथा संगीत आदि ध्वनि के विशेष प्रभाव कहलाते हैं। इन विशेष प्रभावों द्वारा दृश्य को विशेष भाव (Moods) प्रदान किए जाते हैं। अधिकतर ध्वनि प्रभाव या तो विशेष प्रकार की लाइब्रेरी (Effects Library) में संग्रहीत होते हैं अन्यथा उन्हें दृश्य के अनुरूप विशेष परिस्थितियों का निर्माण कर रचा (Create) जाता है, जैसे चलने की आवाज विशेष स्थल पर किसी व्यक्ति को उसी प्रकार चलाकर रिकॉर्ड करना। इस तरह के प्रभावों को 'घटनात्मक प्रभाव' (Incidental Effects) कहते हैं। इसके अतिरिक्त कुछ प्रभाव ऐसे होते हैं जो सम्पूर्ण दृश्य का एक अंग होते हैं, जैसे वायु प्रवाह, जल प्रवाह, आवागमन आदि। इन प्रभावों का प्रयोग दृश्य को प्राकृतिक स्वरूप (Natural Form) देने के लिए किया जाता है अतः इन ध्वनि प्रभावों को प्राकृतिक अथवा सामान्य (Natural or General) ध्वनि प्रभाव कहा जाता है। इन सभी विभिन्न प्रकार की ध्वनियों को दृश्य के साथ मिलाकर (Match) अलग-अलग ट्रैक बनाए जाते हैं तथा इन ट्रैक के पुनर्ध्वनि मुद्रण (Re-Recording) के लिए आवश्यक संकेत (Markings) तथा तालिकाएँ (Dore Sheets) तैयार की जाती हैं।

रि-रिकॉर्डिंग या मिक्सिंग (Re-Recording or Mixing) विशेष प्रकार के रिकॉर्डिंग थिएटर में की जाती है जहाँ कई ट्रैक अलग-अलग एवं एक साथ चलाने की सुविधा होती है। इस प्रक्रिया में रिकॉर्डिस्ट दृश्य की आवश्यकतानुसार ध्वनि

प्रभाव, संगीत एवं संवाद आदि के लेवल (Level) तथा स्पष्टता (Sharpness) को अलग-अलग नियन्त्रकों (Controls) द्वारा संयोजित करता है। ध्वनि प्रभाव, संगीत तथा अन्य पार्श्व ध्वनियों (Background Sounds) को मिक्स करके एक अलग मिश्रित ध्वनि ट्रैक जिसे 'इंटरनेशनल ट्रैक' (Interanational Track) कहते हैं, बनाया जाता है। इस ट्रैक का उपयोग फिल्म को मूल भाषा तथा अन्य भाषाओं में रूपान्तरित करने के लिए किया जाता है। इंटरनेशनल ट्रैक में ध्वनि मुद्रित होने के पश्चात् उसमें मूल भाषा या अन्य भाषाओं के संवाद मिक्स किए जाने से हमें फिल्म का अन्तिम रूप (Final Sound Track) प्राप्त होता है जिसे साउंड निगेटिव (Sound Negative) में ट्रांसफर (Transfer) करने के बाद अन्तिम ध्वनि का निगेटिव (Final Sound Negative) प्राप्त हो जाता है। यह साउंड निगेटिव फाइनल पिक्चर निगेटिव के साथ प्रिंट होकर प्रथम प्रदर्शन प्रिंट (First Answer Print or Release Print) के रूप में हमें प्रयोगशाला में प्राप्त होता है। चूँकि यह प्रयोगशाला से निकला हुआ प्रथम प्रिंट होता है अतः इसमें कहीं कहीं दृश्य तथा ध्वनि की गुणवत्ता में सुधार की सम्भावना बनी रहती है। इसीलिए इस प्रिंट के आधार पर बाद में बननेवाले सभी प्रिंटों में अच्छी गुणवत्ता लाने के लिए सुधार (Corrections) किए जाते हैं। इस कार्य में मुख्य दायित्व सामान्यतः छायाकार एवं प्रयोगशाला तकनीशियनों का ही होता है। दृश्य एवं ध्वनि के इस 'समरूप प्रिंट' को मैरीड प्रिंट (Married Print) भी कहा जाता है। यही प्रिंट सिनेमाघरों में प्रदर्शन हेतु भेजे जाते हैं।

कभी-कभी दर्शकों की प्रतिक्रिया के फलस्वरूप फिल्म प्रदर्शित होने के बाद भी उसमें आवश्यक काट-छाँट अथवा परिवर्तन किए जाते हैं ताकि फिल्म दर्शकों को अधिक समय तक स्वीकार्य हो। इस कार्य में शूट किए हुए अप्रयुक्त दृश्य अथवा गीत-संगीत आदि जोड़े या निकाल दिए जाते हैं। कभी-कभी दर्शकों की माँग के अनुरूप पटकथा (Screenplay) में परिवर्तन करके कई नए दृश्य या गीत पुनः शूट किए जाते हैं और सम्पादन से अन्त तक की सारी प्रक्रियाएँ पूर्ण करने के बाद उन्हें प्रदर्शित फिल्म के प्रिंटों में जोड़ दिया जाता है। यद्यपि इस प्रकार के प्रयोगों की सफलता एवं असफलता सन्दिग्ध होती है फिर भी निर्माता एवं निर्देशक फिल्म की अधिक-से-अधिक सफलता के लिए कोई कसर नहीं छोड़ते।

निर्माण योजना

अधिकांश फिल्मों के निर्माण के समय समस्या यह नहीं होती कि कहानी या पटकथा के अनुरूप निर्देशक अपनी कल्पना में फिल्म के स्वरूप के बारे में स्पष्ट है या नहीं। समस्या होती है पूर्व तैयारी या समुचित योजना के अभाव की। अधिकतर फिल्मों के आरम्भ में मात्र निर्माता तथा निर्देशक ही होते हैं, समूह (Unit/Group) का कोई भी अन्य सदस्य फिल्म की टीम में नहीं होता। सिर्फ निर्माता व निर्देशक को ही सम्पूर्ण कार्य योजना एवं अन्य आवश्यक तैयारियाँ करनी होती हैं। यदि फिल्म निर्माण की यह पूर्व योजना एवं तैयारी शूटिंग आरम्भ होने के पूर्व ही नहीं की जाती तो निर्माण असम्भव नहीं तो अत्यधिक कठिन एवं कष्टकारी अवश्य हो जाता है। जहाँ निर्माता व निर्देशक एक ही व्यक्ति होता है वहाँ समस्या और भी जटिल हो जाती है।

फिल्म निर्माण की योजना बनाने तथा उसका कार्यान्वयन करने के पूर्व कथा-पटकथा के समुचित विकास के महत्त्व को नकारा नहीं जा सकता। इस कार्य के लिए लेखक द्वारा लिखित 'पटकथा लेखन के तत्त्व' पुस्तक का अध्ययन पाठकों के लिए अत्यन्त लाभदायक होगा। कथा व पटकथा लेखन के अतिरिक्त अन्य कई कार्य होते हैं जो निर्माता व निर्देशक को स्वयं ही अपनी निगरानी में करने पड़ते हैं। वैसे भी किसी विशेष विभाग या सभी विभागों का कार्य उनके विशेषज्ञों अथवा तकनीशियनों पर ही नहीं छोड़ा जा सकता। अतः आरम्भ में निर्माता-निर्देशक की व्यक्तिगत रुचि के द्वारा ही अन्य योजनाओं व निर्माण पूर्व कार्यों को कार्यान्वित करना आवश्यक है क्योंकि फिल्म चाहे छोटी हो या बड़ी या कोई बहुत बड़ा टेलीविजन कार्यक्रम, आरम्भ में निर्माता-निर्देशक की कोई भी सहयोगी टीम (Team) नहीं होती और इस अवस्था में यह सम्भव भी नहीं होता। कई बार तो कार्य आरम्भ करने के लिए कोई कार्यालय, स्थान या कर्मचारी भी नहीं होते जो निर्माता-निर्देशक को छोटे-छोटे कार्यों, जैसे फोन, टाइपिंग अथवा कॉपी करने में मदद कर सकें। छोटे-से-छोटा और बड़े-से-बड़ा सभी काम निर्माता व निर्देशक को स्वयं ही करना पड़ता है। कथाचित्रों के निर्माण में कभी-कभी कला निर्देशक

(Art Director) को साथ में लिया जा सकता है परन्तु लघु फिल्मों या वृत्तचित्रों में यह सब निर्माता व निर्देशक को ही करना होता है। इसका मुख्य कारण धनाभाव के अतिरिक्त वृत्तचित्र की कल्पना सिर्फ निर्देशक की ही हो सकती है। वृत्तचित्रों में पटकथा लेखक की भूमिका भी नगण्य ही होती है। वृत्तचित्रों से सम्बद्ध होकर मेरा अनुभव तो यही है कि वृत्तचित्र की पटकथा सिर्फ निर्देशक को ही स्वयं लिखनी चाहिए। क्योंकि वृत्तचित्रों का एक विचार (Idea) होता है और इसके दृश्य संयोजन की कोई स्पष्ट कल्पना नहीं हो सकती। अतः इस कल्पना का प्रारूप भी निर्देशक को अपने मस्तिष्क में स्वयं ही बनाना चाहिए, किसी अन्य व्यक्ति द्वारा लिखित/कल्पित पटकथा से समुचित सामंजस्य बना पाना एक वृत्तचित्र निर्देशक के लिए आसान काम नहीं होता और निर्देशक इस प्रकार मात्र एक दृश्य अनुवादक (Visual Translator) बनकर रह जाता है, इसमें उसकी अपनी स्वयं की कल्पना तथा रचना का अभाव होता है।

कथाचित्रों के निर्माण व निर्देशन का उत्तरदायित्व सम्भालनेवाला यदि एक ही व्यक्ति है तो उसके लिए काम कर पाना अति कठिन है। इसके लिए जैसे ही फिल्म निर्माण के लिए अर्थ की व्यवस्था हो जाए तो जितनी जल्दी सम्भव हो, एक विश्वासपात्र निर्माण प्रबन्धक (Production Manager) या सहयोगी निर्माता (Associate Producer) को निर्माण समूह में शामिल कर लेना चाहिए। इसके अतिरिक्त एक कर्मठ सचिव (Secretary) भी रखना उचित होगा जो प्रतिदिन होनेवाले छोटे-मोटे आवश्यक कार्य तथा कार्यालय सम्बन्धी कार्यों, जैसे फोन लेना, अतिथियों का स्वागत करना, टाइपिंग या कॉपी करना, पत्र व सूचनाओं का आदान-प्रदान करना आदि का निष्पादन कर सके।

पटकथा के विकास के अतिरिक्त अन्य कार्य, जैसे फिल्म का बजट बनाना, कार्यक्रम (Scheduling) तैयार करना, विभिन्न विभागों के लिए मुख्य तकनीशियनों की नियुक्ति करना, कलाकारों का चयन, शूटिंग के लिए स्थान (Locations) निश्चित करना तथा शूटिंग से सम्बन्धित अन्य तैयारियों में शूटिंग स्थल की सहमति प्राप्त करना, ड्रेस, प्रॉपर्टी, इक्विपमेंट्स आदि का प्रबन्ध, सेट तैयार कराना आदि कार्य प्रमुख हैं। इनके पूर्ण किए बिना शूटिंग आरम्भ नहीं करनी चाहिए।

निर्देशन शैली

किसी भी रचना में रचनाकार की एक विशिष्ट शैली होती है चाहे वह काव्य रचना, कथा, नाट्य, उपन्यास, चित्रकारी हो या फिर फिल्म रचना। यहाँ निर्देशक का यह

दायित्व होता है कि वह अपनी स्वयं की एक विशिष्ट शैली निर्धारित करे। उसकी यह शैली उसकी विशेष पहचान बनाती है। इस विशेष शैली का विश्लेषण करना आलोचकों का कार्य होता है जिसमें निर्देशक की शैली की सफलता-असफलता, समुचित एवं स्पष्ट संवाद (Proper and Clear Communication), प्रभाव आदि का आकलन किया जाता है। आखिर कोई रचना सिर्फ रचनाकार के लिए नहीं होती, रचना पूर्ण होने के बाद वह सार्वजनिक हो जाती है।

अपनी शैली निश्चित करने की प्रक्रिया में फिल्म निर्देशक विशेष शूटिंग स्थान (Locations), विशेष प्रकाश-व्यवस्था, विशेष छायांकन, विशेष सम्पादन पद्धति (Cutting Pattern), विशिष्ट अभिनय आदि की कल्पना करता है जिसमें निर्देशक के अन्तरमन में छिपी सूक्ष्म भावनाओं की अभिव्यक्ति होती है जो उसको एक रचनात्मक कलाकार (Creative Artist) बनाती है। अधिकतर निर्देशक अपनी इस शैली को लेकर अपने छायाकार के साथ विचार-विमर्श करते हैं ताकि छायाकार भी अपनी रचनात्मकता के अनुसार उसकी विशिष्ट शैली का विकास करने में अपना योगदान दे सके। यदि छायाकार को निर्देशक की कल्पना समझ में आ जाती है तो वह निर्देशक को विशेष रंग योजना, विशेष प्रकाश व्यवस्था, विशेष मंच संयोजन (Setting) आदि में विशेष सहयोग दे सकता है। ये बातें निर्देशक की विशिष्ट शैली विकसित करने के साथ-साथ विशेष प्रभाव की रचना करने के लिए भी आवश्यक हैं।

अन्दर (Indoor), बाहर (Outdoor) या स्टूडियो (Studio) में शूटिंग करने का निर्णय भी निर्देशक की शैली पर निर्भर करता है। कुछ निर्देशक स्टूडियो या विशेष सेट पर शूटिंग करना ज्यादा पसन्द करते हैं क्योंकि यहाँ शूटिंग नियन्त्रित परिस्थितियों (Controlled Situations) में होती है, यहाँ पर किसी प्रकार की कोई अड़चन नहीं होती। निर्देशक अपनी रुचि तथा आवश्यकता के अनुसार कैमरा स्थिति (Camera Placement), चरित्रों का आवागमन, मंच सज्जा (Setting), प्रकाश-व्यवस्था आदि कर सकता है जबकि बाह्य (Outdoor) शूटिंग निर्देशक फिल्म में वास्तविकता लाने के लिए करते हैं। कई बार विभिन्न कारणों से आउटडोर शूटिंग सम्भव नहीं हो पाती। इस स्थिति में उस विशेष वातावरण को स्टूडियो या खुले मैदान में रचा (Create) जाता है। लोकेशन शूटिंग करने के लिए वहाँ के मौसम, विद्युत-व्यवस्था, यूनिट का आना-जाना (Transportation) आदि आधारभूत व्यवस्थाओं को भी ध्यान में रखना चाहिए। यदि पूरी फिल्म ही लोकेशन में शूट करनी हो तो पटकथा की आवश्यकता को ध्यान में रखते हुए ही उस विशेष स्थान का चयन करना चाहिए। इसमें किसी भी प्रकार का समझौता

फिल्म के लिए हानिकारक हो सकता है।

किसी विशेष स्थान (Location) के स्टूडियो में पुनर्निर्मित करने के लिए विशेष शोध (Research) की जरूरत होती है ताकि उस स्थान की सूक्ष्म-से-सूक्ष्म बातों को भी स्टूडियो में रचा जा सके। यह उस विशेष स्थान की वास्तविकता तथा समुचित वातावरण के लिए अति आवश्यक है। किसी विशेष वातावरण को लोकेशन या स्टूडियो में पुनर्निर्मित करने में कला निर्देशक की भूमिका काफी महत्त्वपूर्ण होती है क्योंकि वही तो निर्देशक की कल्पना को मंच (Set) के रूप में सजीवता प्रदान करता है। अतः निर्देशक को पटकथा के अनुरूप प्रत्येक दृश्य की विस्तृत कल्पना अपने मस्तिष्क में कर लेनी चाहिए ताकि उसी प्रकार वह कला निर्देशक का मार्गदर्शन कर सके, क्योंकि कला निर्देशक को पटकथा के दृश्य दिखाकर उसकी अपनी कल्पना पर छोड़ा नहीं जा सकता। कला निर्देशक आखिरकार वही करेगा जो निर्देशक को चाहिए, अतः कला निर्देशक के किसी भी कार्य को स्वीकृत या अस्वीकृत करने का अधिकार सिर्फ निर्देशक को है।

फिल्म 'अजूबा' के सेट पर शूटिंग

मितव्ययिता या आर्थिक अनुशासन

फिल्म निर्माण के लिए उपलब्ध धन कम हो या अधिक, दोनों ही स्थितियाँ समस्या बन जाती हैं। यदि कम है तो निर्देशक को आर्थिक अनुशासन की सीमा में रहकर कार्य करना होता है। यहाँ निर्देशक को न सिर्फ प्रत्येक दृश्य के दृश्यांकन के लिए विभिन्न वैकल्पिक प्रबन्धों का आकलन करते रहना चाहिए बल्कि 'सस्ता और टिकाऊ' (Cheap and Best) के सिद्धान्त का पालन करके इस प्रकार विभिन्न प्रबन्ध करने चाहिए कि निर्देशक की कल्पना के अनुसार अधिक-से-अधिक सम्भव प्रभाव प्राप्त किया जा सके। जैसे कई बार कलाकारों के लिए पोशाकें बनवाने से बेहतर होगा कि उन्हें किराए पर लिया जाए, यदि उनमें चरित्र के अनुसार निरन्तरता (Continuity) नहीं है। या बनी-बनाई खरीद ली जाएँ यदि उनकी आवश्यकता बार-बार हो। इसी प्रकार बनाए जानेवाले सेट (Sets) की संख्या कम की जा सकती है, कई दृश्यों को कम किया जा सकता है या उन्हें किन्हीं अन्य दृश्यों में मिलाया (Merge) जा सकता है। चरित्रों या भीड़ को कम किया जा सकता है। शूटिंग करते समय लम्बे तथा कठिन शॉट्स (Shots) के स्थान पर छोटे-छोटे शॉट्स लिये जा सकते हैं, कोशिश की जा सकती है कि आउटडोर शूटिंग की विभिन्न लोकेशन आस-पास ही हो ताकि आने-जाने में तथा बार-बार शूटिंग की नए सिरे से तैयारी करने में समय तथा व्यय की बचत की जा सके। ये आर्थिक अनुशासन पटकथा लेखन से ही आरम्भ हो जाता है। एक कम बजटवाली फिल्म की पटकथा में लेखक को बड़े-बड़े सेट या सुदूर शूटिंग स्थानों का सुझाव देने से बचना चाहिए।

इसके विपरीत धन की अधिकता में भी काफी समस्याएँ उत्पन्न हो जाती हैं। सामान्यतः ऐसा बड़े तथा स्थापित फिल्मकारों की फिल्मों में अधिक होता है क्योंकि इनमें व्यावसायिक पक्ष को देखते हुए फाइनेंसर या वितरक बड़े-बड़े सितारों के चुनाव के बीच झूलते रहते हैं और बेचारा निर्देशक असहाय-सा उसकी अनिश्चितताओं व असुरक्षा का शिकार होता रहता है। फिल्म बनने के दौरान किसी सितारे का बाजार कम होने के कारण कई फिल्में बीच में ही रुक जाती हैं या फिर वितरक अपना हाथ खींच लेते हैं। यदि फिल्म बन भी गई तो रिलीज नहीं हो पाती। भारतीय फिल्म उद्योग में ऐसी स्थिति अकसर होती है। फिल्म उद्योग की यही अनिश्चितता यहाँ अनुशासनहीनता का मुख्य कारण है और इसीलिए फिल्म निर्माण का व्यवसाय काला धन्धा करनेवालों, स्मगलरों, समाज के दुश्मनों तथा कलात्मकता से दूर सिर्फ व्यवसाय करनेवालों के हाथों में चला गया।

यही कारण है कि विश्व का सर्वाधिक फिल्म निर्माण करनेवाला देश विश्व में अभी तक अपना विशेष स्थान नहीं बना सका।

धन की अधिकता से उत्पन्न होनेवाली समस्याएँ सामान्यतः नए तथा कम बजट में बननेवाली फिल्मों के साथ नहीं होतीं, यहाँ समस्या अधिकतर धन के अभाव की होती है। इस समस्या को निर्देशक तथा पटकथा लेखक के तालमेल से सुलझाया जा सकता है। पटकथा लेखन के दौरान निर्माण में आगे आनेवाली कई समस्याओं का समाधान ढूँढ़ा जा सकता है। इसके लिए ये आवश्यक है कि शूटिंग आरम्भ होने के पहले पूर्ण विकसित पटकथा तैयार की जाए।

सावधानीपूर्वक बनाई गई शूटिंग योजना से शूटिंग के कुल दिनों में कटौती, कच्ची फिल्म (Raw Stock) की न्यूनतम अनुपात में खपत से फिल्म निर्माण में आनेवाली लागत काफी कम हो जाती है। इसी प्रकार सोच-विचार कर की गई मंच योजना (Setting Plan) के द्वारा कम खर्चवाले सेट लगाने चाहिए। इसके अतिरिक्त अन्तिम समय में किए जानेवाले परिवर्तनों से भी बचा जा सकता है। शूटिंग के समय आनेवाली समस्याओं के पूर्वानुमान से शूटिंग के समय में होनेवाली देरी से बचना चाहिए क्योंकि शूटिंग में होनेवाली देरी से किराए पर लाई गई वस्तुएँ, कलाकार, खर्चीला साज-सामान, शूटिंग यन्त्र, जैसे कैमरा, रिकॉर्डर तथा लाइट्स आदि काफी महँगे पड़ जाते हैं। यदि शूटिंग की समय सीमा निश्चित हो तो पटकथा का होना ही कार्य को सुविधाजनक बनाता है।

तकनीशियनों तथा फिल्म समूह के सदस्यों का चयन

फिल्म निर्माण में काम करनेवाले मुख्य तकनीशियन तथा अन्य सदस्यों के चयन का मुख्य उत्तरदायित्व निर्माता का होता है जो निर्देशक के साथ मिलकर निर्देशक के किसी एक या अनेक व्यक्ति विशेष के साथ तालमेल एवं उपलब्ध आर्थिक-व्यवस्था के आधार पर करता है। छोटे बजट की फिल्मों के लिए अधिकतर व्यक्तियों में उनकी योग्यता, कार्य करने की तीव्रता (Fastness) तथा फीस आदि के आधार पर उनका चयन किया जाता है। इन फिल्मों के वितरक तथा फाइनेंसर्स कभी-कभी किसी मुख्य तकनीशियन या कलाकार के सम्बन्ध में अपनी स्वीकृति या अस्वीकृति दे सकते हैं। यद्यपि अधिकांशतः इस प्रकार की स्थिति आ नहीं पाती और निर्माता व निर्देशक फिल्म के बजट को ध्यान में रखते हुए अपने स्वतन्त्र निर्णय लेते हैं। जहाँ निर्माता व निर्देशक एक ही व्यक्ति हो तो वहाँ ये सारे निर्णय उसी को करने होते हैं।

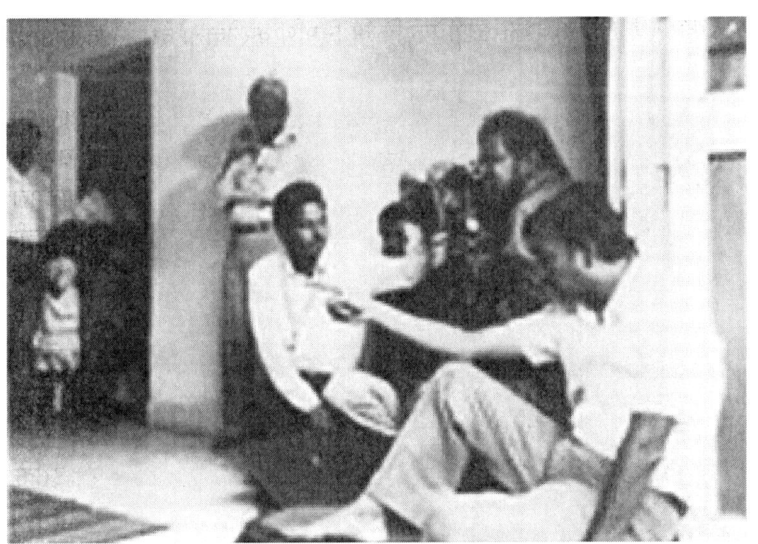

लेखक द्वारा निर्देशित फिल्म 'टूटे पंख' के सेट पर कार्यरत यूनिट

जहाँ छोटे बजट की फिल्मों में योग्य तथा तेज (Fast) तकनीशियनों का चुनाव किया जाता है वहीं बड़े बजट की फिल्मों में ऐसे व्यक्तियों का चुनाव किया जाता है जिनका फिल्म उद्योग में एक विशेष स्थान हो और जिनकी योग्यता सन्देहरहित हो या फिर किसी मुख्य सितारे की विशेष पसन्द हो। ऐसा अधिकतर छायाकार के सन्दर्भ में होता है।

फिल्म उद्योग के आरम्भ में फिल्म निर्माण कुछ विशेष स्टूडियोज या फिल्म कम्पनियों द्वारा किया जाता था। भारत में प्रभात स्टूडियोज, बॉम्बे टॉकीज, मिनर्वा मूवीटोन, फिल्मिस्तान, प्रसाद स्टूडियोज, ए.बी.एम. स्टूडियोज, आर.के. स्टूडियोज, राजकमल स्टूडियोज आदि थे जो तकनीशियनों तथा अन्य आवश्यक व्यक्तियों को मासिक वेतन पर रखते थे। इस सेटअप में काम करनेवाले निर्देशक को इन्हीं व्यक्तियों के साथ काम करना पड़ता था। यद्यपि इसमें निर्देशक की काफी समस्याएँ कम हो जाती थीं परन्तु निर्देशक व अन्य व्यक्तियों के साथ तालमेल न हो पाने की समस्या होने की सम्भावना हमेशा बनी रहती थी। ये तालमेल बनाने के लिए निर्देशक को विशेष श्रम करना पड़ता था। समय के साथ स्टूडियोज़ बन्द होते गए और फिल्म निर्माण में यह समस्या भी कम होती गई। यद्यपि अब किसी हद तक यह समस्या टेलीविजन धारावाहिक निर्माण के क्षेत्र में अपना प्रभाव बना

चुकी है जहाँ निर्माण कम्पनी तकनीशियनों का मासिक वेतन या प्रति धारावाहिक के अनुसार अनुबन्धित करती है।

व्यक्तियों के चयन में एक विशेष व सबसे महत्त्वपूर्ण सत्य यह होना चाहिए कि चयन किए गए व्यक्तियों में निर्देशक के साथ तालमेल तथा उसके विचारों (Concepts/Ideas) एवं कल्पना को समुचित रूप से समझने की क्षमता हो। निर्देशक के साथ एक या समूह के कई सदस्यों का सही तालमेल फिल्म की गुणवत्ता तथा सफलता में महत्त्वपूर्ण भूमिका निभाता है। इस प्रकार का तालमेल भारत में बनी कई सफल फिल्मों, जैसे आलमआरा, मुगले-आजम, श्री 420, मेरा नाम जोकर, पाकीज़ा, वक्त, शोले आदि फिल्मों के पार्श्व में देखा जा सकता है। यही कारण है कि कई पुराने स्टूडियो और फिल्म कम्पनियों के मुख्य कर्त्ताधर्ता (Chief Executives) के अवसान के बाद ये कम्पनियाँ या स्टूडियो लगभग बन्द ही हो गए और जो चल भी रहे हैं वहाँ फिल्म निर्माण की गति कम या समाप्त ही हो गई है, क्योंकि इनकी अगली पीढ़ी में न तो फिल्म निर्माण के प्रति समर्पण रहा और न ही आपसी समझ व योग्यता जो इस व्यवसाय को आगे बढ़ा सके।

छायाकार के चयन के बाद अन्य महत्त्वपूर्ण चयन फिल्म सम्पादक का होता है। यहाँ फिल्म सम्पादक की योग्यता तथा रचनात्मकता महत्त्वपूर्ण है। फिल्म निर्माण में गम्भीर फिल्मकार पटकथा लेखन से ही सम्पादन का कार्य आरम्भ कर देते हैं परन्तु निर्देशक को सम्पादन का कितना भी अधिक ज्ञान क्यों न हो, ये फिल्म सम्पादक ही है जो फिल्म के फ्रेम (Frames) को उचित रूप से काटकर दृश्य को एक निश्चित गति तथा लय प्रदान करते हैं। यहाँ यह बात जानने योग्य है कि एक ही दृश्य को सम्पादक विभिन्न प्रकार से सम्पादित कर सकता है जो निर्देशक की कल्पना के अनुरूप या विपरीत हो सकता है। यह स्थिति निर्देशक तथा सम्पादक के बीच असन्तोष व टकराव उत्पन्न कर सकती है। इसीलिए सम्पादक को निर्देशक का विचार (Concept) समझकर दृश्य का सम्पादन करना चाहिए और निर्देशक को भी स्पष्ट होना चाहिए कि दृश्य की आवश्यकता क्या है। यदि शूटिंग के पूर्व निर्देशक को सम्पूर्ण फिल्म तथा दृश्य की सम्भावित गति तथा लय का आभास हो जिसके अनुसार ही वह 'शॉट टेकिंग' (Shot Taking) तथा पात्रों के मूवमेंट (Movement) का निश्चय करे तो सम्पादक को दृश्य में आवश्यक गति तथा लय के अनुसार सम्पादन करना सरल हो जाता है। इसके अतिरिक्त शूटिंग के दौरान ली गई हर छवि (Image) के विशेष प्रभाव का भी ज्ञान होना चाहिए। इससे सम्पूर्ण फिल्म को समान गति (Uniform Flow) प्रदान करने में सहायता मिलती है।

शूटिंग करते हुए निर्देशक को समय के तत्त्व (Time Element) का भी ध्यान रखना चाहिए। एक धीमी गति के दृश्य में सम्पादन की आवश्यकता न के बराबर होती है जबकि एक तेज गति के दृश्य में जैसे एक्शन (Action) दृश्यों में अधिक शॉट लिये जाते हैं परन्तु उनकी लम्बाई (Length) कम होती है। निर्देशक को समय के ज्ञान से सम्पादन में एक दृश्य के अनुरूप विशेष गति (Tempo) बनाने में काफी मदद मिलती है।

एक निर्देशक फिल्म निर्माण के आरम्भ से कथा-पटकथा एवं प्रत्येक दृश्य से इतना सम्मोहित होता है कि सम्पादन की स्थिति तक आते-आते वह दृश्य के प्रति तटस्थ नहीं रह पाता और कई बार सम्पादक द्वारा कट किए गए दृश्य को वह ज्यों-का-त्यों स्वीकार नहीं कर पाता। इसके परिणामस्वरूप निर्देशक व सम्पादक के बीच तनाव की स्थिति आने के साथ फिल्म की सम्पूर्ण गति तथा लय पर भी विपरीत प्रभाव पड़ता है। अतः निर्देशक को चाहिए कि वह हर दृश्य के प्रति अपनी तटस्थता तथा निष्पक्षता (Objectivety) बनाए रखे और सम्पादक के कार्य में रफ कट (Rough Cut) बनने तक दखल न दे। इस प्रकार सम्पादक भी अपनी सर्वश्रेष्ठ रचनात्मक योग्यता का प्रदर्शन कर सकेगा। रफ कट देखने के बाद निर्देशक एवं सम्पादक विचार-विमर्श करके दृश्य की सम्पादकीय शैली (Cutting Pattern) में आवश्यक सुधार कर सकते हैं। तटस्थ होने का निर्देशक को यह लाभ भी मिलता है कि लेखन के समय लिखी गई आवश्यक बातें सम्पादन तक आते-आते अनावश्यक लगने लगती हैं।

गति

किसी भी फिल्म की सफलता के पीछे कारण होता है कि आरम्भ से अन्त तक दर्शकों की फिल्म में रुचि किस तरह बनाई रखी जाए। जो निर्देशक शूटिंग आरम्भ होने के पूर्व ही अपनी कल्पना में बनी हुई फिल्म का आकलन दर्शकों के नजरिए (View Point) से करने में सक्षम होता है, वही एक सफल फिल्मकार बन पाता है। यह पटकथा के समुचित एवं रुचिकर विकास पर आधारित होता है। प्रत्येक दृश्य निर्देशक की कल्पना में स्थायी रूप से बन जाना चाहिए ताकि जब भी वह दृश्य निर्देशक पढ़े, सोचे या विचार-विमर्श करे, सम्पूर्ण दृश्य एक फिल्म की तरह उसके मस्तिष्क से गुजर जाए। इस प्रकार निर्देशक स्वयं ही दर्शकों की रुचि-अरुचि का ध्यान रखकर दृश्य/फिल्म की सम्भावित गति का आकलन कर सकेगा। ये बातें निम्नलिखित सूत्रों (Factors) पर भी आधारित हो सकती हैं–

1. पटकथा–पटकथा का विकास करते समय निर्देशक को सोचना चाहिए कि उसके द्वारा बनाई जानेवाली फिल्म हास्य-प्रधान है या गम्भीर, तेज गति से चलनेवाले एक्शन (Actions) हैं जिसमें छोटे-छोटे शॉट्स की तेज कटिंग (Cutting) होगी या धीमी गतिवाले लम्बे भावनात्मक दृश्य। प्रत्येक दृश्य का विकास दृश्यों में दर्शक की रुचि तथा कहानी की आवश्यकता के अनुसार किया जाता है या फिर निर्देशक की अपनी कल्पना के अनुसार दृश्य तैयार किया जाता है। निर्देशक का फिल्म के विकास में इतनी समझ होना फिल्म को विशेष गति एवं रुचि प्रदान करता है।

2. अभिनय–निर्देशक को दृश्य के अनुसार ही कलाकारों का चयन करना चाहिए। हास्य दृश्य किसी गम्भीर अभिनेता पर फूहड़ लगेगा या एक गम्भीर दृश्य को एक हास्य अभिनेता हास्यप्रद बना देगा। अतः दृश्यों का विकास भी कलाकारों की छवि के अनुसार करना चाहिए। निर्देशक को कलाकारों का चयन भी उनकी कथा पटकथा में उपयुक्तता (Suitability) के अनुसार करना चाहिए। इसके अतिरिक्त यह भी सुनिश्चित कर लेना चाहिए कि वह किसी दृश्य विशेष को अभिनीत करने में सक्षम है या नहीं। कलाकारों के त्रुटिपूर्ण चयन का सबसे अच्छा उदाहरण है फिल्म 'अशोका द ग्रेट' तथा 'देवदास' में शाहरुख खान। आलोचकों की राय में 'सम्राट अशोक' तथा 'देवदास' दोनों के रूप में वह शाहरुख खान ही नजर आए, वह चरित्र नहीं बन सके और इसी कारण दर्शकों ने भी हिन्दी फिल्मों के इतिहास में इन सर्वाधिक महँगी फिल्मों को पूर्णतः नकार दिया। वहीं छोटे बजट में बनी फिल्म 'चाँदनी बार' को दर्शकों ने सिर पर उठा ही नहीं लिया बल्कि मुख्य अभिनेत्री तब्बू को एक बार डांसर का रोल जीने के लिए सम्मान दिया तथा प्रशंसा भी की।

3. निर्माण संयोजन–इसका तात्पर्य है कि फिल्म निर्माण के पूर्व प्रत्येक दृश्य को सजीव रूप में कल्पित करना जिसमें विशेष रंग, प्रकाश-व्यवस्था, भावनात्मक प्रभाव आदि का विस्तृत विवरण हो, यह निर्देशक का ही नहीं बल्कि सभी का कार्य आसान कर देता है चाहे वह छायाकार हो या सम्पादक या कला निर्देशक या अभिनेता आदि। सभी इस निश्चित कल्पना एवं संयोजन की सीमा में कार्य करते हैं।

बड़े बजट की फिल्मों में अधिकतर ये देखा गया है कि बड़े-बड़े सितारों की रुचि के अनुसार पूर्व निश्चित दृश्यों को बदल दिया जाता है। इसमें निर्देशक की स्वीकृति कम, मजबूरी अधिक होती है। शूटिंग के पूर्व इस प्रकार के परिवर्तन फिल्म की सम्पूर्ण गति, प्रभाव तथा बहाव में अवरोध पैदा करते हैं जो सर्वथा

अनुचित है। इस प्रकार के परिवर्तनों से समय तथा धन दोनों की ही बरबादी होती है फिर भी इस तरह की अनियमितताएँ फिल्म निर्माण में आदत नहीं बननी चाहिए। जहाँ तक सम्भव हो निर्देशक को पूर्ण तैयारी तथा बिना किसी भटकाव एवं दुविधा के सेट पर पहुँचना चाहिए, चाहे वह कम बजट की फिल्म हो या बड़े बजट की।

शूटिंग अनुपात

शूटिंग अनुपात का अर्थ फिल्म की शूटिंग के दौरान प्रयुक्त कच्ची फिल्म (Raw Stock/Unexposed Negative) तथा फिल्म पूरी होने पर फिल्म की अन्तिम लम्बाई (Final Length) के बीच अनुपात है। शूटिंग अनुपात पर निर्देशक का पूर्ण अधिकार होना चाहिए। इस अनुपात के बढ़ने से फिल्म की लागत में काफी प्रभाव पड़ता है। यदि निर्देशक अनुभवी है तथा योजनाबद्ध तरीके से कार्य करता है तो इस अनुपात पर लगाम लगाई जा सकती है।

एक वृत्तचित्र की शूटिंग करते हुए छायाकार

वृत्तचित्र या सजीव घटनाओं की शूटिंग के दौरान इस अनुपात पर सीमा खींचना कभी-कभी कठिन ही नहीं, असम्भव भी होता है, क्योंकि इस तरह की फिल्मों की शूटिंग सुनियोजित नहीं हो पाती। अतः शूटिंग करते रहना होता है बिना शूटिंग अनुपात की चिन्ता किए हुए। यद्यपि कुल लागत

पर इसका प्रभाव अवश्य ही पड़ता है।

बड़े-बड़े बजटवाली फिल्मों में चीज़ बड़े पैमाने पर की जाती है, जैसे बड़े सेट, बड़े अभिनेता, बड़े छायाकार, बड़े निर्देशक आदि। इन फिल्मों में तुलनात्मक रूप से कच्ची फिल्म का ख़र्च काफी कम होता है तथा शूटिंग अनुपात सीमित रखकर निर्देशक व छायाकार कोई ख़तरा मोल नहीं ले सकते क्योंकि छोटी-सी ग़लती भविष्य में सुधारने के लिए काफ़ी महँगी पड़ सकती है, अतः यहाँ पर शूटिंग अनुपात बेलगाम हो जाता है। परन्तु कम बजट की फिल्मों की सुनियोजित तैयारी से इस अनुपात को सीमित रखना ही चाहिए क्योंकि तुलनात्मक रूप में फिल्म की कुल लागत का अधिकांश भाग कच्ची फिल्म में खर्च होता है। अतः निर्देशक को चाहिए कि शूटिंग करने के पूर्व दृश्य की पूर्ण तैयारी (Reheasal) कर लें। एक अनुभवी निर्देशक के लिए ये कार्य कठिन नहीं है परन्तु निर्देशक की अनुभवहीनता फिल्म की कुल लागत पर कहर ढा सकती है और फिल्म का निर्माण रुक सकता है। निर्माता भी आर्थिक दबाव में दीवालिया हो जाए तो कोई आश्चर्य नहीं होगा। सामान्यतः शूटिंग अनुपात 4 : 1 होना चाहिए परन्तु आवश्यकतानुसार थोड़ा-बहुत कम या अधिक भी हो सकता है, जैसे वृत्तचित्रों या सजीव घटनाओं की शूटिंग में, फिर भी निर्देशक का प्रयास होना चाहिए कि ये अनुपात असीमित न हो पाए।

शूटिंग अनुपात को सीमित रखने का मुख्य कारण है कच्ची फिल्म (Raw Stock) का अधिकतर देशों से आयात किया जाना जिसके कारण इसका मूल्य अधिक व महँगा होता है। एक छोटे बजट की फिल्म में कच्ची फिल्म पर कुल खर्च फिल्म की लागत का एक-तिहाई तक पहुँच जाता है। यदि यह सीमित न किया जाए तो निर्माता की कमर ही टूट जाएगी। शूटिंग अनुपात के अतिरिक्त कच्ची फिल्म का 'गेज' भी निश्चित कर लेना चाहिए, जैसे फिल्म 35 mm. में बनेगी, 16 mm. में या फिर 70 mm. में। सिनेमास्कोप होगी या सामान्य पर्दे (Normal Screen) वाली, यह विषय की आवश्यकतानुसार रंगीन होगी या श्वेत व श्याम (Black & White), ये सारे निर्णय फिल्म की लागत तैयार करते समय कर लेने चाहिए। यदि टेलीविजन के लिए निर्माण है तो 16 mm. या वीडियो फॉरमेट (Format) हो सकते हैं। यदि वीडियो में शूटिंग करनी है तो शूटिंग अनुपात में काफी ढील दी जा सकती है क्योंकि फिल्म की तुलना में वीडियो टेप की कीमत बहुत कम होती है या ये कहें कि कुल लागत की नगण्य होती है। फिर वीडियो शूटिंग का तरीका फिल्म से बिलकुल भिन्न होता है।

वीडियो फिल्म या टेलीविजन कार्यक्रम निर्माण करने के लिए कई बार कई

कैमरे (Multiple Camera Set Up) प्रयोग किए जाते हैं। निर्देशक को यह सुनिश्चित करना आवश्यक है कि उसे कितने कैमरों की एक साथ आवश्यकता होगी। कैमरा सेट अप किराए पर लाने के बाद यदि उसका समुचित प्रयोग नहीं हुआ तो यह कुल लागत पर व्यर्थ का भार होगा। निर्देशक को इस प्रकार की लापरवाही से बचना चाहिए।

फिल्म निर्माण एवं निर्देशन में लगभग दो दशकों से अधिक के अनुभव में मेरा व्यक्तिगत नजरिया यह है कि शूटिंग पूर्व की तैयारी एक निर्देशक के लिए काफी जोशीली तथा नए-नए तथ्यों की जानकारी से परिपूर्ण होती है। ये सारी जानकारियाँ निर्देशक की कल्पना में फिल्म की निश्चित छवि (Final Image) बनाने में एक महत्त्वपूर्ण भूमिका निभाती है तथा निर्देशक को फिल्म के अन्तिम प्रभाव (Final Impact) के प्रति आश्वस्त तथा आत्मविश्वास से सराबोर कर देती है। यही एक निर्देशक की सफलता का पहला कदम है।

दृश्य-4

कथावस्तु

परिस्थितियाँ

किसी भी कथा के मूल तत्त्व यानी कथावस्तु, चरित्र, निर्माण, संवाद, ताल-लय एवं भाव प्रत्यक्ष एवं अप्रत्यक्ष रूप से सम्पूर्ण प्रस्तुतीकरण को प्रभावित करते हैं। इनमें ये आवश्यक नहीं है कि हर कथा में ये सभी तत्त्व समान या एक निश्चित औसत मात्रा में विद्यमान हों। कथा की आवश्यकतानुसार, कभी-कभी निर्माण से सम्बन्धित आर्थिक मजबूरियाँ भी इन तथ्यों की मात्रा निर्धारित करते हैं, जैसे किसी फिल्म में भावनात्मक पहलू की अधिकता हो सकती है तो किसी में एक्शन की। ये जरूरतें मूल तत्त्वों को प्रत्यक्ष रूप से प्रभावित करती हैं। किसी में साफ-सुथरे, सीधे-सादे चरित्र होते हैं तो कहीं उलझे हुए चरित्र भी कथावस्तु का आधार बन सकते हैं। किसी भी फिल्म का आरम्भ वर्तमान तथा अतीत की घटनाओं तथा परिस्थितियों का मिला-जुला रूप होता है। इसे हम सामाजिक सन्दर्भ, देशकाल, तथा घटनास्थल तथा प्राकृतिक सौन्दर्य से जोड़कर देख सकते हैं।

किसी भी नाटक या फिल्म को देखते समय सामान्यतः दर्शक वर्तमान परिस्थितियों को नज़रअन्दाज़ कर जाते हैं क्योंकि वे अपने मस्तिष्क पर पड़नेवाले इसके अप्रत्यक्ष प्रभाव से अनजान होते हैं और वे इसके महत्त्व को समझ नहीं पाते। ये वर्तमान परिस्थितियाँ ही किसी कथावस्तु तथा चरित्र के विकास में महत्त्वपूर्ण भूमिका निभाती हैं। इनकी अनुपस्थिति में चरित्र शून्य में विचरण करते हुए दिखाई देंगे और दर्शक भटकते हुए। यही वर्तमान परिस्थितियाँ चरित्रों तथा दर्शकों को वर्तमान का आभास देते हुए उन्हें अतीत एवं भविष्य में आने-जाने का अवसर प्रदान करती हैं। अतः यही वर्तमान चरित्रों एवं दर्शकों का वर्तमान बन जाता है। ये परिस्थितियाँ कथावस्तु में एक शान्त तथा अदृश्य चरित्र के रूप में अपनी भूमिका निभाती हैं। इन्हीं के अनुसार अन्य चरित्र, घटनाएँ, उत्कंठा तथा तनाव, कथावस्तु में विभिन्न मोड़ तथा उलझाव आदि

प्रभावित होकर कथा को आगे बढ़ाने में सहायक होते हैं। किसी भी चरित्र या घटना को स्वीकार्य बनाने में ये परिस्थितियाँ अत्यधिक महत्त्वपूर्ण होती हैं।

ये वर्तमान परिस्थितियाँ वे होती हैं जो दर्शक मंच पर या फिल्म के पर्दे पर देखते हैं जिनमें देशकाल तथा स्थान के अतिरिक्त उस काल की संस्कृति, परम्परा, व्यवहार तथा रहन-सहन आदि के दर्शन होते हैं। इनके विस्तृत ज्ञान के लिए हमें कथावस्तु की वर्तमान परिस्थितियों के काल, स्थान, समाज, संस्कृति तथा बुद्धिमत्ता, क़ानून एवं राजनीतिक परिवेश, धर्म तथा आस्था आदि के बारे में जानना जरूरी होगा।

कथा काल

कथावस्तु के घटनाक्रम के घटित होने का 'काल' (Period) दर्शक को तुरन्त इस काल में प्रवेश करा देता है और दर्शक उस घटनाकाल में समाहित होकर स्वयं उस काल का एक हिस्सा बन जाता है। इसी का विस्तार होता है सम्पूर्ण कथावस्तु के घटित होने की प्रक्रिया में जिसे हम 'कथा काल' (Span of the Story) भी कह सकते हैं। ये कथा काल कुछ दिन से लेकर कई वर्षों तक का हो सकता है। इसमें प्रत्येक घटना का एक विशेष समय या मौसम निर्धारित किया जा सकता है जो किसी भी घटना को एक विशिष्ट पहचान तथा उद्देश्य प्रदान करता है। कोई फिल्म या घटना किसी विशेष मौसम, जैसे वर्षा या शीत या फिर बसन्त ऋतु में रची जा सकती है जिसमें किसी विशेष मौसम का महत्त्व हो। इसी प्रकार कोई कथावस्तु किसी विशेष उत्सव, त्योहार, या परिवेश पर भी आधारित हो सकती है।

नाटकीय समय

यह वह समय होता है जो एक घटना से दूसरी घटना तक, एक अंक (Act) से दूसरे दृश्य तक व्यतीत होता है। इस प्रकार सम्पूर्ण घटनाक्रम एक निश्चित समय सीमा में ही पूर्ण हो जाता है। आवश्यकतानुसार प्रत्येक दृश्य में नाटकीय समय को कम या अधिक किया जा सकता है। दृश्य लिखते समय प्रत्येक घटना को दिन या सप्ताह में लगभग निश्चित कर लेना चाहिए ताकि घटनाक्रम में समय का तारतम्य (Continuity) बना रहे।

भौतिक घटनास्थल

किसी घटनाक्रम में 'स्थान' का अर्थ उसके भौतिक वातावरण से होता है जो किसी भी घटना के प्रभाव का मुख्य आधार है। एक ओर जहाँ यह भौतिक वातावरण (Physical Environment) सूक्ष्मतर रूप से प्रदर्शित किया जा सकता है, वहीं दूसरी ओर कथा की आत्मा को उभारने में भी सहायक होता है। अतः एक निर्देशक के लिए इस भौतिक वातवारण का विस्तृत ज्ञान होना अति आवश्यक है।

भौगोलिक स्थान

पटकथा में भौगोलिक स्थान (Geographical Locale) का अर्थ है देश, क्षेत्र, जिला या गाँव जिसकी पृष्ठभूमि में सम्पूर्ण कहानी का ताना-बाना बुना जाता है। इसकी सूचना दृश्य के अतिरिक्त संवादों द्वारा भी दी जा सकती है। कभी-कभी इन भौगोलिक स्थानों का सम्पूर्ण फिल्म में भावनात्मक सम्बन्ध तथा प्रभाव भी देखा जाता है जिसका लाभ लेखक को अवश्य उठाना चाहिए।

दृश्य घटनास्थल

कहानी के अनुरूप भौगोलिक स्थान निश्चित हो जाने के बाद दृश्य में घटित होनेवाली घटनाओं का एक विशेष एवं सुनिश्चित स्थान (Location) होता है जिसकी पूर्व योजना पटकथा लेखन के समय निर्देशक को बना लेनी चाहिए। इस समय लेखक को इस विशेष लोकेशन से सम्बन्धित अनावश्यक विवरण देने से बचना चाहिए ताकि सुनिश्चित लोकेशन पर निर्देशक अपनी कल्पना तथा आवश्यकतानुसार संयोजन करने के लिए स्वतन्त्र हो। यदि किसी विशेष विवरण से दृश्य के प्रभाव में वृद्धि होती हो तो ऐसे विवरण देने से चूकना भी नहीं चाहिए।

भारतीय फिल्मों के इतिहास में फिल्म 'पाकीज़ा' एक मील का पत्थर साबित हुई है। कमाल अमरोही द्वारा निर्देशित यह फिल्म भावपूर्ण अभिनय के अतिरिक्त संवेदनशील संवाद, छायांकन तथा पटकथा के लिए अत्यधिक सराही गई फिल्मों में से एक है, जिसमें परिस्थितियों, देश, काल, भौतिक एवं दृश्य घटनास्थलों का विशेष ध्यान रखा गया है।

दृश्य संख्या...
दृश्य का नाम...
समय : रात्रि
स्थान : नरगिस का कोठा, सड़क

दृश्य	संवाद/कमेंट्री
क्रेनशाट, नरगिस नाच रही है, शहाब मुख्य द्वार से हॉल में प्रवेश करता है।	"ये नरगिस है। नवाब जान की छोटी बहन, जिसकी दिलरुवा आवाज़ और जिसके घुँघरुओं की झनकार ने एक धूम मचा रखी है। कितने दिल हैं जो इसकी ठोकरों में तड़पते रहते हैं और वह लापरवाही से नाचती रहती है। हाँ...मगर ये कौन है जिसके आते ही नरगिस अपने इस नापाक माहौल से मुरझाकर रह जाती है। इसकी रूह फरियाद करने लगती है, 'शहाब, मुझे यहाँ से ले जाओ', और शहाब की आँखों में तड़पता हुआ इश्क़ इसे यक़ीन दिलाने लगता है, 'हाँ नरगिस, इन बदनाम महफिलों में पिघलती हुई इस शमाँ को यहाँ पिघलने नहीं दूँगा।' एक रात मैं आऊँगा और तुझे इस दोज़ख से निकाल ले जाऊँगा।"
एक घोड़ागाड़ी सड़क पर चली आ रही है। शहाब अन्दर बैठा हुआ है। क्रेन शॉट...शहाब की घोड़ागाड़ी नरगिस के घर की बालकनी के नीचे रुक जाती है जहाँ नरगिस शहाब के आने की प्रतीक्षा कर रही है। वह नीचे उतरकर शहाब के पास आती है और दोनों घोड़ागाड़ी में वापस चले जाते हैं।	आख़िर वह रात आ गई, वादे की रात जिसके इन्तज़ार में नरगिस अपनी हर बेचैन रात अपने ख्वाबगाह के झरोखे में खड़े-खड़े गुज़ार देती थी।

नरगिस शहाब की बाहों में लेटी हुई है।	शहाब : "नरगिस...नज्जो...कुछ कहो।" नरगिस : "शहाब, तुम सचमुच मौजूद हो ना?" शहाब : "हाँ...नज्जो।" नरगिस : "और मैं तुम्हारे पास हूँ...?" शहाब : "हाँ नज्जो...तुम मेरे पास हो।"
शहाब और नरगिस को लिए हुए घोड़ागाड़ी शहाब की हवेली के सामने रुकती है...ये दोनों घोड़ागाड़ी से नीचे उतरते हैं।	नरगिस : "और तुम मुझे अपने घर लिये जा रहे हो...? तुम्हारा घर किसी बहुत ऊँची जगह पर है...बिलकुल सफेद। और मैं लाल जोड़ा पहने तुम्हारी दुल्हन बनी हुई उस घर के किसी दालान में डोली से उतर रही हूँ।"

कट टू (CUT TO)

दृश्य संख्या...
दृश्य का नाम...
समय : रात्रि
स्थान : जलालुद्दीन की हवेली

दृश्य	**संवाद**
शहाब का बाबा जलालुद्दीन अपने परिवार के साथ खड़ा हुआ है। एक छोटा लड़का सलीम दौड़ता हुआ आता है। जलालुद्दीन उसे रोक देता है।	सलीम : "चाचा जानी...चाचा जानी..." जलाल : "ठहरो...।"
शहाब और नरगिस डरे हुए हैं। जलाल आगे बढ़ता है तो शहाब और नरगिस पीछे हटते हैं। जलाल शहाब को डाँटता है।	जलाल : "बेग़ैरत...एक तवायफ को ब्याह कर इस घर में लाने की जुर्रत तुझे कैसे हुई...?" शहाब : "बाबा...ऐसे नापाक अल्फ़ाज़

आप इसके लिए इस्तेमाल नहीं कर सकते। ये मेरी मासूम मुहब्बत है और आपके ख़ानदान की बहू है।''

नरगिस जलाल की बातें सुनकर अपने कान बन्द करके बाहर की ओर भागती है। शहाब हतप्रभ खड़ा रह जाता है। बाहर आकर वापस जाती हुई घोड़ागाड़ी को नरगिस रोकती है और उसमें बैठकर कहीं अँधेरे में खो जाती है।

जलाल : ''ख़ामोश...ये बाज़ारी गाली तुम मेरे ख़ानदान को नहीं दे सकते। ये हमारी बहू नहीं...तुम्हारा गुनाह है।''

नरगिस : ''अल्लाह'' (घोड़ागाड़ी वाले से) ''ठहरना भैया...ठहरना।''

घोड़ा गाड़ी वाला : ''कहाँ जाइएगा...बीबीजी...?''

नरगिस : ''मुझे किसी कब्रिस्तान ले चलो।''

कट टू (CUT TO)

दृश्य संख्या...
दृश्य का नाम
समय : रात्रि
स्थान : कब्रिस्तान

दृश्य	संवाद/कमेंट्री
कब्रिस्तान के प्रवेश द्वार पर घोड़ागाड़ी आकर रुकती है। नरगिस नीचे उतरकर घोड़ागाड़ी को वापस जाने के लिए कहती है।	''बेचारी नरगिस डोली से उतरकर मौत के इस भयानक जंगल में अकेले खड़ी रह गई है। इसके सारे अरमान, सारे ख्वाब इसे यहाँ बेसहारा छोड़कर वो जा रहे हैं।''
घोड़ागाड़ी वापस जाने लगती है और नरगिस अकेली खड़ी उसे जाते हुए देखती रहती है।	

विश्लेषण

किसी फिल्म, कहानी या पटकथा का इससे सुन्दर तथा प्रभावशाली आरम्भ (The Begining) हो ही नहीं सकता। ठुमरी की थाप पर नाचती हुई नरगिस, जिसका नृत्य एवं संगीत प्रारम्भ से ही दर्शकों को मन्त्रमुग्ध कर देता है, मुख्य कलाकार का अनूठा परिचय देता है। ये परिचय नरगिस की पृष्ठभूमि, व्यवसाय तथा उसकी मानसिक स्थिति का भावुक बयान है। अपने प्रेमी शहाब की प्रतीक्षा में रात्रि के सन्नाटे में नरगिस की आँखें थकतीं नहीं। उसका यह विश्वास कि एक दिन शहाब ज़रूर आएगा जब वास्तविकता में बदल जाता है तो उसे विश्वास नहीं होता। वह शहाब के आने को एक स्वप्न समझती है जिसमें वह अपने आपको शहाब की बाहों में सिमटाकर बार-बार यही पूछकर आश्वस्त हो जाना चाहती है कि क्या वह डोली में बिठाकर दुल्हन के रूप में उसे अपने घर लिये जा रहा है। शहाब के द्वारा बार-बार विश्वास दिलाए जाने पर जब वह आश्वस्त होने लगती है तो शहाब के बाबा जलालुद्दीन के कड़वे-कसैले शब्द नरगिस को अपमानित ही नहीं करते बल्कि उसके अस्तित्व को ही नकार देते हैं। अपना घर या कोठा छोड़कर आई हुई नरगिस की तो जैसे जीवन-लीला ही समाप्त हो गई थी और एक मृत व्यक्ति के लिए कब्रिस्तान से उपयुक्त जगह और क्या हो सकती है। नरगिस के इसी अहसास ने उसे कब्रिस्तान में पहुँचा दिया जहाँ से नरगिस की कहानी शुरू होती है या फिर जहाँ उसकी कहानी ख़त्म होती है, इस रहस्य की गुत्थी में उलझा हुआ दर्शक अन्त तक इसका समाधान ढूँढ़ता रहता है।

नरगिस के परिचय स्वरूप पार्श्वभूमि से कहे हुए शब्द (Commentary/ Narration) नरगिस जैसे पात्र के लिए आरम्भ में ही दर्शकों के मन में एक सहानुभूति भर देते हैं और शहाब तथा नरगिस के अटूट प्रेम को स्वीकृति दिला देते हैं। जब जलाल उनके प्यार को अस्वीकार करने के साथ-साथ नरगिस को 'तवायफ' कहकर उसे अपनी बहू मानने से इनकार कर देता है तो नरगिस के सपने अचानक चूर-चूर हो जाते हैं। नरगिस का यह सदमा दर्शकों के लिए भी कम दुखदायी नहीं था। उनका यह दुख, यह सहानुभूति जहाँ नरगिस को शहाब के प्रेम में असीम त्याग का प्रतीक बना देते हैं वहीं शहाब की परिवार या समाज के समक्ष अपने 'प्यार' को अपनाने की अक्षमता उसे दर्शकों की थोड़ी-सी नाराज़गी का शिकार भी बना देती है। नरगिस दर्शकों के दिल के और करीब आ जाती है और शुरू होती है नरगिस की आगे की कहानी।

संवादों के साथ कमेंट्री का मिश्रित उपयोग एक अद्भुत प्रयोग है। इतनी सारी विविधताओं के साथ हुई पटकथा/फिल्म की शुरुआत, वाह क्या 'आरम्भ'

(The Begining) है ! और जब किसी पटकथा का आरम्भ इतना सुन्दर, मनोरंजक और दिलकश हो तो कहानी को अन्त तक मनोरंजक बनाए रखना कोई कठिन कार्य नहीं है।

दृश्य को प्रभावशाली बनाने में दृश्य के घटित होने का समय (रात्रि), एकान्त में उभरती हुई ताँगे के चलने की आवाज़, नरगिस के घुँघरू तथा पार्श्वभूमि एवं चरित्रों का शाब्दिक परिचय दृश्य में एक अद्‌भुत प्रभाव उत्पन्न करते हैं। घटित होनेवाली घटनाओं का स्थान, नरगिस का कोठा एवं कब्रिस्तान का दृश्य कल्पना का एक अनूठा उदाहरण है।

समाज

किसी भी नाटक या फिल्म का कथा प्रारूप हमारे समाज के विभिन्न समूहों के आस-पास ही घूमता है चाहे वह परिवार हो जिनके सदस्यों से हमारे अन्तरंग सम्बन्ध होते हैं या फिर अन्य समूह जिनसे हमारे विभिन्न धरातलों पर विभिन्न प्रकार के सम्बन्ध हो सकते हैं। इन सभी सामाजिक समूहों के सदस्यों की पृष्ठभूमि, आचार-विचार तथा व्यवहार, आर्थिक तथा शैक्षणिक स्थिति अलग-अलग होती है जो अन्ततः उनके व्यक्तित्व को पूर्ण रूप से प्रभावित करती है। पारिवारिक कथाओं में अन्तरंग सम्बन्धों के कारण वास्तविकता लाई जा सकती है परन्तु अन्य समूहों के साथ सम्बन्धों में अन्तरंगता का अभाव होने के कारण विवेचन में कुछ नाटकीयता या बनावटीपन का आ जाना स्वाभाविक है। कभी-कभी जानबूझकर भी चरित्रों का विकास इस तरह किया जाता है कि वह वास्तविक न लगे। ऐसा कथा की आवश्यकता के अनुसार ही किया जाना चाहिए।

समाज के विभिन्न समूह, जैसे मित्रता, व्यावसायिकता, आर्थिक एवं सामाजिक स्थिति के आधार पर बने विभिन्न समूह, प्रेम सम्बन्ध आदि महत्त्वपूर्ण हैं, इनमें से प्रत्येक समूह के सदस्यों के साथ अलग-अलग व्यवहार होता है जो चरित्रों के विकास में चित्रित होता है।

परिवार

समाज के समूहों में सर्वप्रथम स्थान पाता है 'परिवार', हर व्यक्ति अपने परिवार में माँ-बाप, बेटा-बेटी, भाई-बहन तथा अन्य रिश्तों से जुड़ा हुआ होता है। परिवार

समाज की प्राथमिक इकाई होने के कारण कोई भी लेखक स्वयं को इससे दूर नहीं रख सकता तथा यही परिवार दर्शकों में भी चरित्र की एक पहचान स्थापित करता है, अतः परिवार से दूर रहकर कोई भी लेखक या निर्देशक अपने दर्शकों से सम्बन्ध स्थापित नहीं कर सकता। कथा में एक परिवार का होना इसी कारण से अत्यधिक महत्त्वपूर्ण हो जाता है। पारिवारिक चरित्रों के विकास में अलग-अलग रिश्तों की अलग-अलग भूमिका होती है जिसके आधार पर ही चरित्र चित्रण निर्धारित किया जाता है। इसमें लेखक को विभिन्न रिश्तों में निहित संवेदनाओं का विशेष ध्यान रखना चाहिए।

मैत्री

परिवार के बाद अन्य महत्त्वपूर्ण समूह है मैत्री जो पारिवारिक सम्बन्धों की परिधि से बाहर होता है। परिस्थितियों तथा निकटतम वातावरण के अनुसार मैत्री सम्बन्धों के विभिन्न प्रकार हो सकते हैं परन्तु मूल भावना मैत्री ही होती है। मैत्रीपूर्ण सम्बन्धों में एक नया आयाम होता है प्रेम सम्बन्धों का, जो सामान्यतः विपरीत लिंग के व्यक्तियों के बीच होता है। प्रेम सम्बन्धों तथा अन्य मैत्रीपूर्ण सम्बन्धों के बीच आधारभूत अन्तर होता है 'आकर्षण'। ये आवश्यक नहीं है कि मैत्री सम्बन्धों में आकर्षण और भावनात्मक सम्बन्ध हों जो कि प्रेम सम्बन्धों की मूलभूत आवश्यकता है। यही अन्तर इन चरित्रों के विकास में विभिन्नता उत्पन्न करता है।

व्यावसायिक समूह

एक ही प्रकार के व्यवसाय अथवा कार्य से सम्बन्धित व्यक्तियों के बीच उत्पन्न सम्बन्ध उनसे एक विशेष व्यवहार की अपेक्षा करते हैं। हर व्यक्ति उन व्यावहारिक तथा व्यावसायिक सीमाओं के अन्दर ही सीमित होकर व्यवहार करता है, जैसे नेवी, फौज या पुलिस अथवा अन्य व्यवसाय के कर्मचारी आदि। उनका व्यवहार उस विशेष व्यवसाय की पुष्टि करता है।

प्रतिष्ठित समूह

यह समूह समाज के एक विशेष वर्ग के व्यक्तियों का प्रतिनिधित्व करता है जो आर्थिक रूप से सम्पन्न अथवा राजनीतिक रूप से उच्च स्थिति में होते हैं। ये

व्यक्ति सिर्फ आदेश देते हैं और उनका पालन उनसे निम्न स्थिति तथा योग्यतावाले व्यक्ति करते हैं। निम्न स्थितिवाले व्यक्ति अपने एक विशिष्ट व्यवहार के द्वारा इस ऊँच-नीच की स्थिति को स्थापित करते हैं, जैसे झुककर नमन करना, सेल्यूट करना आदि।

सामाजिक स्थिति में पाया जानेवाला ये वर्गान्तर आधुनिक काल में शैक्षिक व आर्थिक अन्तर के अतिरिक्त वर्ग संस्कृति (Ethinic Culture) के कारणों से भी होता है जो उनके रहन-सहन, वस्त्र-आभूषण, भाषा आदि के द्वारा आसानी से पहचाना जा सकता है। यह वर्ग अन्तर फिल्म की पटकथा के विभिन्न चरित्रों को एक विशिष्ट पहचान देता है जिसका ज्ञान लेखक व निर्देशक को होना चाहिए।

सामाजिक मापदंड

हमारे परम्परागत समाज में हर व्यक्ति एक सुनिश्चित परम्परा के अनुसार व्यवहार करता है जो उससे अपेक्षित है। इस व्यवहार का खुला प्रदर्शन करना आवश्यक नहीं है बल्कि यह व्यक्ति के सामान्य शिष्टाचार का ही एक अंग होता है। अधिकतर व्यक्ति अपनी सामाजिक स्थिति के अनुरूप एक विशेष व्यक्तित्व का प्रदर्शन करते हैं जो उस स्थिति के व्यक्तियों से अपेक्षित है। इसमें तनिक-सा भी बदलाव एक विरोधाभास उत्पन्न करता है और इसका सामान्यतः तीव्र विरोध वही करते हैं जो उस परम्परागत व्यवहार को प्रमाणित एवं स्वीकार करते हैं। परम्परागत रूप से ये वर्गान्तर धार्मिक, वर्ग राजनीति तथा देश की संस्कृति के अनुसार निश्चित किए जाते थे, परन्तु आज के वैज्ञानिक युग में ये सामाजिक समानता में विश्वास तथा मध्यम श्रेणी के समूह जो इन सामाजिक धर्मों एवं क़ानूनों का कड़ाई से पालन करते हैं, के द्वारा जाने जाते हैं।

अर्थतन्त्र

सिर्फ दो ही प्रकार की आर्थिक व्यवस्थाएँ होती हैं जो हमारे समाज के प्रत्येक व्यक्ति को प्रभावित करती हैं, जिन्हें हम शासक एवं शासित कह सकते हैं। इन दोनों प्रकार के आर्थिक वर्गों की अपनी अलग पहचान होती है, ये सरकारी तथा व्यक्तिगत क्षेत्रों में हो सकते हैं, इनके व्यवहार में स्वतन्त्रता तथा परतन्त्रता की झलक साफ देखी जा सकती है।

क़ानून एवं राजनीति

किसी भी देश या समाज के वे क़ानून जो राजनीतिक तथा न्यायिक निर्णयों पर आधारित होते हैं, हर व्यक्ति के साथ-साथ कथा के प्रत्येक चरित्र को भी प्रभावित करते हैं। अतः चरित्र विकास की प्रक्रिया में इस बात का विशेष ध्यान रखा जाना चाहिए।

बुद्धिजीवी

मानवता के प्रारम्भ से ही हर समाज में बुद्धिजीवी तथा सांस्कृतिक धरोहर एक महत्त्वपूर्ण अंग रहे हैं। यही बुद्धिजीवी समाज में विचारक समूह उत्पन्न करते हैं। इस विचारक समूह की भूमिका समाज को एक विशेष दिशा देने में काफ़ी निर्णायक होती है क्योंकि यही वे लोग हैं जो जनमानस के मस्तिष्क तथा उनकी विचारधारा को प्रभावित कर सकते हैं। बुद्धिजीवियों के इस समूह में धर्मगुरु, शिक्षक, राजनेता, पत्रकार, कलाकार तथा फिल्म अभिनेता आदि प्रमुख हैं। इनके कार्य तथा विचारधारा जनमानस के दिन-प्रतिदिन के जीवन को प्रभावित करते हैं। ये विचारक समूह समाज तथा सांस्कृतिक धरोहर एवं परम्पराओं की रक्षा में मुख्य सहयोगी होते हैं। अतः इस प्रकार के चरित्रों के विकास में काफ़ी शोध की आवश्यकता है जो ये सुनिश्चित करे कि कौन-सा बुद्धिजीवी या विचारक जनमानस को किस प्रकार प्रभावित करता है।

धार्मिक आस्था

हर समाज में व्याप्त कुछ धार्मिक तत्त्व, रीति-रिवाज, त्योहार तथा धार्मिक परम्पराएँ हर व्यक्ति को प्रभावित करती हैं। ये धार्मिक आस्था तथा विश्वास व्यक्तियों की जीवन शैली के साथ उनकी विचारधारा को भी प्रभावित करते हैं। ये बात अलग है कि इन धार्मिक तत्त्वों के प्रभावित करने की सीमा क्या है। ये आवश्यक नहीं कि हर व्यक्ति इनसे समान रूप से प्रभावित हो। इस प्रभाव में व्यक्ति की स्वयं की बुद्धिमत्ता की विशेष भूमिका होती है जो उसकी धार्मिक आस्था निर्धारित करती है। इसीलिए समाज में आस्तिक एवं नास्तिक दोनों ही प्रकार के व्यक्ति होते हैं और उनकी यही आस्था एवं अनास्था उनके चरित्र एवं व्यवहार को सुनिश्चित करती है।

ऊपर बताए गए विभिन्न सामाजिक समूहों तथा परिस्थितियों का समुचित अध्ययन एक लेखक तथा निर्देशक को उन सभी चरित्रों के अन्तर में झाँकने का अवसर देता है जो किसी नाटक, फिल्म, टेलीविजन धारावाहिक आदि के चरित्रों

को वास्तविकता एवं विश्वसनीयता दे सके। पटकथा में इन चरित्रों की विश्वसनीयता का अभाव कथा एवं चरित्रों को खोखला बनाता है जिसके कारण दर्शक अपने-आपको शून्य में घिरा हुआ पाता है। कई नाटकों, फिल्मों तथा धारावाहिकों की असफलता के मुख्य कारणों में हैं अवास्तविक तथा अविश्वसनीय चरित्र एवं स्थितियाँ। एक लेखक एवं निर्देशक को ये बातें रुचिपूर्वक प्रेक्षित करनी चाहिए क्योंकि ये बातें किसी स्कूल में सिखाई नहीं जा सकतीं, स्वयं ही सीखनी होती हैं।

कथा में निहित विभिन्न सामाजिक समूहों व उनकी वर्तमान परिस्थितियों के अध्ययन के बाद लेखक एवं निर्देशक को यह भी ध्यान रखना चाहिए कि हर चरित्र का जन्म नाटक या फिल्म के पर्दे पर प्रवेश करने के बहुत पहले हो चुका होता है, उसका यही अतीत उसके वर्तमान चरित्र एवं व्यवहार को रूप देता है, अतः हर चरित्र का अतीत तथा उसकी पृष्ठभूमि की जानकारी भी एक लेखक व निर्देशक को होनी ही चाहिए।

विमल राय की फिल्म 'दो बीघा जमीन' का एक दृश्य

कहानी-पटकथा का आधार

कथा के आधार सूत्र

कई वर्षों पूर्व 'वायक्लिफ ए. हिल' नामक अंग्रेजी लेखक ने कथाओं के आधार सूत्रों की खोज की थी। उनका मानना था कि सभी कथाओं के आधार में केवल छत्तीस सूत्र हैं जिन पर किसी भी कहानी की रचना की जा सकती है। सभी कहानियाँ इन्हीं की विभिन्नताएँ होती हैं। एक लेखक के लिए इन्हें जानना आवश्यक है। वे सूत्र इस प्रकार हैं–

1. अनुनय-विनय : सतानेवाला, प्रार्थी, एक ताकतवर व्यक्ति जिसके निर्णय संदेहपूर्ण व स्वार्थवश किए गए हों, जो अपने स्वार्थ के लिए दूसरे को मोहरा बनाता है तथा अपना कार्य पूर्ण होने पर उनका अन्त कर देता है।
2. मुक्ति : एक अभागा व्यक्ति, एक धमकानेवाला, बचानेवाला।
3. बदला : गुनहगार, बदला लेनेवाला, खून के रिश्तों में टकराव, दोषी रिश्तेदार, बदले का शिकार एवं उसकी स्मृतियाँ, दोनों का सम्बन्धी।
4. खोज : सजा, एक भगोड़ा, भगोड़े की खोज।
5. आपदा : एक पराजित व्यक्ति, एक शत्रु की विजय, एक सन्देशवाहक।
6. लालच : लालची, स्वार्थपूर्ति।
7. समर्पण : दुर्भाग्य या निर्दयता को समर्पण, एक मालिक, एक दुर्भाग्यशाली।
8. बलवा : बलवा करना/कराना, एक यातनाकार, एक षड्यन्त्र करनेवाला।
9. बहादुरी : एक तेज तर्रार/बहादुर नायक, एक वस्तु, एक विरोधी।
10. अपहरण : अपहरणकर्त्ता, अपहरण किया गया, एक संरक्षक।

11. पहेली : एक रहस्य, पहेली या समस्या, याचक, पूछताछ, समाधान।
12. प्राप्ति : सरकारी वकील, विरोधी जो उत्तर देने से मना करे, पंच/न्यायाधीश, परस्पर विरोधी दल।
13. दुश्मनी : रिश्तों में दुश्मनी, आपसी नफ़रत, एक परिपक्व तथा मृदु स्वभाववाला व्यक्ति।
14. प्रतिद्वन्द्विता : सम्बन्धों में प्रतिद्वन्द्विता, दो गुट, वस्तु, एक नकारा हुआ व्यक्ति।
15. घातक व्याभिचार : दो व्यभिचारी, धोखेबाज, धोखा खाया हुआ पति/पत्नी।
16. पागलपन : पागल, शिकार।
17. घातक असावधानी : एक लापरवाह, अविवेकी व असावधान व्यक्ति, शिकार या वस्तु की हानि।
18. प्रेम अपराध : अनैच्छिक या अनजाने में किए गए प्रेम अपराध, प्रेमी, प्रेमिका, उजागरकर्त्ता।
19. रिश्तेदार की हत्या : जाने या अनजाने रिश्तेदार की हत्या, हत्यारा, शिकार।
20. त्याग : आदर्श के लिए स्वयं का त्याग, एक नायक, एक रिश्तेदार, एक महाजन, वह वस्तु जिसका त्याग करना है।
21. रक्त सम्बन्धी के लिए स्वयं का त्याग : नायक, रिश्तेदार, महाजन, त्याज्य वस्तु।
22. उच्च व निम्न में प्रतिद्वन्द्विता : उच्च व्यक्ति, निम्न व्यक्ति, प्रतिद्वन्द्विता, वस्तु।
23. एक व्यक्ति के लिए सम्पूर्ण त्याग : प्रेमी, असीम प्रेम या शौक की वस्तु, व्यक्ति या वस्तु जिसे त्यागना हो।
24. प्रेमी/प्रेमिका : त्याग की आवश्यकता, नायक, शिकार प्रेमी/प्रेमिका।
25. सतीत्वहरण : धोखा खाया हुआ पति, पत्नी और प्रेमी, व्यभिचारी, धोखेबाज।
26. प्यार में बाधाएँ : दो प्रेमी, बाधाएँ, मिलन/जुदाई।
27. बेवफाई : प्रेमी या प्रेमिका की बेवफाई, अपराधी, उजागरकर्त्ता।
28. प्रेम अपराध : जानबूझकर किए गए प्रेम अपराध, प्रेमी, प्रेमिका, अपराधी।

29. शत्रु से प्रेम : प्रेमी शत्रु, प्रेमिका, घृणा करनेवाला।
30. महत्त्वाकांक्षा : एक महत्त्वाकांक्षी व्यक्ति, महत्त्व की वस्तु, विरोधी।
31. त्रुटिपूर्ण द्वेष : एक द्वेषी व्यक्ति, वस्तु जिसके पास/बारे में द्वेष हो, अपेक्षित सहयोगी, कारण, त्रुटिकर्त्ता।
32. त्रुटिपूर्ण न्याय : न्यायकर्त्ता, त्रुटि का शिकार, कारण, त्रुटिकर्त्ता, दोषी।
33. पछतावा : अपराधी, पाप का शिकार, जाँचकर्त्ता, पछतावा।
34. पुनर्प्राप्ति : खोए हुए व्यक्ति/वस्तु को पुनः प्राप्त करना, पानेवाला, पाया गया।
35. प्रिय की हानि या मृत्यु : एक रिश्तेदार की हत्या, एक रिश्तेदार गवाह, जल्लाद।
36. ईश्वर से विरोध : एक मृतक, एक अमर व्यक्ति।

विषय-वस्तु का विकास

जैसा कि पहले बताया जा चुका है, किसी प्लॉट (Plot) का विकास तीन चरणों में किया जाना चाहिए यानी एक समस्या, जटिलताएँ तथा समाधान। सर्वप्रथम समस्या तथा चरित्रों का परिचय दिया जाता है जिसमें समस्या के विभिन्न पहलुओं तथा विरोधाभास स्थापित किए जाते हैं। इसका उद्देश्य दर्शकों को कहानी/समस्या से अवगत करना है न कि उन्हें प्लॉट या समाधान ढूँढ़ने के लिए उकसाना। उन्हें कहानी की आगे की घटनाओं का पता धीरे-धीरे ही चलना चाहिए।

कारण, कार्य तथा सम्बन्धों का उपयुक्त प्रयोग (Logical Use) कहानी में उलझन तथा तनाव (Complications & Tensions) उत्पन्न करने के लिए किया जाना चाहिए अन्यथा कहानी कमजोर पड़ जाएगी। इसी के द्वारा आनेवाले सभी दृश्यों/घटनाओं के बारे में दर्शकों की रुचि उत्पन्न होगी। समय की सीमा के अनुसार सम्पूर्ण समय का लगभग छठा भाग आरम्भ, दो-तिहाई विभिन्न प्रकार के उतार-चढ़ाव, तनाव, विरोध आदि तथा अन्तिम छठा भाग कहानी में समस्या के समाधान के लिए निश्चित करना चाहिए। इस प्रकार किसी भी फिल्म या टेलीविजन कार्यक्रम में विरोध तथा तनाव पटकथा का मुख्य भाग होते हैं, अतः इनके विकास के लिए विशेष परिश्रम, कल्पना तथा रचनात्मकता की आवश्यकता होती है। अतः इसके विकास में ये ध्यान रखना चाहिए कि कारण तथा प्रभाव (Causes & Effects) का समुचित प्रयोग हो। बिना कारण या कमजोर कारण की घटनाओं से नाटकीयता नहीं आ सकती। यदि जटिलताएँ (Complications)

दर्शकों की समझ में आसानी से न आ सकें या उनमें विश्वसनीयता न हो तो भी ये नाटकीयता कमज़ोर एवं प्रभावहीन होगी।

जटिलताओं (Complications) के दो मुख्य भाग हो सकते हैं, प्रमुख (Main) तथा लघु (Short) परन्तु इन दोनों में सम्बन्ध होना आवश्यक है। दोनों में सामंजस्य एवं सम्बन्ध होने से कथा का तारतम्य बना रहेगा। नाटकीयता में बाधा नहीं होगी तथा दोनों परस्पर आश्रित होंगे। यदि दोनों में से किसी एक को भी कथा के प्रारूप से बाहर निकाल देने पर कथा के प्रभाव या तारतम्य में कोई असर नहीं पड़ता तो ये उलझाव विश्वसनीय नहीं होंगे और कहानी को प्रभावहीन बना देंगे।

अधिकतर फिल्म या टेलीविजन की कथाओं में 'प्रेम' (Love) एक विशेष भूमिका निभाने के साथ-साथ दर्शकों में एक विशेष रुचि भी उत्पन्न करता है क्योंकि प्रेम का कोण हर व्यक्ति के अन्तरमन की भावनाओं को जागृत कर देता है परन्तु ये आवश्यक नहीं है कि हर कथा में प्रेम का कोण हो ही। जैसा कि हमने कथा के 36 आधार सूत्रों में पढ़ा। इन 36 प्लॉटों में कुछ ही प्रेम की भावनाओं पर आधारित हैं परन्तु फिर भी फिल्म एवं टेलीविजन लेखक को 'प्रेम' का कोण अपनी कथा में निहित करना ही चाहिए और उसे इस प्रकार गूँथना चाहिए ताकि वह कहानी में अलग-थलग पड़ा न लगे।

कहानी लेखन का फॉर्मूला

मि. वायक्लिफ ए. हिल ने सैकड़ों कहानियों का विश्लेषण करके कहानी लेखन का एक फॉर्मूला तैयार किया। छत्तीस प्लाट के अतिरिक्त उन्होंने विभिन्न प्रकार के चरित्रों की एक सूची तैयार की। ये चरित्र विभिन्न सामाजिक, आर्थिक तथा भौगोलिक परिवेश के होकर एक मनोरंजन कथा की रूपरेखा तैयार कर सकते हैं। ये सूची इस प्रकार है–

अभिनेता या अभिनेत्री	ज्योतिषी
विज्ञापनकर्त्ता	तारामंडलीय विशेषज्ञ
प्रतिनिधि	काला बाज़ारी
हड़ताली	लोहार
बलवाई	नेत्रहीन
धर्मगुरु	पुस्तक संरक्षक
कलाकार	दलाल

समुद्री डाकू
भवन निर्माता
सताने या तंग करनेवाला
सेंधमार/चोर
गुण-दोष परीक्षक
नायक/वीर
पादरी
कार-चालक
दवा-विक्रेता
सूक्ष्मदर्शी
लिपिक/क्लर्क
जोकर
मोची
हास्य कलाकार
कसरती/धावक/खिलाड़ी
लेखाकार
मोटर दौड़ में भाग लेनेवाला
वायुयान चालक
खिलाड़ी
डाकू
खजांची/बैंकर
गँवार
छोटा नवाब/सामन्त
भिखारी
खानसामा
नरभक्षी
पूँजीपति
सरदार/कप्तान
पत्ताचोर
कार्टूनिस्ट
कोषाध्यक्ष
पशु-चोर

ऐश्वर्या राय

घुड़सवार
गुफावासी
समाजवादी
संचालक
विश्वासपात्र
नेता
जादूगर
सिपाही
ठेकेदार
सज़ाभोगी
पुलिस
जालसाज
चरवाहा

अपाहिज	चिकित्सक
धर्मयोद्धा	व्यापारी
नर्तक/नर्तकी	मन्त्री
बहरा	कंजूस
दन्त चिकित्सक	भीड़ एकत्र करनेवाला
जासूस	नशेबाज
भक्त	दवा-निर्माता
गोताखोर	सम्पादक
तलाकशुदा	गबन करनेवाला
पैर से मारनेवाला	प्रवासी
चुलबुला/चुलबुली	इंजीनियर/अभियन्ता
भविष्यवक्ता	रोकड़िया
जुआरी	अग्निशामक
अपराधी दल का सदस्य	मछुहारा
आभूषण-चोर	हेराफेरी करनेवाला
जनरल	गार्ड/रक्षक
तलवारिया	मार्गदर्शक
राज्यपाल	बन्दूकधारी
अपहरणकर्त्ता	खानाबदोश
बन्धक	जल्लाद
कुबड़ा	वैद्य
शिकारी	संन्यासी
सम्मोहक	महामार्ग डाकू
आविष्कारक	पेशेवर घुड़सवार
धन लगानेवाला	न्यायाधीश/पंच
जेलर	राजा
ज्वैलर	योग्य बहादुर सरदार
सनकी	मजदूर
समुद्री	वकील
शहीद	जीवन-रक्षक
साथी	महाजन/ऋणदाता
मेयर	मॉडल

अनाप-शनाप बकनेवाला
हत्यारा
संगीतज्ञ
गूँगा
लूला-लँगड़ा
विलासी
आदर्श व्यक्ति
उपन्यासकार/लेखक
संन्यासिनी
नर्स
अधिकारी
कवि/शायर
गायक/गायिका
तड़ीपार
अधर्मी
बाल मजदूर
चोर
नाटककार
शिकार-चोर
पुलिसमैन
अध्यक्ष
पशुपालक
विद्रोही
संवाददाता
पत्रकार
आन्दोलनकारी
नाविक
जंगली
शिक्षाविद/पंडित
वैज्ञानिक
पुजारी
स्काउट

समाज-सेवक
नाटा/मोटा व्यक्ति
इस्पात-निर्माता
वस्त्र निर्माता
आशुलिपिक
बेघर
सड़कछाप
तैराक
ठग
यूनियन लीडर
हड़पनेवाला
बंजारा
भूतप्रेत/पिशाच
खून चूसनेवाला
असभ्य/बर्बर
गले से बात करनेवाला
संरक्षक
योद्धा
घड़ीसाज
चौकीदार
प्राप्त करनेवाला (रिसीवर)
फिजूल खर्चीला
प्रोफ़ेसर
वेश्या/कॉलगर्ल
मनोवैज्ञानिक
मुक्केबाज
जहाज का खजांची
घुड़दौड़ प्रशिक्षक
घूसखोर
अनाउंसर
नौकर
चरवाहा

गिरजादार
शेरिफ
जहाज का कप्तान
जलपरी/मोहिनी
शक्की/संशयी
गुलाम
स्मगलर
दर्जी
चर्म-चिकित्सक
शिक्षक
तारयान्त्रिक (टेलीग्राफर)
टेलीफोन ऑपरेटर
दलाल
जानवर पकड़नेवाला
तानाशाह
निर्दयी
अम्पायर
जिम्मेदार
डायन/जादूगरनी
विशेषज्ञ
पहलवान
घर का काम करनेवाली
गृहिणी
छात्र/छात्रा
गुंडा/मवाली
मिलावट करनेवाला
प्रेमी/प्रेमिका
चुगलखोर
खाना बनानेवाला/कुक
रेल इंजन चालक
टिकट कलेक्टर
दुकानदार
फिल्मकार
प्रकाशक
धार्मिक/पौराणिक
ऐतिहासिक
काल्पनिक
अफ्रीकी
मंगोल
अंग्रेज
सैनिक
सहायक
दाई
तान्त्रिक
बहुरूपिया
ढोंगी
धोबी
कुली
पनिहारिन
बढ़ई
किसान
जमींदार
नास्तिक

भारतीय परिवेश के अनुसार उक्त सूची में कुछ अतिरिक्त चरित्र जोड़ दिए गए हैं जो हमारी भारतीय परम्पराओं तथा जीवन से सम्बन्धित हैं।

सम्भावित स्थान

कुछ स्थान (Locations) जहाँ पर कहानी घटित होने की सम्भावना है या घटित हो सकती है–

हवाई जहाज़
जहाज़
रेलगाड़ी
विज्ञापन एजेंसी
हवाई क्षेत्र
तानाशाह का मुख्यालय
शालीन व्यक्ति का घर
आर्मी पोस्ट
कलाकार का स्टूडियो
स्टेडियम
चाइना टाउन
रूई के खेत
न्यायालय
नृत्यालय
दुकान/स्टोर
रेगिस्तान
जलपोत स्थान
फैक्टरी
खेत
मछुआरा कॉलोनी
झील
वकील का कार्यालय
लाइट हाउस
पशु स्थान/गृह
हवेली/कोठी
महानगर
खनन केन्द्र
दूतावास

मोटल
पुलिस थाना
जेल
प्रकाशन कार्यालय
रेसकोर्स
रेडियो/टी.वी. स्टेशन
रेलवे स्टेशन
गड्ढा/खाई
बैंक
युद्धभूमि
समुद्री किनारा
कुंज
दलाल का कार्यालय
शेयर बाजार
कैबरे
कैम्प
गुफा
जंगल
जुआघर
अपराधियों की माँद
खेल का मैदान
बन्दरगाह
अस्पताल
होटल
द्वीप
प्रयोगशाला
फिल्म स्टूडियो
राष्ट्रीय सीमा

समाचारपत्र कार्यालय
नाइट क्लब
वेश्यालय
वेधशाला
दंडगृह
पुलिया
समुद्री डाकुओं की माँद
बाग़ान
आरामगृह
चावल/गेहूँ के खेत
नदी
सैलून
जंगल
समुद्र
छोटा शहर
चोर व्यापारियों का स्थान
मंच
स्टॉक एक्सचेंज
रंगमंच का स्थान
गर्म देश
भूमिगत कार्य स्थान
गोदाम
जलीय तट
गाँव
बर्फीले स्थान
अजायबघर
कार्यालय
झोपड़पट्टी
चाली
चिकित्सालय
मन्दिर, मस्जिद, गुरुद्वारा

विषयवस्तु का विकास

मि. हिल के चरित्रों एवं स्थानों की सूची के बाद आरम्भ होता है किसी भी विषय के लिए मुख्य चरित्रों का चुनाव। मि. हिल के अनुसार सामान्यतः एक नायक, एक नायिका एवं एक खलनायक का चुनाव किया जा सकता है। मुख्य स्थानों की सूची में से एक स्थान (Location) निश्चित किया जा सकता है जिसमें कहानी का अधिकांश हिस्सा घटित हो। अब 36 आधारभूत विषयवस्तुओं (Plots) में से कोई एक चुनकर कहानी की रचना की जा सकती है। इस फॉर्मूले में सिर्फ तीन मुख्य बातें या वस्तुएँ हैं जिन्हें नायक प्राप्त करना चाहता है।

1. किसी वस्तु पर अधिकार या स्वामित्व
2. किसी से छुटकारा
3. बदला

इनका विश्लेषण निम्नलिखित सूची के अनुसार किया जा सकता है–

1. स्वामित्व–वाहन या यान, सुख प्राप्ति के साधन, परिवार, बच्चे, सन्तान, वस्त्र, आभूषण, सम्पत्ति व सम्पत्ति क्षेत्र, दूसरों का सामान, प्रसिद्धि, फॉर्मूला, धन,

घर, मान-सम्मान, ज्ञान, विरासत, प्यार, नक्शा, सौभाग्य प्राप्ति, पालतू जानवर, पद व प्रतिष्ठा, भेद आदि।

2. छुटकारा या बदला–क़ानून तोड़नेवाला, निन्दक, हत्यारा, बेइज्जत करनेवाला, परेशान करने या सतानेवाला, वकील, विरोधी, डाकू, बदनाम करनेवाला, अफवाह फैलानेवाला, निर्दयी तानाशाह आदि।

मि. हिल के शोध के अनुसार कहानी लेखन में सामान्य रूप से उक्त बातें पाई जाती हैं। इसका अर्थ यह नहीं है कि इस फॉर्मूले के अतिरिक्त कोई कहानी हो ही नहीं सकती। कल्पना की उड़ान किसी भी रोचक एवं मनोरंजक कथासूत्र को जन्म दे सकती है। लीक से हटकर कल्पित कहानियाँ तथा चरित्र 'प्रयोगात्मक' कहे जा सकते हैं। यह प्रयोग किस सीमा तक हो, यह लेखक एवं निर्देशक की कल्पना पर निर्भर होता है।

बाधाएँ

उक्त सूची के अनुसार नायक को किसी भी वस्तु को प्राप्त करने के लिए इन विरोधों का सामना करना पड़ सकता है–

1. नायक को स्वयं से अधिक अनुभवी, शक्तिशाली, ज्ञानी या शिक्षित, अमीर, प्रभावशाली, सुन्दर एवं सन्तुलित व्यक्ति का सामना।
2. ग़रीबी, गन्दगी, घरेलूपन, अज्ञानी, बीमार, लेटलतीफ, दुर्बल, अनजाना, ग़लत सूचना, किसी व्यक्ति की ग़लत पहचान, स्थान, वस्तु, पहचान चिह्न, ख़ून के निशान, अपाहिज, बेडौल, अपराधी, अन्धा, गूँगा और बहरा।
3. सन्देहात्मक, दोषी, बदनाम, मन्दबुद्धि, स्मृतिहीन, ग़लत समझना/समझा जाना, घृणात्मक/घिनौना, स्वागत के अयोग्य।
4. साहसहीन, शक्ति, मित्र, प्रभाव, प्रतिष्ठा, स्वतन्त्रता, सामीप्य, रक्षात्मक उपाय, अपराध, खोज, देशनिकाला।
5. शत्रुओं से विरोध, प्रतिद्वन्द्वी, सतानेवाला, सज़ा दिलाने/देनेवाला, आत्मा की आवाज़, गर्व, अहंकार, परिपाटी, रीति-रिवाज।
6. कर्त्तव्य से बँधा हुआ, प्रतिज्ञाबद्ध, परम्परा, धर्म, प्रतिष्ठा, वचन, नियम, कायदा-क़ानून, मित्र या अपनों के बचाव की आवश्यकता।
7. अतिरिक्त बोझ से अपाहिज, पहचान का कोई साधन नहीं, अपनी सत्यता, ईमानदारी, योग्यता सिद्ध करने का मार्ग बन्द।

महत्वाकांक्षाओं की प्राप्ति एवं पूर्ति के लिए नायक द्वारा उक्त विरोधों/बाधाओं से संघर्ष करके सारी बाधाएँ दूर करना आवश्यक है। इन बाधाओं को जीतने के कई मार्ग हैं, जैसे–याचना, त्याग एवं लक्ष्य प्राप्ति।

1. याचना–इसमें नायक याचना करता है कि उसे उसकी मनचाही वस्तु दे दी जाए और अधिकतर उसकी ये प्रार्थना स्वीकार कर ली जाती है। नायक निम्नलिखित कारणों के लिए प्रार्थना कर सकता है–

1. एक न्याययुक्त अवसर, दूसरा अवसर, दया।
2. स्वयं की कीमत, कर्त्तव्य, स्वामिभक्ति, सेवा/भक्ति, ग़लत समझा जाना, निर्दोषता, अच्छी नीयत।
3. वचन निभाने के लिए/का अधिकार, प्रतिज्ञा/क़सम, स्वयं को बेगुनाह सिद्ध करने के लिए, दूसरों की रक्षा के लिए।
4. नायक द्वारा विरोधियों से रक्षा के लिए उठाए गए कदम, मित्र, सम्बन्धी तथा प्रेमिका को नुकसान से बचाने के लिए।
5. किसी अन्य द्वारा प्रेरित गुनाह, उसे ग़लत पहचाना जाना, मित्र, सम्बन्धी तथा प्यार के लिए बदला।

2. त्याग–त्याग की इस स्थिति में दोनों पक्षों के बीच एक समझौता किया जाता जिसमें दोनों ही पक्ष अपनी-अपनी शर्तों के साथ कुछ त्याग करने को तैयार हो जाते हैं। इस स्थिति में दोनों ही कुछ महत्त्वपूर्ण निर्णय एवं निश्चय के साथ समझौते के रूप में कुछ आवश्यक या मूल्यवान वस्तु/व्यक्ति का त्याग करते हैं। ये मूल्यवान वस्तुएँ ये हो सकती हैं–

1. जीवन, प्यार, प्रतिष्ठा, स्वास्थ्य, मित्र, सम्बन्धी, स्वयं या प्रेमी के लिए स्वतन्त्रता।
2. विश्वास, सुख, पद, मूल्यवान अधिकृत वस्तु, मित्र, सम्बन्धी, स्वयं या प्रेमी का सम्मान।
3. स्वाभिमान, कर्त्तव्य, मान, सम्मान, प्रतिज्ञा/वचन, समय, आत्मा, पद, धन सम्पत्ति, रक्षात्मक उपाय।
4. बदला लेने एवं विजय प्राप्ति का अधिकार।
5. शानो-शौकत, जीवन की आवश्यकताएँ, महत्त्वपूर्ण सूचना/भेद, दुखदायी स्थिति से मित्र, सम्बन्धी, स्वयं या प्रेमी को छुटकारा।

3. लक्ष्य प्राप्ति–समझौते की इस कोशिश में दोनों ही पक्ष अपनी शारीरिक, मानसिक, आध्यात्मिक तथा मान-मनौव्वल शक्तियों का प्रयोग करते हैं। ये शक्तियाँ इस प्रकार की हो सकती हैं–

1. वाद-विवाद, धमकी, शारीरिक विरोध।
2. लक्ष्य प्राप्ति तथा इच्छित वस्तु का अधिकार
3. आगे बढ़ने से रोकना, बन्धक बनाना, शस्त्रहीन करना, शत्रु को घायल करना या मार देना।
4. शत्रु को मानसिक या शारीरिक रूप से अपाहिज बना देना।
5. शत्रु को मात देना, डराना धमकाना या शक्तिहीन कर देना।
6. शत्रु पर अचानक हमला/घात करना, बदनाम करना, उसके सोच को शक्ति प्रदर्शन या बातचीत से बदलना।

यद्यपि लेखक के लिए कहानी लेखन कोई चमत्कार या आसान कार्य नहीं होता परन्तु चर्चित फॉर्मूले के आधार पर लेखक निर्माता की आवश्यकता के अनुसार अपने मुख्य चरित्रों, स्थान तथा अन्य घटनाओं का चयन कर सकता है तथा अपने चरित्रों को कारण, कार्य तथा सम्बन्धों (Relations) के आधार पर मुख्य घटनाओं के साथ गूँथ सकता है। यहाँ यह भी ध्यान रखना चाहिए कि किसी भी कहानी का आरम्भ सिर्फ एक विचार (Idea) से होता है जिसे विकसित करने के लिए लेखक को काफ़ी परिश्रम, साहित्यिक ज्ञान, भाषात्मक तथा माध्यम की तकनीकी जानकारी होने के साथ धीरे-धीरे विभिन्न चरणों को पार करते हुए कहानी की चरम सीमा तथा चमत्कारिक या अनपेक्षित अन्त तक पहुँचना होता है। सामान्यतः ये विचार (Ideas) लेखक में एक (Chain Reaction) अनवरत प्रतिक्रिया उत्पन्न करते हैं जिनके फलस्वरूप कहानी के अन्त तक पहुँचा जाता है। कुछ सामान्य तथा अनपेक्षित अन्त (Ending) इस प्रकार के हो सकते हैं, जिन पर अच्छी कही जानेवाली कहानियाँ आधारित होती हैं–

1. इस स्थिति में अधिक बीमार, अपाहिज या काफ़ी समय से खोया हुआ या अदृश्य व्यक्ति अचानक उपस्थित हो जाता है।
2. खलनायक की जीत हार में बदल जाती है और उसका अन्त/सर्वनाश कर देती है या नायक की हार अचानक जीत में बदल जाती है।
3. इसमें अपराध समझा जानेवाला कार्य मात्र एक गलतफहमी होता है।
4. यहाँ पर कोई चरित्र या तो ग़लत पहचाना जाता है या वह किसी अन्य रूप (Disguise) में होता है।
5. इस स्थिति में कुछ अपेक्षित चरित्र अनपेक्षित त्याग करते हैं।
6. दूसरों के लिए सब कुछ त्याग करनेवाले को अचानक बहुत कुछ मिल जाता है।
7. खलनायक द्वारा अनजाने में अपना अपराध/दोष स्वीकार कर लेना या

अन्तिम क्षणों में शत्रु द्वारा आत्मसमर्पण कर देना।

8. जिस चरित्र का अन्त लगभग निश्चित हो उसे अचानक जीवन मिल जाना।
9. किसी छोटे चरित्र द्वारा अचानक ऐसे सबूत प्रस्तुत करना जिससे खलनायक की हार/अन्त अथवा नायक की रक्षा तथा अपराधी को दंड मिलना।
10. अनपेक्षित परिस्थितियों में नायक एवं खलनायक की शक्ति तथा स्थिति का अचानक बदल जाना।
11. अचानक प्राप्त हुए कुछ प्रमाण द्वारा किसी चरित्र के बारे में गलतफहमियाँ दूर होना और उसकी सत्यता सिद्ध हो जाना।
12. किसी चमत्कार या मानसिक स्थिति में परिवर्तन होने से सभी दुखद एवं यातनापूर्ण स्थितियों का अत्यन्त सुखद स्थिति में बदल जाना।

मि. हिल के कथा लेखन फॉर्मूले का उद्देश्य किसी लेखक को कहानीकार बनाना नहीं है बल्कि कहानी लेखन के लिए ये मात्र मार्गदर्शन है क्योंकि कहानी या पटकथा लेखन में हर लेखक की एक विशिष्ट शैली होती है जो समय व अभ्यास के साथ-साथ मुखर होती जाती है। इसके लिए सभी लेखकों को सुझाव है कि वह अन्य लेखकों की अधिक-से-अधिक रचनाएँ पढ़ें ताकि उन्हें लेखन की विभिन्न शैलियों का ज्ञान हो और वह अपनी स्वयं की एक विशिष्ट शैली बना सकें।

दृश्य-5

फिल्म का आधार पटकथा

जिस प्रकार एक नाटक के मंचन के पूर्व 'नाटक' मंचन का आधार होता है उसी प्रकार एक फिल्म निर्माण की सम्पूर्ण रूपरेखा 'पटकथा' होती है। नाटक की पूर्णता उसके समुचित एवं प्रभावशाली मंचन में होती है और पटकथा की पूर्णता उसके प्रभावशाली चित्रीकरण (Visualisation) में होती है। अतः यह कहा जा सकता है कि लघुकथा एवं उपन्यास जैसी प्रकाशित शब्द कलाओं की तरह लिखित नाटक या पटकथा अपने आप में सम्पूर्ण नहीं होती। इनकी सम्पूर्णता में नाटक तथा फिल्म निर्माण की विभिन्न विधाओं तथा तकनीकों का सहयोग होता है जबकि किसी कथा या उपन्यास में लिखित शब्द स्वयं में प्रभावशाली होने के साथ-साथ रचनाकार की सम्पूर्ण अभिव्यक्ति होते हैं। रचनाकार की अभिव्यक्ति को सम्पूर्णता प्रदान करने के लिए 'शब्दों' के अतिरिक्त किसी अन्य माध्यम की आवश्यकता नहीं होती। पाठक एवं रचनाकार के बीच शब्द एक पुल का कार्य करते हैं जबकि नाट्यमंचन या फिल्म निर्माण के लिए लिखित शब्द इस कल्पनात्मक उड़ान का मात्र प्रथम बिन्दु होते हैं और इस कल्पना को साकार करने के लिए कलाकारों का अभिनय, संवाद, मंच सज्जा (Setting), विशेष प्रकाश-व्यवस्था, पार्श्व संगीत आदि के अतिरिक्त फिल्म निर्माण में मनमोहक छायांकन तथा सम्पादन आदि का विशेष सहयोग होता है जिसके अभाव में नाटक तथा फिल्म निर्माण न तो प्रभावशाली हो सकते हैं और न ही परिपूर्ण। अतः यहाँ यह सुनिश्चित हो जाता है कि पटकथा चूँकि अपने आप में अपूर्ण है और सिर्फ निर्माण योजना का एक आधार है न कि पूरी फिल्म या नाटक। इसमें विभिन्न चरणों में सुधार करते रहने की सुविधा बनी रहती है। पटकथा इस रचनात्मक प्रक्रिया का मात्र एक आरम्भ है अन्त नहीं।

फिल्म निर्माण मूलतः एक निर्देशक का माध्यम है। इसीलिए इसे फिल्म रूपी जहाज का कप्तान भी कहा जाता है, अतः निर्देशक को अपनी कल्पना के अनुसार पटकथा लेखन के समय उसके विकास की प्रक्रिया पर पूर्ण अधिकार रखना चाहिए। यह तब और भी आवश्यक हो जाता है जब निर्देशक स्वयं पटकथा न

लिखकर अन्य लेखकों के साथ सहयोग करता है। यदि पटकथा लेखक को फिल्म निर्माण का उचित तकनीकी ज्ञान है तो निर्देशक व लेखक के लिए एक-दूसरे को समझना आसान हो जाता है अन्यथा इन दोनों में टकराव की स्थिति उत्पन्न होने के साथ-साथ लेखक संवादों पर अधिक निर्भर हो जाता है। ऐसी स्थिति में निर्देशक को अपने अधिकार एवं निर्णय क्षमता का प्रयोग करना चाहिए।

यदि फिल्म के लिए किसी मूल कहानी का चयन किया गया है तो लेखक एवं निर्देशक को अपनी कल्पना के अनुसार अधिक स्वतन्त्रता होती है परन्तु जहाँ किसी साहित्यिक कृति का चयन हुआ है, वहाँ मूल लेखक की कल्पना तथा निर्देशक की फिल्म कल्पना के बीच की खाई काफ़ी चौड़ी होती है। यहाँ मूल लेखक अपनी मूलकृति से फिल्म तकनीक की आवश्यकताओं के अनुसार अधिक छेड़छाड़ करने पर घोर आपत्ति करता है। यह उसके फिल्म तकनीक तथा बाज़ार सम्बन्धित अज्ञान के कारण होता है, इसीलिए अधिकतर देखा जाता है कि ज़्यादातर साहित्यकार अपनी कृतियों के फिल्मीकरण से परहेज करते हैं। यद्यपि अतीत में कई साहित्यकारों की प्रसिद्ध कृतियों पर फिल्म निर्माण हुआ है जिनमें प्रेमचन्द की 'गोदान', 'गबन', 'हीरा मोती', वृन्दावन लाल वर्मा की 'झाँसी की रानी', दूरदर्शन धारावाहिक 'मृगनयनी,' भगवतीचरण वर्मा की 'वह फिर नहीं आई' आदि के अतिरिक्त महाश्वेता देवी, शरतचन्द्र, रवीन्द्रनाथ टैगोर जैसे महान लेखकों की कृतियाँ हैं लेकिन अधिकांश साहित्यकार व फिल्मकार प्रकाशित साहित्य पर फिल्म बनाने से कतराते रहे हैं। इसका मुख्य कारण यही है कि साहित्यकार अपने साहित्य की मूल भावना से कोई खिलवाड़ नहीं करना चाहता जबकि फिल्मकार के लिए उस रचना को फिल्म के लिए परिवर्तित करना आवश्यक होता है। जब निर्देशक किसी साहित्यिक रचना पर कार्य कर रहा हो तो उसे अधिक सावधान, संवेदनशील तथा निर्णायक होना चाहिए ताकि मूल लेखक की भावनाओं का अपमान न हो और फिल्म की आवश्यकतानुसार पटकथा लिखी जा सके।

पटकथा लिखते समय निर्देशक को अपनी कल्पना के सूक्ष्मतम विचारों को भी प्रत्येक दृश्य के साथ लिखते रहना चाहिए जिनमें पात्रों की भावनाएँ, विशेष मंच सज्जा, कैमरा कोण आदि का विवरण हो। इससे निर्देशक के सोच में स्पष्टता आती है।

पटकथा लिखते समय निर्देशक को ध्यान रखना चाहिए कि–

1. वह अपने सूक्ष्मतम विचारों को प्रत्येक दृश्य में स्पष्ट करे। यह आवश्यक नहीं कि उसके ये विचार पटकथा के प्रारूप (Draft) का ही एक हिस्सा

हों लेकिन उसके विचार पटकथा के अन्तिम रूप (Final Draft) में अवश्य सम्मिलित कर लिए जाएँ ताकि वे हर दृश्य के साथ कार्य कर रहे व्यक्तियों तक पहुँच सके।

2. पटकथा साफ-सुथरी, स्पष्ट तथा आकर्षक दिखाई देनी चाहिए, क्योंकि यह पटकथा फिल्म निर्माण के लिए प्रस्तावित फाइनेंसर्स, वितरक, मुख्य कलाकार तथा अन्य सम्बन्धित व्यक्तियों के लिए फिल्म के अन्तिम रूप की झलक (Trailer) होती है।
3. एक विस्तृत पटकथा कलाकारों को विभिन्न चरित्रों की मनोभावनाओं तथा संवेदनाओं को समझने में भी सहायक होती है।

यदि निर्देशक अपनी कल्पना के अनुसार पटकथा सम्बन्धित नोट्स अपने पास लिखकर नहीं रखता तो यह सम्भव है कि वह फिल्म बाज़ार की आवश्यकताओं के अनुसार पटकथा में समझौते कर ले या लेखक द्वारा लिखी गई पटकथा को ज्यों का त्यों फिल्म के लिए शूट कर ले। ये दोनों ही स्थितियाँ फिल्म की सफलता के लिए ख़तरनाक हो सकती हैं। इनमें निर्देशक मूल रचनाकार (Original Creator) न होकर मात्र एक संयोजक (Conductor) बनकर रह जाता है। दूसरी ओर यदि लेखक स्वयं फिल्म निर्देशक/फिल्मकार नहीं है तो वह अपने दृश्यों में दृश्यांकन (Visualisation) के स्थान पर संवादों की भरमार कर देगा। इससे दृश्यों में अन्तर्निहित संवेदनाओं तथा भावनाओं का प्रभाव कम हो जाता है। आख़िर फिल्म एक दृश्य-प्रधान माध्यम है।

पटकथा के प्रारूप में अधिक तकनीकी जानकारियाँ न दी जाएँ तो अच्छा है परन्तु जहाँ आवश्यक है वहाँ विशेष कैमरा कोण, चरित्रों की भावनाएँ, अभिव्यक्ति तथा एक्शन (Actions), विशेष प्रकाश एवं ध्वनि प्रभाव आदि दिए जाने चाहिए, इससे दृश्य पढ़ते समय कल्पना में सजीव हो उठते हैं। शूटिंग के पूर्व पटकथा में 'एक्शन' स्पष्ट हो जाने चाहिए जिसके अनुसार ही दृश्य/एक्शन को विभिन्न शॉट्स में विभाजित (Shot Division) किया जाए। शॉट्स के अनुसार 'एक्शन' तैयार करने की परम्परा ग़लत है। यह भी सच है कि लम्बे अनुभव के बाद ही एक निर्देशक पटकथा लेखन के समय स्पष्ट दृश्य कल्पना (Visualisation) कर पाता है। फिर भी हर निर्देशक का यही प्रयास होना चाहिए कि पटकथा के प्रारूप में स्पष्टतम दृश्य कल्पना कर ली जाए। इससे अन्तिम फिल्म की कल्पना कर पाना सरल तथा सम्भव हो जाता है।

पटकथा की लेखन यात्रा

किसी भी पटकथा की लेखन यात्रा का आरम्भ एक छोटे-से विचार (Idea), लघु कथा, उपन्यास या फिर किसी साहित्यिक कृति के अपनाने (Adaptation) से होता है। ये किसी पटकथा के आरम्भिक बिन्दु होते हैं जिनके आधार पर पटकथा के रूप में सम्पूर्ण फिल्म का रेखाचित्र तैयार किया जाता है। यदि निर्देशक स्वयं ही कथा-पटकथा लेखक है तो उसके लिए फिल्म की पटकथा का विस्तार करना अपेक्षाकृत सरल हो जाता है परन्तु यह हमेशा सम्भव नहीं हो पाता। एक निर्देशक को एक या अनेक स्वतन्त्र लेखकों के साथ काम करना पड़ता है या स्टूडियो अथवा निर्माण संस्था द्वारा नियुक्त स्थायी या अस्थायी लेखकों के साथ भी सहयोग करना होता है। यदि फिल्म किसी साहित्यिक कृति पर आधारित है तो निर्देशक को साहित्यकार की मूल भावनाओं का आदर करते हुए पटकथा का विकास करना होता है। ऐसा भी सम्भव है कि कथा किसी लेखक की मात्र कोरी कल्पना (Fantacy) पर आधारित हो। ऐसी स्थिति में निर्देशक लेखक पर लगभग आश्रित हो जाता है और उसमें उसकी किसी भी मूल कल्पना या शैली का अभाव होता है। यह स्थिति एक निर्देशक के लिए काफ़ी दयनीय होती है। इन विभिन्न परिस्थितियों में निर्देशक को लेखक के साथ एक विशेष सामंजस्य तथा सहयोग की भावना स्थापित करनी होती है तथा अपनी स्वयं की शैली एवं कार्यात्मक विधि की खोज करनी होती है क्योंकि ये सब होने के बावजूद निर्देशक का ही यह उत्तरदायित्व है कि वह पटकथा में अपनी मूल कल्पना तथा शैली का समावेश करके फाइनेंसर, वितरक, निर्माता तथा मुख्य अभिनेताओं को आकर्षित करे। अनुभव के आधार पर निर्देशक ये कार्य बिना किसी पटकथा के मात्र मूल विचार/कथा बिन्दु पर अपनी कल्पना द्वारा भी कर सकता है। आवश्यकता होती है तो सिर्फ निर्देशक के मस्तिष्क में काल्पनिक फिल्म की स्पष्ट छवि जिसे वह लोगों को बता सके। इसमें निर्देशक की अपनी रचनात्मक शैली के स्पष्ट दर्शन होते हैं जो फिल्म के प्रस्ताव को साकार करने में महत्त्वपूर्ण हैं। इसके बाद निर्देशक इस प्रारम्भिक कल्पना पर आधारित पटकथा का संक्षिप्त विवरण (Synopsis) लिख सकता है जिसमें कम-से-कम मुख्य कथा का प्रारूप स्पष्ट हो। ये विवरण प्रस्तावित फाइनेंसर्स, निर्माता, वितरण तथा मुख्य अभिनेताओं को आकर्षित करने में यदि सफल होते हैं तो निर्देशक स्वयं या अन्य लेखकों के साथ पटकथा का विस्तृत लेखन कर सकता है। पटकथा लिखते समय लेखकों-निर्देशकों को आवश्यक तकनीकी, प्रभावात्मक तथा भावात्मक

विवरण लिख लेने चाहिए ताकि उनके मस्तिष्क में सम्पूर्ण फिल्म की रूपरेखा स्पष्ट होती रहे।

समय संयोजन

एक सम्पूर्ण घटनाक्रम को या एक कहानी जो वास्तविक जीवन में लगभग पचास वर्ष के मध्य घटित होती है, को डेढ़ या दो घंटे की फिल्म में दिखाने के लिए समय को इस प्रकार संयोजित किया जाता है कि फिल्म देखते समय दर्शकों को यह अनुभव न हो कि प्रत्येक दृश्य के वास्तविक समय (Real Time) से कोई छेड़छाड़ की गई है। ऐसा करते समय कहानी की अनावश्यक घटनाओं को निकाल दिया जाता है और वही घटनाएँ रखी जाती हैं जो कहानी, चरित्र या दृश्यों के विकास में महत्त्वपूर्ण भूमिका निभाती हैं। पटकथा लिखते समय इस बात का विशेष ध्यान रखा जाता है कि प्रत्येक दृश्य का एक-दूसरे से कथात्मक, भावनात्मक तथा समयात्मक सम्बन्ध हो और उनमें इन तीनों तत्त्वों की निरन्तरता (Continuity) बनी रहे। दृश्य के आवश्यकतानुसार समय को कम या अधिक किया जा सकता है। उदाहरण के लिए, एक्शन दृश्य तेज यानी अधिक एक्शन कम समय में तथा भावनात्मक दृश्य धीमे (Slow) तथा अधिक समय में दिखाए जा सकते हैं परन्तु प्रत्येक दृश्य का विकास/विस्तार इस प्रकार होना चाहिए कि वह भावनात्मक रूप में दर्शकों को वास्तविक समय (Real Time) में ही घटता हुआ लगे। दृश्य में समय संयोजन का कोई निश्चित अंकगणितीय नियम नहीं है। यह प्रत्येक निर्देशक की स्वयं की कल्पना तथा कहानी की या दृश्य की आवश्यकता पर निर्भर करता है।

समय संयोजन की प्रक्रिया में सबसे महत्त्वपूर्ण एवं आवश्यक है समयान्तर (Time Lapse) जो एक दृश्य से दूसरे दृश्य के बीच होता है। यह समयान्तर कई प्रकार से बताया जा सकता है, जैसे साधारण या सामान्य रूप से दिखाए जानेवाले डिज़ोल्व (Dessolve) के द्वारा जिसमें एक दृश्य के अन्त में समानान्तर रूप में पहला दृश्य 'फेड आउट' (Fade Out) होता है और अगला दृश्य 'फेड इन' (Fade in) होता है। यह देखकर दर्शक तुरन्त समयान्तर को समझ लेता है।

दिन और रात के दृश्यों में समयान्तर स्वयं ही प्रतीत हो जाता है। इसके लिए किसी भी विशेष प्रभाव (Special Effect) की आवश्यकता नहीं होती।

यह आवश्यक नहीं है कि प्रत्येक दृश्य के बीच समयान्तर दिखाया ही जाए क्योंकि कहानी या दृश्यों के प्रवाह में बहते हुए दर्शक स्वयं ही इस समयान्तर को

समझ लेता है। यह भी आवश्यक नहीं है कि समयान्तर दिखाने के लिए हर बार घड़ी या कैलेंडर का उपयोग किया जाए, जब तक कि किसी विशेष समय या तिथि का कहानी के अनुसार कोई विशेष महत्त्व न हो।

समयान्तर बताने का एक और प्रचलित तरीका है—संवादों के द्वारा, जिसमें पात्र निश्चित समय या स्थान का संकेत दे देते हैं जो अगले दृश्य से सम्बन्धित है। इसके बाद सीधे ही उस दृश्य में पदार्पण किया जा सकता है।

जहाँ समयान्तर बहुत ही कम हो, जैसे एक कमरे से दूसरे कमरे तक जाना, वहाँ पात्र को एक शॉट से बाहर कर (Exit) दूसरे शॉट में प्रवेश (Entry) करा दिया जाता है।

समयान्तर की अन्य विधियों में दो विभिन्न दृश्यों को समानान्तर रूप (Parallel Action) से बारी-बारी दिखाया जाता है। यह विधि दृश्यप्रधान होने के साथ-साथ मनोरंजक भी होती है। यह अधिकतर किसी दृश्य या स्थिति में रहस्य तथा तनाव (Tension) बनाने के लिए प्रयुक्त की जाती है। इस विधि में समय को प्रबन्धित करने की सम्भावना अधिक होती है, जैसे दो अलग-अलग दृश्यों में कुल फिल्मी काल (Screen Time) दो मिनट होगा परन्तु यह अन्दाज़ लगाया जा सकता है कि इन दृश्यों के घटने का वास्तविक समय दस मिनट हो सकता है, इस प्रकार समानान्तर दृश्यों में समय का संकुचन तथा विस्तार आवश्यक होने पर आसानी से किया जा सकता है और दर्शक उसे वास्तविक समय ही समझ लेंगे। इसीलिए कहा जाता है कि फिल्म वास्तविकता नहीं बल्कि वास्तविकता का आभास है।

अधिकांशतः समय संयोजन निर्देशक द्वारा फिल्म की शूटिंग तथा सम्पादन के समय किया जाता है परन्तु इसके लिए आवश्यक है कि एक ही एक्शन के अलग-अलग कोण से कई शॉट्स लिये जाएँ और सम्पादन के समय उनके

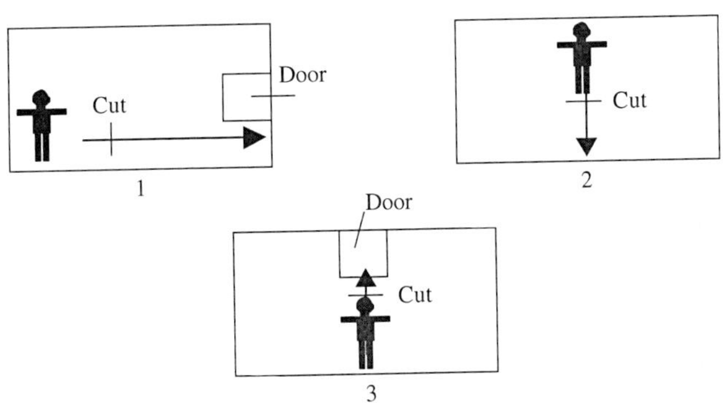

तारतम्य (Continuity) के हिसाब से कट किया जाए। इस प्रकार एक पूरे एक्शन को दिखाने में काफी समय की बचत हो सकती है। इसी प्रकार समय को बढ़ाने के लिए भी इस शॉट्स का प्रयोग किया जा सकता है परन्तु यह सब दृश्य की आवश्यकता के अनुसार ही होना चाहिए।

यदि किसी एक्शन को पूर्णतः एक ही शॉट में लिया जाए तो उसे पूरा होने में वास्तविक समय लगेगा। यदि उसी एक्शन को शॉट्स में लेकर सम्पादित किया जाए तो इस समय की बचत की जा सकती है।

कथावस्तु

फिल्म की कहानी का आरम्भ चाहे किसी छोटे-से कथासूत्र, विचार या किसी सम्पूर्ण कहानी अथवा उपन्यास से हो, पटकथा लेखन के अन्त तक पहुँचते-पहुँचते परिवर्तनों की एक शृंखला बन जाती है। ये सभी परिवर्तन अधिकतर सुधार करने के लिए ही किए जाते हैं ताकि दर्शक उनमें रुचि लेने के साथ-साथ कहानी के मर्म को भली-भाँति समझकर ग्रहण कर सकें। इन सभी परिवर्तनों में जो बात सामान्य रूप से पाई जाती है वह है कहानी के आरम्भ से अन्त तक एक अथवा अनेक समायोजक तत्त्वों का होना जो कहानी को यहाँ-वहाँ भटकने नहीं देते। यही तत्त्व कथावस्तु (Theme) का निर्माण करते हैं।

कथावस्तु का मौलिक होना इतना आवश्यक नहीं है जितनी उसकी ईमानदार अभिव्यक्ति। चूँकि फिल्म निर्माण एक जन-माध्यम है अतः फिल्म के दर्शक वर्ग को आरम्भ से अन्त तक बाँधे रखने के साथ उसे कथावस्तु का निरन्तर प्रवाह, चरित्रों की भावनाओं व सम्वेदनाओं से निर्देशक को एकाकार करते रहना चाहिए। इससे दर्शक फिल्म की कथावस्तु तथा चरित्रों से घुल-मिलकर स्वयं को उनके जीवन का एक हिस्सा मानने लगते हैं। इसमें प्राप्त हुई सफलता ही फिल्म तथा निर्देशक की सफलता होती है। इसके लिए निर्देशक को चाहिए कि वह अपनी कथावस्तु के विशेष चरित्रों तथा विभिन्न भावनात्मक स्थितियों को इस प्रकार प्रस्तुत करे जिससे दर्शक अपने आपको (Identify) पहचानने के साथ उन्हें अन्तर्मन तक महसूस कर सके।

विभिन्न निर्देशकों की अपनी कथावस्तु तथा चरित्रों को विकसित करने की एक विशेष शैली होती है जो उनके द्वारा बनाई गई विभिन्न फिल्मों के अध्ययन से अनुभव की जा सकती है। वैसे तो हर फिल्म अपने आप में सम्पूर्ण होने का दावा करती है परन्तु यदि उनमें दर्शकों की रुचि नहीं होती तो ये दावे खोखले

राजकपूर की फिल्म 'संगम' का एक दृश्य

ही साबित होते हैं।

कथावस्तु तथा चरित्रों के विकास की एक विशिष्ट शैली महान फिल्मकार राजकपूर की फिल्मों में देखी जा सकती है। इनकी यह शैली दर्शक वर्ग को अपनी पहचान देने के साथ ही उनकी सुप्त भावनाओं को भी जागृत करती है।

चरित्र-चित्रण

जैसा बताया जा चुका है, कथावस्तु के अनुसार चरित्र-चित्रण एवं विकास की हर निर्देशक की एक विशिष्ट शैली होती है जो उसकी स्वयं की सम्वेदनाओं तथा भावनाओं से प्रेरित होती है। यदि फिल्म की कथावस्तु मानवीय सम्बन्धों पर आधारित है तो निर्देशक को चाहिए कि वह सर्वप्रथम अपने हर चरित्र की एक कल्पनात्मक छवि तैयार करे, फिर अपने या दूसरों के अनुभवों तथा प्रेक्षणों के आधार पर उन चरित्रों का विस्तृत 'व्यवहार रूप' (Behavioural Pattern) विकसित करे ताकि प्रत्येक चरित्र सामान्य नज़र आए। तभी तो प्रत्येक चरित्र दर्शकों से एकात्मकता उत्पन्न कर पाएगा।

चरित्रों के विकास की प्रक्रिया में सबसे महत्त्वपूर्ण है निर्देशक का प्रत्येक चरित्र एवं स्थितियों से पूर्ण सहमत तथा आश्वस्त होना। यदि निर्देशक स्वयं ही पूर्ण रूप से उनसे आश्वस्त नहीं है तो दर्शक किस प्रकार उनसे आश्वस्त होंगे।

इसलिए निर्देशक को आरम्भ में अपने सोच के अनुसार हर चरित्र की एक कल्पनात्मक छवि बनाना आवश्यक हो जाता है। यदि निर्देशक नया है तो इस सम्बन्ध में उसका अनुभव शायद काफी नहीं होगा। इस स्थिति में उसे दूसरों के अनुभवों का लाभ उठाना चाहिए, उनसे विचार-विमर्श करना चाहिए। एक जागृत निर्देशक कुछ ही समय में समुचित अनुभव तथा ज्ञान प्राप्त कर सकता है जो उसे भविष्य में इस कार्य में अत्यन्त सहायक होगा। यह बात निर्देशक के साथ अभिनेताओं के लिए भी उतनी ही महत्त्वपूर्ण है। उन्हें भी अपने चरित्रों की बारीकियों को विस्तार से समझना चाहिए ताकि वे उन्हें पूर्ण विश्वास के साथ निभा सकें।

लचीलापन

यह एक अच्छी बात है कि शूटिंग पर जाने से पूर्व निर्देशक की कल्पनात्मक फिल्म कागज़ पर पूर्ण योजना सहित तैयार हो और वह अपने पूर्ण आत्मविश्वास तथा स्पष्टता के साथ सेट पर जाए। इसका अर्थ यह बिलकुल नहीं है कि निर्देशक इतना कठोर हो जाए कि दूसरों के सुझावों को अपनी पटकथा या कार्य-योजना में स्थान न दे सके। पटकथा तथा चरित्रों के पूर्ण विकास के बाद सामान्यतः निर्देशक अपनी कार्यवाहक पटकथा (Functional/Working Script) के प्रत्येक दृश्य का शॉट-विभाजन (Shot Division) तक कर लेता है फिर भी निर्देशक अपने छायाकार के साथ उसके शॉट विभाजन में परिवर्तन कर सकते हैं तथा मुख्य अभिनेता व चरित्रों के अभिनय (Performances) के बारे में बेहतर सुझाव दे सकते हैं। इन सभी के अतिरिक्त शूटिंग पर आवश्यक होने पर दृश्य में भी परिवर्तन किए जा सकते हैं। इन सभी सुझावों तथा परिवर्तनों को आत्मसात करने के लिए निर्देशक को अपनी कार्य-पद्धति तथा विचारों में लचीलापन लाना आवश्यक है। इन सुझावों तथा परिवर्तनों के प्रति निर्देशक का कड़ा रुख उसके सहयोगियों के साथ वैचारिक मतभेद को बढ़ावा देने के साथ फिल्म के विकास तथा सुधार के सभी द्वार बन्द कर सकता है, अधिकतर ये सुझाव प्रत्येक दृश्य की पूर्व तैयारी (Rehearsal) के दौरान आते हैं परन्तु सुधार की कोई समय सीमा नहीं हो सकती और ये कभी भी किए जाने चाहिए। इस प्रकार निर्देशक को मुख्य रूप से अभिनेताओं तथा छायाकार अथवा किसी अन्य के द्वारा दिए गए सुझावों को नकारना नहीं चाहिए बल्कि उसे उनकी प्रशंसा करनी चाहिए। इससे निर्देशक एवं सहयोगियों के बीच सौहार्द बनने के साथ कार्यकालीन वातावरण भी मधुर होता है।

पटकथा

कोई भी निर्देशक सामान्यतः ऐसी पटकथा के साथ शूटिंग नहीं करता जिसमें पहले से ही शॉट विभाजन या अन्य सूक्ष्म विवरण निश्चित कर दिए गए हों। इसमें निर्देशक अपनी रचनात्मक स्वतन्त्रता को खो देता है, इसीलिए जहाँ तक सम्भव हो शूटिंग करते समय निर्देशक किसी भी सुझाव या परिवर्तन के लिए तैयार रहता है। इसका अर्थ ये कतई नहीं है कि निर्देशक बिना किसी पटकथा या दृश्य के शूटिंग करना आरम्भ कर दे। पटकथा में एक्शन के अनुसार दृश्य विभाजन (Scene Division) करना चाहिए और निर्देशक को उस एक्शन के अनुसार सेट पर शॉट विभाजन करना चाहिए ताकि सम्पादन के समय सम्पादक उन शॉट्स को जोड़कर उस एक्शन की पुनर्रचना कर सके।

इस पटकथा का लाभ यह होता है कि निर्देशक प्रत्येक दृश्य में निहित चरित्रों की सूक्ष्म भावनाओं के अन्दर झाँक सकता है और पूर्व तैयारी के समय आवश्यक होने पर उनमें सुधार कर सकता है। इसके अतिरिक्त यह पटकथा फिल्म निर्माण में अन्य सहयोगियों के लिए भी एक मार्गदर्शक का कार्य करती है।

सामान्यतः निर्देशक दो प्रकार के हो सकते हैं। पहले वे जो सम्पूर्ण फिल्म को कागज़ पर सूक्ष्मतर विवरणों के साथ लिखकर शूटिंग करते हैं, दूसरे वे जिनके मस्तिष्क में सम्पूर्ण पटकथा तथा प्रत्येक दृश्य का एक खाका तैयार होता है, वे अन्य निर्णय सेट पर ही करते हैं, जैसे शॉट विभाजन, पात्रों का आवागमन, कैमरा स्थिति तथा कोण, मंच सज्जा आदि। एक निर्देशक के रूप में मैं स्वयं को दूसरी श्रेणी में रखता हूँ क्योंकि मुझे अपनी कहानी, कहानी का हर दृश्य, चरित्रों का विकास एवं उनकी भावनाएँ, फिल्म का सम्पूर्ण वातावरण इत्यादि, इन सब जानकारियों के साथ सेट पर वास्तविक दृश्य का निर्माण मुझमें एक नई प्रेरणा तथा रचनात्मक शक्ति भर देता है और फिर मैं महसूस करता हूँ कि अन्तिम परिणाम मेरी मूल कल्पना से अधिक उत्तम है।

यदि निर्देशक एक पटकथा पर कार्य करता है तो उसे चाहिए कि वह अपने एडीटर (Editor) को भी उससे अवगत कराए ताकि वह दृश्य की सामान्य लय (Rhythm) को समझ सके अन्यथा बाद में उसे परेशानी हो सकती है। दृश्य की आवश्यक लय को बनाने के लिए उसे कट अवे (Cut Away) तथा क्लोज अप (Close Up) शॉट्स पर निर्भर रहना पड़ेगा।

किसी भी फिल्म की पटकथा समरूप (Homogenous) तथा यथार्थ (Precise) होनी चाहिए और निर्देशक को उसके अनुसार अपनी पूर्व तैयारी

(Home Work) करनी चाहिए। उसे सुनिश्चित होना होगा कि वह सेट पर हर दृश्य को किस प्रकार शूट करेगा। अपने सहयोगियों के साथ निर्देशक को इस आधार पर ही विचार-विमर्श करना चाहिए ताकि कहीं कोई दुविधा एवं संशय की स्थिति न रहे। निर्देशक को अपनी कार्य-येाजना, तकनीकी आवश्यकता, भावनात्मक प्रभाव, अपने सहयोगियों से उनकी अपेक्षाओं आदि के प्रति स्पष्ट होना चाहिए। किसी दृश्य के दृश्यांकन के समय निर्देशक को एक लीडर की तरह सबका मार्गदर्शन करना चाहिए न कि इसके विपरीत उनके बताए हुए रास्ते पर चलना। एक अनुभवहीन निर्देशक को दूसरों पर निर्भर रहने के बजाय फिल्म निर्माण से सम्बन्धित अपने ज्ञान का विकास करना चाहिए।

संवाद

संवाद अभिव्यक्ति का एक प्रमुख माध्यम होते हैं जिनके द्वारा नाटक तथा फिल्म अथवा टेलीविजन धारावाहिक के चरित्र एक-दूसरे से अपनी आन्तरिक भावनाओं, विचार तथा दर्शन आदि की अभिव्यक्ति करते हैं। इन्हीं संवादों के द्वारा व्यक्ति या चरित्र की अपनी एक अलग पहचान होती है। अन्तर होता है इनके कहने अथवा बोलने के तरीकों में।

नाटक की आवश्यकता होती है कि पात्रों द्वारा उच्चारित संवाद हॉल के अन्त तक बैठे हुए अन्तिम दर्शक तक पहुँचे। अतः पात्रों को संवाद तेज आवाज़ में बोलने पड़ते हैं जबकि फिल्म या टेलीविजन में विभिन्न तकनीक होने के कारण पात्र अपनी भावनाओं के अनुसार संवाद बोलता है। ये भी कह सकते हैं कि नाटक में संवाद 'सुनाए' जाते हैं जबकि फिल्म में वह 'कहे या बोले' जाते हैं। इनमें पात्रों का मुख्य ध्यान (Concentration) चेहरे पर उठनेवाले भावों के अनुसार ही संवाद बोलने पर होता है क्योंकि कैमरा किसी भी चरित्र को विभिन्न कोणों तथा दूरियों (Close Up to Long Shot) में दिखा सकता है जबकि नाटक में दर्शक एक निश्चित दूरी पर अपने निश्चित स्थान से ही देख व सुन सकते हैं। इसीलिए संवादों की अभिव्यक्ति की शैली इन दोनों माध्यमों में अलग होती है।

फिल्मों में संवादों का उपयोग हमेशा पूरक होना चाहिए न कि मुख्य। संवाद भावनात्मक अथवा दृश्यात्मक अभिव्यक्ति के विस्तार के रूप में होने चाहिए। अनावश्यक सूचनाओं को संवादों के द्वारा बताने से बचना चाहिए।

फिल्मों में संवाद लेखन में साहित्यिक अथवा सांस्कृतिक क्लिष्ट शब्दों का प्रयोग नहीं करना चाहिए। संवाद सीधी सरल भाषा में दिल को छूनेवाले होने

चाहिए ताकि दर्शक संवादों के द्वारा भी पात्रों की भावनाओं तथा सम्वेदनाओं को स्वयं भी महसूस कर सकें। शूटिंग के पूर्व अभिनेताओं को उनकी बोलने की शैली के अनुसार संवादों में छोटे-मोटे परिवर्तन करने की छूट दे देनी चाहिए। कई बार ऐसा भी होता है कि कुछ विशेष दृश्यों में, जैसे हास्य अथवा एक्शन में, अपनी अभिनय शैली के अनुसार कलाकार पूर्ण दृश्य के संवाद स्वयं ही लिखता है। विशेषकर हास्य-प्रधान दृश्यों में लेखक का मजाकिया होना आवश्यक है। हिन्दी फिल्मों में हास्य कलाकार महमूद, जगदीप तथा जॉनी लीवर को अपने संवाद स्वयं ही लिखना/तैयार करना अच्छा लगता है, इससे उन्हें अपने तरीके से दृश्य में हास्य उत्पन्न करने की स्वतन्त्रता मिल जाती है।

जिस किसी दृश्य में सूचनाएँ अधिक दी जानी हों वहाँ कमेंट्री या कथन (Narration) का उपयोग भी किया जा सकता है, यद्यपि ये शैली वृत्तचित्रों में अधिक प्रयोग की जाती है। संवाद अधिक लम्बे न होकर छोटे व सटीक होने चाहिए। यदि लम्बे हों तो उन्हें अन्य पात्रों की प्रतिक्रियाओं (Reactions) से तोड़ते रहना चाहिए अन्यथा संवाद एकरस (Monotonous) हो जाएँगे।

विमल राय की फिल्म 'देवदास' का एक दृश्य

दृश्य का नाम...
दृश्य क्रमांक...
समय–दिन
स्थान–चन्द्रमुखी का घर
चरित्र–देवदास एवं चन्द्रमुखी

दृश्य विवरण			**संवाद**
शराब की बोतलों और गिलास के साथ देवदास बिस्तर पर पड़ा है। चन्द्रमुखी उसे देखती है। देवदास शराब को गिलास में डालकर बोतल दूर फेंक देता है। चन्द्रमुखी देवदास के पास आती है। देवदास शराब पीकर नीचे झुक जाता है।	चन्द्र	:	''और मत पियो देवदास...''
	देव	:	''क्यों!''
	चन्द्र	:	''कुछ ही दिन हुए, पीना शुरू किया है। इतनी ज्यादा बरदाश्त न कर सकोगे।''
	देव	:	''कौन कमबख्त है जो बरदाश्त करने के लिए पीता है। मैं तो पीता हूँ कि बस साँस ले सकूँ। और इस जगह से जाने की ताकत नहीं है न, तभी तो यहाँ पड़ा रहता हूँ। बस देखता रहता हूँ तुम्हारे मुँह की तरफ, तो भी मैं बिलकुल बेहोश नहीं होता। कुछ होश रह ही जाता है। होश से कह दो कभी होश न आने पाए।''
देवदास उठकर चन्द्रमुखी के पास आता है। चन्द्रमुखी कहती है।	चन्द्र	:	''यहाँ ऐसे लोग भी आते हैं देवदास, जो शराब को छूते तक नहीं।''
देव लड़खड़ाता है। चन्द्रमुखी उसे सहारा देती है। वह बैठ जाता है।	देव	:	''छूते भी नहीं...? मेरे पास बन्दूक हो तो मैं उन्हें गोली से उड़ा दूँ। ये लोग मुझसे भी बड़े पापी हैं चन्द्रमुखी। पहले तो मैं शराब पीना छोड़ूँगा नहीं, और

	अगर छोड़ दिया तो फिर यहाँ कभी नहीं आऊँगा। मेरा तो इलाज है लेकिन उन लोगों का क्या होगा जो पीते भी नहीं और फिर भी यहाँ आते हैं। मत छुओ, मुझे हाथ मत लगाओ चन्द्रमुखी। अभी कुछ होश बाकी है।
देवदास उठकर जाता है, गिलास फेंकता है, वो फ़र्श पर गिरकर चूर-चूर हो जाता है।	तुम नहीं जानतीं, मैं तुम लोगों से कितनी नफ़रत करता हूँ। और हमेशा करता रहूँगा। फिर भी आऊँगा, तुम्हारे पास बैठूँगा, बातें करूँगा, इसके सिवा उपाय भी क्या है, तुम लोग क्या यह बात समझ सकोगी। लोग अँधेरे में पाप करते हैं और मैं यहाँ उजाले में आकर शराब पीता हूँ।"

प्रयुक्त दृश्य के इस उदाहरण से संवादों के प्रति यह साफ हो जाता है कि देवदास के संवाद सादगी से भरपूर होते हुए भी दिल को छू जाते हैं। किसी भी दृश्य में संवादों की भाषा की क्लिष्टता तथा लम्बाई से यथासम्भव बचना चाहिए। सरल तथा सटीक शब्दों का प्रयोग करते हुए संवाद छोटे होने चाहिए तथा भाषणबाजी से बचना चाहिए।

अधिग्रहण अथवा प्रेरणा

कई फिल्मकारों का मानना है कि किसी फिल्म की सफलता किसी सफल नाटक, उपन्यास या पूर्व निर्मित किसी सफल फिल्म की कहानी लेकर निश्चित की जा सकती है। यह बात सच है कि हर फिल्म की कहानी लेखक की मूल कृति होना जरूरी नहीं है। कहानी किसी घटना, व्यक्ति, साहित्यिक कृति, उपन्यास, नाटक या पूर्व में बनी किसी भी फिल्म से ली जा सकती है। इसे अधिग्रहण (Adaptation) कहते हैं।

सामान्यतः यदि कहानी किसी उपन्यास या नाटक पर आधारित है तो पटकथा लेखक को विशेष सावधानी रखनी होती है ताकि मूल लेखक की भावनाओं के अनुरूप उचित दृश्य कल्पना (Visualisation) की जा सके। इसके लिए लेखक में विशेष कल्पना तथा रचनात्मक शक्ति का होना आवश्यक है। एक उपन्यास सामान्यतः एक ही बार में पढ़कर समाप्त नहीं किया जा सकता। अतः उसके लेखन में शब्दों तथा अभिव्यक्ति का महत्त्व अधिक है। इसीलिए उपन्यास सहित अन्य साहित्यिक कृतियाँ 'शाब्दिक' या 'शब्द प्रधान' होती हैं। पाठक पर प्रत्येक शब्द का प्रभाव पड़ता है जबकि एक फिल्म एक ही बार में पूरी देखी जाती है और उसमें अभिव्यक्ति 'दृश्यात्मक' (Visual) होती है। इसका प्रभाव शब्दों (Dialogues) से अधिक दृश्यों द्वारा होता है। इसीलिए किसी अधिग्रहण (Adaptations) में लेखक को मूल कृति की भावनाओं का आदर करते हुए नए सिरे से दृश्य कल्पना इस प्रकार करनी होती है कि कहानी फिल्म की सीमित अवधि में प्रभावपूर्ण तरीके से प्रस्तुत हो।

वैसे तो यह धारणा भी ग़लत है कि किसी सफल फिल्म, उपन्यास या नाटक के अधिग्रहण से पुनः किसी सफल फिल्म का निर्माण किया जा सकता है। यदि ऐसा होता तो इस प्रकार के सभी कार्य सफलता के झंडे गाड़ देते और मूल कृतियों पर फिल्मों या नाटक का निर्माण ही नहीं होता। यद्यपि विदेशी फिल्मों में अधिकांश फिल्में अधिगृहीत होती हैं। हमारे यहाँ भी कई फिल्मों का निर्माण सफल नाटक या फिल्मों की कहानी पर आधारित कर हुआ है। शरत् चन्द्र की मूल कृति 'देवदास' पर विभिन्न भाषाओं में नौ बार इसी नाम से फिल्मों का निर्माण हुआ है परन्तु सबसे सफल हुई है 1935 में पी.सी. बरुआ द्वारा निर्मित 'देवदास' जिसमें मुख्य भूमिका निभाई थी के.एल. सहगल ने तथा 1955 में विमल राय की 'देवदास' जिसकी प्रमुख भूमिका में थे दिलीप कुमार। इसके अतिरिक्त अन्य 'देवदास' दर्शकों को नहीं लुभा सकीं।

किसी भी नाटक या फिल्म की सफलता के पीछे देशकाल, आर्थिक तथा सामाजिक स्थिति तथा वातावरण, संस्कृति आदि होते हैं।

श्री शरत् चन्द्र द्वारा 1907 में लिखित 'देवदास' में उस समय के सामाजिक भेदभाव, आर्थिक असमानता, प्रेम के प्रति सामाजिक वितृष्णा, समाज में नारी की स्थिति का चित्रण हुआ है। 1935 में बनी 'देवदास' तक सामाजिक स्थिति तथा सोच में कोई विशेष परिवर्तन नहीं हुआ था। अतः उसमें दर्शकों की पहचान (Identification) बनी रही। स्वतन्त्रता प्राप्ति के लगभग तुरन्त बाद ही बनी विमल राय की 'देवदास' (उस समय परिवर्तन का दौर आरम्भ ही हुआ था) दिलीप

कुमार के अविस्मरणीय अभिनय की वजह से पुनर्जीवित हो गई थी। कहते हैं आज तक बनी 'देवदास' शृंखला की फिल्मों में सबसे बेहतरीन फिल्म विमल राय

1935 में बनी फिल्म 'देवदास' का एक दृश्य

की ही थी। मूल कृति के लेखन के लगभग सौ वर्ष बाद बनी शाहरुख खान द्वारा अभिनीत भारत में तब तक की सबसे महँगी फिल्म होने पर भी दर्शकों तथा आलोचकों को आकर्षित नहीं कर सकी। इसका मुख्य कारण रहा कि इसकी पटकथा तथा चरित्र विकास, देशकाल, सामाजिक-आर्थिक स्थिति तथा सोच को आधुनिक बनाने के प्रयास में मूल उपन्यास की मूल भावनाओं में आमूल-चूल

परिवर्तन कर देना जिसके कारण न ही फिल्म मूल उपन्यास से पूरी तरह बाहर आ सकी और न ही पूर्ण रूप से आधुनिक बन सकी। यही इसकी असफलता का प्रमुख कारण है।

अतः अधिगृहीत करते समय किसी भी रचनात्मक या व्यावसायिक कारणों से भी मूल कृति के मूल स्वरूप तथा भावनाओं से खिलवाड़ नहीं करना चाहिए क्योंकि दर्शक जब भी ऐसी फिल्म या नाटक या धारावाहिक देखेगा तो उसके मस्तिष्क में कहानी के घटने का काल, सामाजिक तथा आर्थिक स्थिति आदि की छवि बन जाती है और उसे बदलने का अर्थ है दर्शकों के ज्ञान, बुद्धि तथा सोच को ललकारना। फिल्मकारों तथा लेखकों को ऐसी स्थिति से बचना चाहिए। रचनात्मक स्वतन्त्रता मूल भावनाओं तथा सामाजिक स्थिति की सीमा में ही रहनी चाहिए।

किसी भी उपन्यास के अधिग्रहण में सबसे बड़ी कठिनाई होती है उसका साहित्यिक स्वरूप जिसका अर्थ है उसका मौखिक (Verbal) होना। मौखिक होने से किसी पात्र के अन्तर्मन की भावनाओं तथा स्थितियों को फिल्म के स्वरूप (Film Form) में दृश्यों के द्वारा नहीं समझा जा सकता–इसके लिए इस मौखिक रूप को दृश्यों में रूपान्तरित करना आवश्यक है। दृश्य द्वारा जिसको हम एक शॉट में अभिव्यक्त कर सकते हैं, उपन्यास में उसे समझाने के लिए कई पैराग्राफ लिखने पड़ते हैं। अतः सिर्फ संवादों या विवरण को कम करने से काम नहीं चलता। इस सम्पूर्ण मौखिक दृश्य को दृश्य रूप (Visual Form) में पुनर्रचित करना होता है जिसमें फिल्मी समय का विशेष ध्यान रखना पड़ता है। अधिग्रहण इस प्रकार फिल्मी रूपान्तर की एक विशेष प्रक्रिया है जिसमें सम्पूर्ण कहानी की नए सिरे से दृश्य रचना करनी होती है जिसे अधिकांश मूल लेखक पसन्द नहीं करते।

नाट्य रूपान्तर

एक उपन्यास तथा नाटक में मूल अन्तर है कि उपन्यास में वैचारिक, रचनात्मक तथा गत्यात्मक (Movement) स्वतन्त्रता काफ़ी होती है जिनमें लेखक की असीमित कल्पनाशीलता उसे अपने चरित्रों तथा वस्तुस्थितियों एवं भावनाओं के विस्तार तथा अभिव्यक्ति के लिए असीमित अवसर प्रदान करती है, जबकि एक नाटक में पात्रों की गति से लेकर भावनात्मक अभिव्यक्ति भी एक निश्चित दायरे में कैद हो जाती है। इसीलिए फिल्म के लिए किसी उपन्यास के रूपान्तर में

सिर्फ कथानक के चुनाव तथा संकुचन की समस्या होती है परन्तु एक नाटक के फिल्मी रूपान्तर में न ही सिर्फ नई दृश्य कल्पना की आवश्यकता होती है बल्कि फिल्म तकनीक के अनुसार उसमें नए व अतिरिक्त पात्रों तथा दृश्यों के साथ विशेष अभिव्यक्ति के लिए विशेष स्थितियों (Situations) की भी कल्पना करनी पड़ती है जो नाटक/मंच के सीमित दायरे में सम्भव नहीं हो सकती। इसके अतिरिक्त एक नाटक की सफलता उसके मंचन तथा पात्रों के विशेष अभिनय पर भी निर्भर होती है जो फिल्म में असम्भव तथा अनावश्यक है। जैसे– अभिनेताओं का चीखकर संवाद बोलना या तेज गति से चलना-फिरना आदि। इसे Loud Acting कहते हैं।

यदि किसी फिल्मकार को किसी नाटक पर फिल्म बनानी हो तो उचित है कि उस नाटक की मूल कथा या विचार को लेकर नए सिरे से पटकथा लिखी जाए, न कि नाटक का मात्र रूपान्तर कर देना। ऐसा करने से नाटक में फिल्म तत्त्वों का अभाव रहेगा और नाटक सिर्फ कैमरे द्वारा चित्रित रूप ही प्रस्तुत करेगा। यह फिल्म के पर्दे पर उचित प्रभाव नहीं दे सकेगा। अतः किसी भी नाटक के अधिग्रहण में शब्दशः फिल्मी रूपान्तर से बचना चाहिए क्योंकि यह समय तथा धन की बरबादी के अतिरिक्त कुछ भी नहीं है।

इसका यह अर्थ भी नहीं निकाला जाना चाहिए कि सफल नाटकों या फिल्मों पर पुनः फिल्म का निर्माण नहीं हो सकता। मराठी के प्रसिद्ध नाटक 'तो मी नव्हेच' पर हिन्दी में 'वह मैं नहीं' फिल्म का सफल निर्माण हुआ है तथा हाल में ही बहुचर्चित व सफल फिल्म 'आँखें' भी एक गुजराती नाटक पर आधारित है। किसी नाटक पर सफल फिल्म बनाने के लिए उसका फिल्मीकरण काफी सावधानी से करना चाहिए। जो नाटककार किसी नाटक पर स्वयं ही फिल्म का निर्माण करते हैं उनके लिए ये कार्य काफ़ी कठिन हो जाता है क्योंकि उनमें फिल्म का तकनीकी ज्ञान कम होता है जो नाटक पर पटकथा लिखने के लिए बहुत आवश्यक है।

फिल्म–आँखें

दृश्य क्रमांक...

दृश्य का नाम...

समय–दिन

स्थान–बैंक

पात्र–राजपूत, इलियास, विश्वास, डेलनाज, प्रेम, शैलेश, अर्जुन आदि।

दृश्य	संवाद
सीढ़ियों से लोग उतरकर नीचे हॉल में एक स्थान पर एकत्र होते हैं। अर्जुन बन्दूक ताने खड़ा है। इलियास के हाथ में भी गन है। सब लोग डरे हुए हैं। बैंक में डकैती डाली जा रही है। विश्वास अलार्म सर्किट तोड़कर भागते हुए जाकर दरवाजा बन्द करने से रोकता है। डेलनाज और प्रेम भी जाते हैं। शैलेश भागने की कोशिश करता है। अर्जुन और विश्वास फायर करते हैं।	राजपूत : ''प्लीज़...गोली मत चलाना प्लीज।'' विश्वास : ''नम्बर वन...उड़ा दो सबको।'' इलियास : ''हाँ...अगर कोई हिला तो मैं उसकी आँख निकाल दूँगा और इसकी भी।'' विश्वास : ''तुम...।'' डेलनाज : ''कौन...मैं...?'' विश्वास : ''हाँ तुम...तुम एक काम करो। मैं दस तक गिनता हूँ...तुम नीचे जाओ और जेवरात से भरा हुआ बक्सा इधर लेके आओ और इस लाल रूमाल पे लाके रखना।'' डेलनाज : ''बीस तक गिनना प्लीज ...बक्सा बहुत भारी है।'' राजपूत : ''जैसा बोल रहे हैं...वैसा करो...जल्दी...कम ऑन...।'' प्रेम : ''सर डेलनाज ने कहा बहुत भारी है तो बहुत भारी है सर....।'' विश्वास : ''तो तुम भी उसके साथ जाकर मरो...जाओ उसके साथ...वन...टू...थ्री...फोर... फाइव...सिक्स...।'' राजपूत : ''शैलेश भाई...क्या कर रहे हैं आप...ये इन्क्वायरी काउंटर के सामने भागने की कोशिश मत कीजिए।''

शैलेश के पास आकर इलियास उसके मुँह में गन रखता है। विश्वास और अर्जुन गन ताने हैं।

शैलेश : "ऐ...ऐ...।"

विश्वास : "कोई हिलेगा नहीं...मना किया है ना...।"

शैलेश : "सारी...सारी...।"

इलियास : "क्या रे...क्या रे...ऐ तू शाणा समझता है क्या... शाणा समझता है क्या...।"

शैलेश : "ऐ...मिश्टेक में मेरे से ग़लती हो गई...।"

इलियास : "अच्छा...चल...क्या कर रहा था साला इधर...?"

शैलेश : "मैं...मैं गाड़ी चेक करने जा रहा था।"

इलियास : "गाड़ी...साला तेरा कारबोरेटर का कचरा साफ करूँ मैं...?"

शैलेश : "मैं...मैं...मेरे बापूजी का एक इकलौता बेटा हूँ...।"

इलियास : "क्या तेरा एक ही बाप है...क्या...?"

शैलेश : "एक ही माँ...एक ही बाप है।"

शैलेश को डराते-धमाकते हुए इलियास उसे मुँह खोलने के लिए कहता है और उसके मुँह में गन घुसा देता है। गन शैलेश के मुँह से नीचे गिर जाती है। परन्तु इलियास को दिखाई नहीं देता। शैलेश के मुँह से सुनकर वह उसे गन उठाकर फिर से मुँह में रखने के लिए कहता है।

इलियास : "एक ही माँ...और एक ही बाप है। अरे शाणा बनता है...चल मुँह खोल।"

शैलेश : "अ...।"

इलियास : "चल मुँह खोल रे..."

शैलेश : "अ...।"

इलियास : "हाँ...इसको दातून बना के रख अन्दर...दातून किया है क्या...दातून बना के रख इसको। अभी...क्या गिरा... क्या गिरा रे...।"

शैलेश : ''बन्दूक।''

शैलेश इलियास को मुँह खोलने के लिए कहता है। इलियास शैलेश को अपने मुँह में गन रखने के लिए कहता है। शैलेश मुँह में गन रखता है।

इलियास : ''उठा...उठा...उठा...जा... उठा...अभी मुँह में रख... बन्दूक... ।''

शैलेश : ''मुँह खोल।''

इलियास : ''अब हे...तेरे मुँह में रख... तेरे मुँह में रख...रखा...रखा ना...करेक्ट है।...खड़ा रह अभी...इधर ऐसे ही। देख रहे सब लोग...देखा नया दातून...वीको वज्रदन्ती... ।''

डेलनाज और प्रेम जेवरात का बॉक्स लेकर आते हैं। विश्वास और इलियास, राजपूत और शैलेश पर गन ताने पीछे ले जाते हैं। विश्वास राजपूत को धक्का देता है। तीनों बाहर जाकर शटर बन्द करते हैं। शटर के पास राजपूत और सब आते हैं।

विश्वास : ''चौदह...पन्द्रह...सोलह... सत्रह...वहीं रखो...जल्दी उधर...लाल कपड़े के वहाँ रखो।''

राजपूत : ''देखिए...देखिए...ये हमारे कस्टमर्स की ज्वेलरी है... इसे तो मत ले जाइए प्लीज।''

विश्वास : ''नम्बर तीन...तू बक्सा उठा और बाहर चला जा।''

राजपूत : ''देखिए...मेरी बात सुनिए। इस ज्वेलरी को आप बाज़ार में बेच नहीं पाएँगे।''

विश्वास : ''चुप रहिए आप...आप चुप रहिए।''

राजपूत : ''मेरी बात मानिए।''

इलियास : ''अबे चुप रह... ।''

राजपूत : ''हम लोग...हम लोग आपस में बैठ कर के चुपचाप से बात कर सकते हैं।''

विश्वास : ''कोई कुछ नहीं बोलेगा।''

राजपूत : ''वी कैन टॉक...वी कैन टॉक रीजनेवली...वी कैन। देखिए...मेरी बात सुनिए आप...इससे कुछ नहीं... ।''

विश्वास : ''आप चुप रहिए... ।''

राजपूत : ''आप गुनाह कर रहे हैं। ये सारी ज्वेलरी जो है... ।''

विश्वास : ''शट अप... ।''

राजपूत : ''ले...ले जा कहाँ रहे हैं मुझे...मुझे...देखिए आप... ।''

विश्वास : ''नम्बर थ्री... ।''

राजपूत : ''देखिए आप लोग बच नहीं सकते।...मैं कह रहा हूँ...आप लोग...आप...देखो फिर... ।''

विश्वास : ''नम्बर वन... ।''

राजपूत : ''हाँ...हाँ... ।''

इलियास : ''हाँ...हाँ...भाई... ।''

विश्वास : ''आर यू रेडी... ।''

राजपूत : ''या... ।''

इलियास : ''हाँ भाई... ।''

विश्वास : ''या ऊ... ।''

राजपूत : ''ओए.. ।''

विश्वास, अर्जुन और इलियास शैलेश को लेकर जीप में बैठते हैं। वहाँ सिक्योरिटी वैन आती है। इलियास ड्राइवर को गाड़ी भायखला स्टेशन ले जाने का आदेश देता है।

विश्वास : ''गाड़ी किधर है... ।''

शैलेश : ''वहाँ उधर है उधर... ।''

इलियास : ''चुपचाप भायखला स्टेशन पर गाड़ी ले ले फास्ट... ।''

अर्जुन : ''ये कौन है... ।''

विश्वास : ''चुप बैठ....बाद में बताऊँगा। अभी एक काम करो...जल्दी चलो...जल्दी गाड़ी चला।''

बैंक के अन्दर शटर के पास सब खड़े हैं। राजपूत आगे आता है। जीप जा रही है। जीप में शैलेश, अर्जुन, इलियास और विश्वास बैठे हैं। गाड़ी गति नहीं पकड़ती।	शैलेश	: "हाँ...।"
	इलियास	: "ऐ...ऐ...तू ऐ क्या अन्धा है। धक्का मार के गाड़ी चलाता है क्या...।"
	अर्जुन	: "ऐ...।"
गाड़ी आगे भायखला के रास्ते पर भाग रही है।	इलियास	: "गियर में डाल रे...।"

विश्लेषण

फिल्म 'आँखें' के एक्शन सीन का ये छोटा-सा अंश दृश्य के मनोरंजक नाटकीकरण का एक अनुपम उदाहरण है। तीन अन्धे व्यक्तियों अर्जुन, विश्वास और इलियास द्वारा बैंक में डकैती डालने की घटना को साकार करना दर्शकों के मन में आरम्भ से अन्त तक उत्सुकता बनाए रखने में सिर्फ सक्षम ही नहीं है बल्कि प्रशंसनीय भी है, क्योंकि तीन अन्धे व्यक्तियों द्वारा बैंक को लूटते समय अन्य व्यक्तियों को ये आभास भी न होने देना कि वह अन्धे हैं, दृश्य के नाटकीयकरण की एक अनूठी कोशिश है। दर्शक ये जानते हैं कि तीनों अन्धे हैं और दर्शकों के इस आभास को समय-समय पर विभिन्न एक्शंस द्वारा ये बताने का प्रयास किया गया है कि वे अन्धे हैं, और वे ग़लती भी कर सकते हैं। जैसे शैलेश का मुँह खोलना, उसके मुँह से गन नीचे गिरना आदि का इलियास को मालूम नहीं पड़ना। इसी प्रकार विश्वास और अर्जुन भी छोटी-मोटी ग़लतियाँ करते रहते हैं जिनका अहसास दर्शकों को तो हो जाता है परन्तु बैंक में उपस्थित लोगों को नहीं। इन तीन प्रमुख पात्रों की ये गलतियाँ दर्शकों को इस प्रकार की उलझन में अन्त तक डाले रखती हैं कि उनकी छोटी-सी ग़लती कहीं बैंक लूटने की सारी योजना को ही विफल न कर दे।

राजपूत जो इस सम्पूर्ण योजना का सूत्रधार है, बैंक के अन्य कर्मचारियों तथा लोगों के साथ बैंक का सहयोगी बनते हुए अर्जुन, इलियास तथा विश्वास को भी योजना को सफल करने में सहयोग देता है। राजपूत की उत्सुकता इस योजना की सफलता से जुड़ी हुई है क्योंकि वह बैंक से बदला लेना चाहता है और उसके लिए एक अजीबोग़रीब योजना को साकार करने में हुआ संघर्ष इस दृश्य में एक

चरम स्थिति का निर्माण करता है। इस चरम स्थिति में दर्शक, राजपूत तथा तीनों मुख्य पात्र सहभागी हैं। यद्यपि सभी की उत्सुकता का रूप विभिन्न है परन्तु सब एक ही उद्देश्य यानी बैंक डकैती की सफलता की ओर बढ़ते हैं।

बैंक डकैती के तनावपूर्ण क्षणों में भी तीनों मुख्य पात्र अपना मूल व्यवहार नहीं छोड़ते और उसी प्रकार कार्य करते रहते हैं। इलियास की हास्यपूर्ण संवादोक्ति दृश्य के तनाव को कम करने में सहायक होती है। मुख्य पात्रों के अतिरिक्त बैंक में उपस्थित कर्मचारी तथा अन्य व्यक्ति भी इस अचानक हुई डकैती से जूझते हुए पूरी कोशिश करते हैं कि वे इस हादसे को रोक सकें परन्तु मुख्य पात्रों का वास्तविकता से परिपूर्ण कार्य लोगों के मन में भय उत्पन्न करा देता है और वह इस प्रकार बेबस हो जाते हैं कि डकैती रोकने में सफल नहीं हो पाते और समर्पण कर देते हैं। किसी को भी ये आभास नहीं होता कि ये डकैती अन्धे व्यक्तियों द्वारा की जा रही है और राजपूत उनका सहयोगी है। ये एक उदाहरण है एक्शन सीन में नाटकीकरण तथा उससे उपजी उत्सुकता तथा संघर्ष एवं मनोरंजन का। ये काल्पनिक दृश्य नाटकीय होकर भी वास्तविक लगते हैं।

अन्य प्रकार के एक्शन सीन वास्तविकता के प्रारूप में होते हैं, जैसे क्रिकेट या फुटबॉल मैच, चेज़ सीन (Chase Scene) आदि जिनका परिणाम न मालूम होना ही अपने आप में उत्सुकता पैदा करता है। ये उत्सुकता घटना में स्वयं ही निहित होती है क्योंकि इसकी योजना नहीं होती और न ही ये किसी योजनाबद्ध तरीके से कार्यान्वित की जा सकती है, जैसे कि फिल्म 'आँखें' का उद्धृत दृश्य। जैसे कोई भी व्यक्ति वास्तविकता में किसी मैच का अन्त नहीं बता सकता और न ही ये बता सकता है कि पुलिस किसी चोर या गुंडे को पकड़ पाएगी या नहीं।

इस प्रकार एक्शन सीन के दो प्रकार हो जाते हैं—योजनाबद्ध एक्शन तथा योजनाहीन एक्शन। एक पटकथा लेखक को एक्शन सीन लिखते समय सावधानी बरतनी चाहिए ताकि कोई योजनाहीन एक्शन योजनाबद्ध न हो जाए या एक योजनाबद्ध एक्शन योजनाहीन न लगे। क्योंकि दोनों प्रकार के दृश्यों में पात्रों का व्यवहार विभिन्न होगा। दोनों में समानता ये है कि अन्त का आभास दोनों में ही नहीं होना चाहिए क्योंकि यही संघर्ष, यही उत्कंठा, यही उत्सुकता दर्शकों को अन्त तक उलझाए रखने में सहायक होती है और यही चरम सीमा की स्थिति निर्मित करती है।

वृत्तचित्र–पटकथा

वृत्तचित्रों के सन्दर्भ में 'पटकथा' शब्द का प्रयोग कुछ अटपटा लगता है क्योंकि वृत्तचित्रों में 'कथा' तो होती ही नहीं, फिर 'पटकथा' कैसी होगी, ये बात सच है।

1896 में जब ल्यूमियर बन्धुओं द्वारा चलचित्रों का आरम्भ किया गया तो वह फिल्में वास्तविक घटनाओं या वास्तविकता (Reality) पर आधारित थीं। कहा जाए तो ये है कि फिल्म कैमरा वास्तविकता में घटती हुई किसी घटना को ज्यों-का-त्यों फिल्मांकित कर लेता था। यहीं से वृत्तचित्रों की या बाद के वर्षों में समाचार चित्रों का आरम्भ हुआ जिनके लिए किसी लिखित पटकथा की आवश्यकता नहीं होती थी। सच कहा जाए तो उस समय 'पटकथा' नामक शब्द का आविष्कार भी नहीं हुआ था। यह फिल्मों के इतिहास में प्रारम्भिक वर्षों के साथ प्रयोगात्मक वर्ष भी थे जिनमें धीरे-धीरे अनेक फिल्मकारों ने अपनी-अपनी कल्पना के अनुसार 'सत्य' के फिल्मांकन में नए-नए प्रयोग करने शुरू किए। समय बीतने के साथ-साथ वास्तविक घटनाओं तथा समाचार चित्रों के अतिरिक्त फिल्मकार समाज तथा राष्ट्र में व्याप्त विभिन्न समस्याओं पर वृत्तचित्रों का निर्माण करने लगे। आरम्भ में बिना किसी पूर्व योजना के वास्तविक फिल्मों के फिल्मांकन में कच्ची फिल्म के प्रयोग का अनुपात काफ़ी अधिक रहता था जो हर फिल्म निर्माता/निर्देशक के लिए कम बजट में जुटा पाना सम्भव नहीं था। चूँकि वृत्तचित्रों में कथाचित्रों की तरह मनोरंजन का अभाव होता है अतः आज भी वृत्तचित्रों के निर्माण में धन लगानेवालों में उत्साह की कमी होती है, फिर भी जागरूक फिल्मकार वृत्तचित्र निर्माण को काफ़ी महत्त्वपूर्ण मानते हैं। धन की कमी के कारण इस क्षेत्र में फिल्म बनाने के पूर्व यह जरूरी हो जाता है कि निर्देशक निश्चित विषय पर गहन शोध (Indepth Research) अवश्य करे। शोध के अभाव में उसकी फिल्म सतही तथा प्रभावहीन होगी और सम्बद्ध दर्शक समूह (Target Audience) को आकर्षित तथा प्रभावित नहीं कर सकेगी।

गहन शोध विषय से सम्बन्धित स्थानों, व्यक्तियों, समस्याओं तथा उनके समाधान की सम्पूर्ण जानकारी के अतिरिक्त फिल्मकार को आत्मविश्वास तथा सम्वेदनाओं से परिपूर्ण कर देता है। शोध कार्य के समय निर्देशक को शूटिंग से सम्बन्धित मुख्य आवश्यकताएँ, जैसे स्थानीय बिजली, यातायात सुविधाएँ, स्थानीय सम्बन्ध जो स्थानीय तौर पर सहयोग कर सकें, आवास-व्यवस्था आदि की भी जानकारी हो जाती है जो निर्देशक को शूटिंग की पूर्व योजना बनाने में सहयोगी होती है।

शोध कार्य समाप्त होने पर निर्देशक को अपनी कल्पना के अनुसार दृश्य तथा सम्बन्धित ध्वनि (कमेंट्री, संगीत तथा ध्वनि प्रभाव, संवाद यदि हों तो, साक्षात्कार में कही जानेवाली मुख्य बातों का विवरण आदि) को कागज के आधे-आधे भाग में नीचे दिए गए उदाहरण के अनुसार लिख लेना चाहिए। यही वृत्तचित्रों की 'पटकथा' (Script) का प्रारूप होता है। यहाँ यह बात समझ लेनी चाहिए कि वृत्तचित्रों में 'पटकथा' मात्र एक मार्गदर्शक (Guide Line) है जिसे शूटिंग करते समय आवश्यकतानुसार परिवर्तित भी किया जा सकता है। कथाचित्रों की पटकथा की तुलना में वृत्तचित्रों की पटकथा काफ़ी लचीली होती है। इस पटकथा से निर्देशक को निम्नलिखित लाभ होते हैं–

1. निर्देशक के मस्तिष्क में विषय से सम्बन्धित कल्पना (Concept) स्पष्ट हो जाती है।
2. प्रत्येक दृश्य से सम्बन्धित ध्वनि की पूर्व योजना भी तैयार हो जाती है जिसके अनुसार दृश्य फिल्मांकित किए जाते हैं। उदाहरण के लिए, यदि किसी दृश्य में कमेंट्री कम है तो दृश्य छोटा होगा। यदि अधिक है तो दृश्य लम्बा होगा और उसके लिए ज्यादा शॉट लेने होंगे। किसी विशेष दृश्य में संगीत एवं ध्वनि प्रभाव के अनुसार दृश्य एवं शॉट्स का फिल्मांकन किया जा सकता है।
3. किसी भी मुख्य सूचना अथवा दृश्य के भूलने की आशंका समाप्त हो जाती है।
4. विशेष समय (Day or Night), स्थान (Indoor या Outdoor) पर फिल्माए जानेवाले दृश्य स्पष्ट हो जाते हैं। उसी के अनुसार अन्य तैयारी करनी होती है।

इस 'पटकथा' में कुछ भी स्थायी नहीं होता चाहे वह दृश्य हों या कमेंट्री/नरेशन। ये भी सम्भव होता है कि अन्तिम फिल्म का स्वरूप ही पूर्णतः बदला हो। शूटिंग के समय कई सूचनाएँ दृश्य में आ जाती हैं तथा कभी-कभी कुछ सूचनाओं के लिए उचित दृश्य नहीं मिल पाते। ऐसी स्थिति में शूटिंग के बाद सम्पादन टेबल पर दृश्यों की पुनर्रचना करनी पड़ती है। इसके लिए कभी-कभी स्थिर चित्रों (Still Photographs), एनीमेशन, स्टॉक शॉट (Stock Shots), समाचार-पत्रों तथा पत्रिकाओं की करतनें (Paper Clippings) आदि का सहयोग भी लिया जा सकता है जिसके अनुसार अन्तिम कमेंट्री (Final Commentary) भी पुनः लिखनी होती है जो मार्गदर्शक पटकथा की कमेंट्री से भिन्न होती है।

पटकथा लेखन के चरण

सामान्यतः सभी कथा-संक्षिप्त (Synopsis), रूपरेखाएँ (Outlines), चित्रण (Treatment) तथा सम्पूर्ण पटकथा वर्तमान काल में ही लिखी जानी चाहिए क्योंकि फिल्म में जो भी कहा या देखा जाता है वह वर्तमान काल ही है। यदि कथा के अनुरूप अतीत (Flash Back) अथवा भविष्य (Flash Forward), स्वप्न (Dream) आदि दिखाए जाने हों तो वह भी वर्तमान काल (Present Tense) में ही लिखने चाहिए क्योंकि पाठक तुरन्त ही अतीत या भविष्य में पहुँच सकता है और फिर वह उस घटनाक्रम को वर्तमान में देखने लगता है।

पटकथा व्यक्तिगत नजरिए के रूप (Subjective View Point) में लेखक के द्वारा (First Person-Plural) प्रथम व्यक्ति-बहुवचन यानी 'हम' या 'We' में लिखी जानी चाहिए न कि 'मैं' (I) में। इसका मनोवैज्ञानिक कारण ये है कि आरम्भ से ही लेखक या निर्देशक को सभी के साथ उनके नजरिए से, उनकी रुचि के अनुसार, उनके लिए कार्य करना चाहिए। अतः लेखक व निर्देशक अपने फिल्म समूह के सदस्यों (Film Unit) के अतिरिक्त दर्शकों से भी सम्बन्ध स्थापित कर लेते हैं।

एक कथाचित्र (Feature Film) के लेखन में निम्नलिखित चरण होते हैं परन्तु लेखन प्रक्रिया में सुविधानुसार किसी भी चरण को छोड़ा जा सकता है। ये भी सम्भव है कि किसी एक ही चरण में कई बार लेखन तथा पुनर्लेखन करना पड़े, जब तक सभी सम्बद्ध व्यक्ति पूर्ण रूप से सन्तुष्ट न हो जाएँ।

1. संक्षिप्त कथा–फिल्म की सम्पूर्ण कहानी को संक्षिप्त रूप (Synopsis) से लिखने का सबसे बड़ा लाभ है कि इसे लिखने के बाद फिल्म निर्माण से सम्बद्ध मुख्य कलाकार, वितरक, फाइनेंसर तथा निर्माताओं को संक्षेप में उनकी प्रतिक्रिया तुरन्त ही प्राप्त की जा सकती है। यदि उन्हें कहानी का सार पसन्द आता है तो सफलता की पहली सीढ़ी पार हो जाती है। यदि कहानी किसी उपन्यास या किसी घटना अथवा विचार पर आधारित हो तो उसे उसी रूप में सुनाना सम्भव नहीं होगा और न ही अन्य लोग कहानी के मर्म को समझ पाएँगे। फिल्म का कथा सार मूल कहानी के महत्त्वपूर्ण तथा चुने हुए विकास के अंशों पर आधारित होता है। इसमें प्रत्येक चरित्र, स्थिति, स्थान, कला तथा विकास के विस्तार की आवश्यकता नहीं है।

2. कथा रूपरेखा–यह सामान्यतः एक लघु कथा (Short Story) के रूप में विकसित की जाती है जिसमें जहाँ आवश्यक हो वहाँ चरित्रों को तथा किन्हीं

विशेष स्थितियों को प्रभावशाली बनाने के लिए संवाद या विवरण (Description) का प्रयोग किया जा सकता है परन्तु ये न तो पूर्ण रूप से नाटक रूप में होगा और न ही शूटिंग-पटकथा (Shooting-Script) के रूप में।

3. दृश्य रूपरेखा–अधिकतर इस चरण से वे लेखक बचते हैं जिन्हें फिल्म की तकनीक तथा दृश्य विकास (Development & Visualisation) का समुचित ज्ञान व अनुभव नहीं होता। दृश्य की रूपरेखा तैयार करना पटकथा लेखन की वह प्रारम्भिक अवस्था है जिसमें कहानी के अनुसार दृश्य कल्पना, चरित्र विकास, सम्भावित एक्शन तथा संवादों का संक्षिप्त विवरण होता है। इस अवस्था में कहानी के अनुसार दृश्यों की खोज की जाती है जिसके आधार पर आगे विस्तृत पटकथा का स्वरूप तैयार होता है।

इस चरण में कई उत्साही फिल्मकार या लेखक दृश्य तथा एक्शन के अनुरूप विशेष चित्र बनाकर दृश्य को प्रभावशाली रूप से समझने व समझाने में मदद करते हैं। ये निर्देशक व लेखक के मस्तिष्क में कल्पित दृश्य संयोजन को स्पष्टता प्रदान करता है।

4. व्यावहारिक रूपरेखा–ये चरण दृश्य रूपरेखा के विस्तार की अगली सीढ़ी है जिसमें रूपरेखा के अनुसार दृश्यों को संवाद व अभिनय के सुझावों के साथ विकसित किया जाता है। कभी-कभी दृश्य रूपरेखा तथा ट्रीटमेंट की अवस्थाओं को मिलाकर एक कर दिया जाता है जिसमें समय तथा श्रम की बचत हो जाती है।

5. पूर्ण संवाद–जो लेखक स्वयं फिल्मकार नहीं होते वे प्रत्येक दृश्य के पूर्ण विवरण के साथ विस्तृत संवाद भी लिखते हैं। ये आवश्यक नहीं कि इस चरण में जो लिखा जाए, वह अन्तिम पटकथा (Final Script) में प्रयोग किया ही जाए, यद्यपि ये पटकथा के अन्तिम रूप के लिए महत्त्वपूर्ण मार्गदर्शक हो सकता है जिसका आधार लेकर निर्देशक अन्तिम पटकथा तैयार करेगा। इससे यह बात निश्चित हो जाती है कि आरम्भ से अन्त तक के सभी चरणों में निर्देशक का लेखक के साथ पूर्ण सहयोग तथा आपसी समझ होनी चाहिए ताकि दोनों एक ही रचनात्मक धरातल पर कार्य करते रहें।

पटकथा के विकास में ये चरण अन्तिम पटकथा का प्रारूप (Blue Print) एवं दृश्य विवरण (Master Scenes) आदि तैयार करने में अति महत्त्वपूर्ण भूमिका निभाता है। फिल्म निर्माण की सम्पूर्ण प्रबन्ध योजना (Production Planing) में भी पूर्ण पटकथा (Master Scene Script) की आवश्यकता होती है।

6. शूटिंग स्क्रिप्ट—पटकथा लेखन के विभिन्न चरणों में यह चरण अन्तिम माना जा सकता है क्योंकि इस अवस्था तक आते-आते लेखक और निर्देशक की कल्पना फिल्म का एक स्पष्ट स्वरूप प्रस्तुत कर देती है। इसके बाद तकनीकी रूप से दृश्यों को विभिन्न शॉट में विभाजित करके शूटिंग स्क्रिप्ट तैयार की जाती है। कुछ नौसिखिए निर्देशक किसी दृश्य को हर सम्भावित शॉट में विभाजित कर लेते हैं ताकि बाद में एडीटर को कोई कठिनाई न हो। इससे न सिर्फ शूटिंग में समय, निर्माण में व्यय, तथा कच्ची फिल्म की मात्रा अधिक अनुपात में लगती है बल्कि ये निर्देशक की अनुभवहीनता का प्रचार भी कर देती है। यद्यपि बड़े बजट की फिल्मों में जहाँ धन तथा कच्ची फिल्म का कोई अभाव नहीं होता, वहाँ पर निर्माता-निर्देशक कोई खतरा नहीं उठाते परन्तु कम बजट की फिल्म में निर्देशक को मितव्ययी होने के साथ-साथ सुनियोजित भी होना चाहिए। दृश्य के अनुसार सम्पादन की बारीकियों को ध्यान में रखते हुए वही शॉट लेने चाहिए और जो दृश्य के अनुकूल तथा प्रभावपूर्ण प्रस्तुतीकरण के लिए आवश्यक हैं। यदि निर्देशक चाहे तो शॉट विभाजन करते समय एडीटर की सहायता भी ली जा सकती है।

एक स्पष्ट कल्पना तथा योजनापूर्ण निर्देशक प्रत्येक दृश्य के शॉट विभाजन के साथ महत्त्वपूर्ण चित्र (Sketches) भी तैयार कर लेता है जो यूनिट के अन्य सदस्यों को निर्देशक की आवश्यकताओं की पूर्ण जानकारी देते हैं। इस प्रकार तैयार की गई शूटिंग स्क्रिप्ट यूनिट के प्रत्येक मुख्य सदस्य को बाँट देनी चाहिए। कुछ नए निर्देशक इस प्रकार की कार्यवाही को अनावश्यक मान सकते हैं परन्तु उसे अस्वीकृत करने के पूर्व उन्हें काफ़ी सोच-विचार करना चाहिए। इस प्रक्रिया को उसे एक अनावश्यक बन्धन/मजबूरी न मानकर प्रत्येक तकनीशियन तथा मुख्य व्यक्तियों के मन में फिल्म के प्रारूप को स्पष्ट करने की एक विधि मानना चाहिए।

इसीलिए अन्तिम शूटिंग स्क्रिप्ट (Final Shooting Script) यूनिट के हर सदस्य के लिए एक मार्गदर्शक होती है जिसमें हर शॉट का चित्रमय विवरण (Sketches/Visual Discription/Story Board) उनके लिए एक खाका (Blue Print) का कार्य करता है जिसके आधार पर वह सम्पूर्ण फिल्म की कल्पना कर सकते हैं और निर्देशक से आपसी समझ में बढ़ोतरी होती है। निर्देशक स्वयं भी अपने कार्य के प्रति काफ़ी स्पष्ट हो जाता है। उसे किसी प्रकार का कोई सन्देह या दुविधा नहीं होती।

दृश्य संरचना

एक दृश्य की संरचना में किसी भी कार्य एवं घटना का एक विशेष कारण होता है या यों कहें कि एक उद्देश्य होता है। उद्देश्यहीन कार्य एवं घटना पटकथा को कमजोर ही नहीं करते बल्कि कहानी के मनोरंजक विकास में बाधक होते हैं। एक एक्ट, या सीक्वेंस में उद्देश्य निर्धारण का कोई विशेष फॉर्मूला नहीं है। कहानी के अनुसार तथा अपनी आवश्यकता के लिए लेखक सम्पूर्ण पटकथा को एक्ट या सीक्वेंस में विभाजित कर सकता है परन्तु एक दृश्य का जब तक विशेष कारण या उद्देश्य नहीं होगा, सीन प्रभावशाली नहीं होगा। सच बात तो ये है कि पटकथा लेखक को एक्ट या सीक्वेंस विकसित करने के स्थान पर एक सीन पर विशेष ध्यान एवं श्रम करना चाहिए क्योंकि हर सीन एक पटकथा में

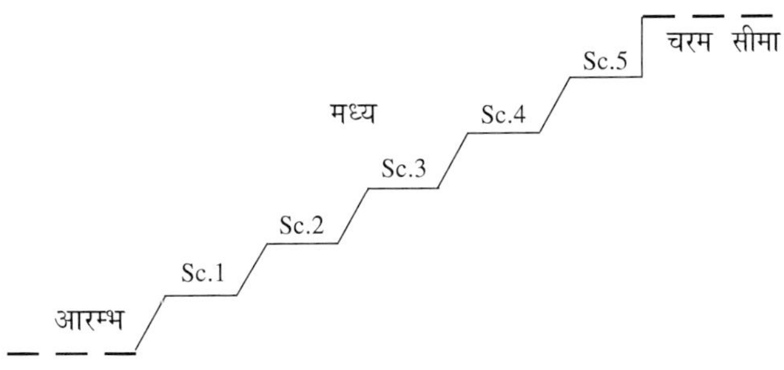

एक सीढ़ी का काम करता है। यदि कोई भी सीढ़ी कमज़ोर होती है तो सम्पूर्ण पटकथा के प्रभावहीन होने की आशंका हो जाती है। इसीलिए प्रत्येक सीन में कोई भी कार्य या घटना बिना कारण या बिना उद्देश्य के नहीं होना चाहिए।

घटनाओं का नाटकीकरण

किसी सीन में कोई भी कार्य या घटना यदि सीधे तरीके से या आसानी से सम्पन्न हो जाती है तो उसमें किसी को कोई रुचि नहीं होगी परन्तु यदि कोई कार्य या घटना काफ़ी संघर्ष, बाधाओं एवं जद्दोजहद के बीच सम्पन्न होकर अपने उद्देश्य को प्राप्त करती है तो वह कार्य या घटना नाटकीय हो जाती है। इस प्रकार हर सीन में कार्यों एवं घटनाओं का नाटकीकरण होना चाहिए ताकि हर सीन में दर्शकों की रुचि एवं उत्कंठा बनी रहे।

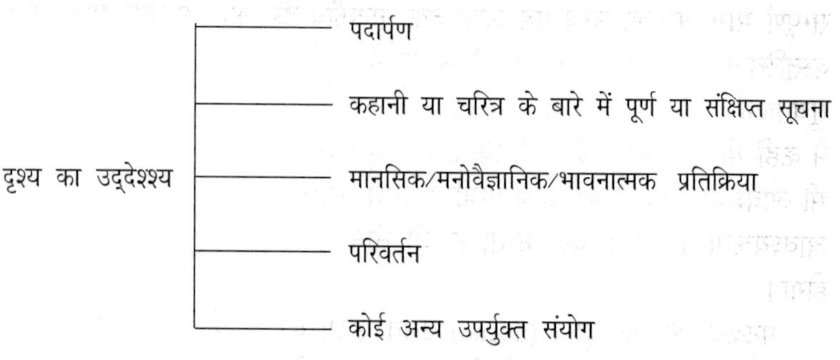

प्रतिक्रिया

प्रतिक्रिया किसी भी कार्य या घटना के नाटकीकरण का एक महत्त्वपूर्ण अंग है। हर किसी की एक प्रतिक्रिया होती है और यही प्रतिक्रिया सीन के नाटकीकरण में संघर्ष, टकराव या बाधक स्थितियाँ उत्पन्न करती हैं। यदि प्रतिक्रिया नहीं होगी तो क्रिया या घटना आसान होकर सम्पन्न हो जाएगी और शायद वह ध्यानाकर्षक भी नहीं हो पाएगी। जैसा पहले भी बताया गया है कि संघर्ष की स्थिति से गुजरते हुए मुख्य पात्रों में जो शक्तिशाली पात्र होगा वही अपने उद्देश्य को प्राप्त कर सकेगा, कमज़ोर पात्र टूट जाएगा परन्तु वह भी अपने उद्देश्य को न छोड़ते हुए उसे पाने का भरपूर प्रयत्न आगामी दृश्यों में करता रहेगा।

ये आवश्यक नहीं है कि हर क्रिया एवं प्रतिक्रिया में हमेशा ही कोई मुख्य नाटकीय गति हो। शेष ये निर्भर करता है किसी विशेष पात्र या घटना पर जिसका कहानी में विशेष मोड़ (Twist) लाने के लिए कितना महत्त्व है। यदि संघर्ष अधिक है तो नाटकीयता भी अधिक होगी। छोटे-मोटे कार्यों या घटनाओं की प्रतिक्रिया भी कम शक्तिशाली होगी जो सिर्फ दृश्य को आगे बढ़ाने में सहयोगी होती है। सीन के विकास करते समय लेखक को अनगिनत बाधाओं का प्रयोग करना होता है और संघर्ष की रचना करनी होती है। इससे स्थितियों का तथा सीन में आनेवाले सभी पात्रों के मानसिक, शारीरिक, व्यक्तिगत गुणों तथा अपने उद्देश्य के प्रति उनकी कर्त्तव्यनिष्ठा का परिचय होता है। किसी भी सीन में कुछ भी न तो आसानी से होता है और न ही अपने आप तथा न ही भाग्य से होता है। लेखक को सीन की हर क्रिया, प्रतिक्रिया एवं घटना/दुर्घटना आदि को अपनी कल्पना से रचित करना होता है।

किसी भी सीन का विकास करते हुए ये आवश्यक नहीं कि किसी सीन का

सम्पूर्ण भाग आरम्भ, मध्य एवं अन्त तक नाटकीय हो। सीन में कोई पात्र, कोई वस्तुस्थिति, संघर्ष आदि के बारे में सूचना देना भी अति आवश्यक है और इन सूचनाओं को हम अपनी आवश्यकता के अनुसार सीन के आरम्भ, मध्य या अन्त में कहीं भी देख सकते हैं। यदि किसी नए पात्र का प्रवेश हो तो पात्र का परिचय भी आवश्यक होता है जो अन्य पात्रों के साथ उसके सम्बन्ध तथा सीन में उसकी आवश्यकता को सुनिश्चित करता है, जो सीन में होनेवाली घटनाओं का संकेत होगा।

पटकथा में कोई दृश्य (Scene) उसके हृदय की धड़कन की तरह होता है क्योंकि सीन में जो होता है उसी के द्वारा हम कहानी का भावनात्मक सार, चरित्र तथा विषयवस्तु दर्शकों तक पहुँचाते हैं।

शॉट रचना

जैसा कि पहले भी बताया जा चुका है कि एक सीन कई शॉट को मिलाकर बनाया जाता है। सम्पूर्ण सीन में कही जानेवाली बातों को शॉट में विभाजित करके टुकड़ों में लिया जाता है और बाद में इन्हीं शॉट को मिलाकर सीन में हो रही क्रिया (Activites) तथा घटनाओं का विवरण सम्मिलित रूप से दिया जाता है, जिस तरह शब्द वाक्य बनाते हैं, संगीत में Notes सुर ताल और लय की रचना करते हैं उसी प्रकार सीन बनाते हैं। शॉट सीन की इकाई (Units) होते हैं।

एक शॉट की संरचना में मुख्य भूमिका निर्देशक तथा छायाकार निभाते हैं जो कैमरा स्थिति (Camera Placement), कैमरे का कोण (Camera Angle), विषयवस्तु से कैमरे की दूरी (Distance), कैमरे की गति (Speed), लेंस एवं कैमरे का घुमाव (Camera Movement), पात्रों की भूमिका तथा अभिनय आदि निश्चित करते हैं, यद्यपि लेखक एक विशेष प्रभाव के लिए अपने सुझाव पटकथा में लिख सकता है।

कहते हैं कि एक चलती-फिरती तस्वीर (A Moving Image) दस हज़ार शब्दों से भी अधिक प्रभावशाली होती है इसी प्रकार एक प्रभावशाली ढंग से लिया गया शॉट सिर्फ बोलता ही नहीं बल्कि भावनात्मक रूप से भी हमें प्रभावित किए बिना नहीं रहता। शॉट में की गई प्रकाश-व्यवस्था हमें उस स्थिति से अन्तरंग करती है।

यहाँ फिर याद कर लेना चाहिए कि शॉट कई स्थिति चित्रों की एक शृंखला है। इन स्थिर चित्रों (Frames) को विशेष अर्थ निर्देशक एवं छायाकार की कल्पना

से मिलता है। इन स्थिर चित्रों में वह सब कुछ होता है जिसे हमारी आँखें भी पूरी तरह देख नहीं सकतीं, हमारे कान पूरी तरह सुन नहीं सकते और हमारा हृदय पूरी तरह महसूस नहीं कर सकता। एक फ्रेम की भावना, आवाज एवं दृष्टि हमारी प्राकृतिक क्षमता से कहीं अधिक होती है। यदि कभी हो सकती है तो वह छायाकार एवं निर्देशक की कल्पना शक्ति में। शॉट स्वयं में सिर्फ एक अर्थ ही नहीं होते बल्कि वे एक व्याख्या को जन्म देते हैं। यही विभिन्न व्याख्याएँ सीन को नया रूप देती हैं, एक नया अर्थ देती हैं एवं निर्देशक एवं दर्शकों के बीच एक संवाद (Communication) स्थापित करती हैं। निर्देशक एवं दर्शक समान धरातल (Same Wavelength) पर कार्य करते हैं। निर्देशक जो बात कहना या समझाना चाहता है, वही दर्शक सोचते, समझते तथा महसूस करते हैं। यही निर्देशक की सफलता है।

दृश्य-6

अभिनेता

किसी भी फिल्म अथवा नाटक व टी.वी. धारावाहिक में चरित्रों के अनुरूप अभिनेताओं का चुनाव कठिन ही नहीं एक चुनौतीपूर्ण कार्य है। फिल्म निर्माण के आरम्भिक वर्षों में अधिकतर फिल्म निर्माण संस्थाएँ तथा स्टूडियो अभिनेताओं को मासिक वेतन पर नियुक्त करते थे। उस समय चरित्र के अनुरूप अभिनेता का चुनाव या अभिनेता के व्यक्तित्व के अनुसार कहानी का चुनाव व चरित्र-चित्रण किया जाता था। संस्था में नियुक्त सभी व्यक्ति एक परिवार के रूप में कार्य करते थे। अब स्टूडियो प्रणाली (Studio System) समाप्त होने पर स्वतन्त्र अभिनेताओं में से चरित्र के अनुसार उचित अभिनेता का चुनाव काफ़ी कठिन हो गया है। इसके अतिरिक्त इनमें सामूहिक भावना के साथ कार्य करने का अभाव होता है। इस कमी का आभास पटकथा लेखन के समय से ही आरम्भ हो जाता है, जबकि लेखक या निर्देशक को ये मालूम ही नहीं होता कि उसके चरित्रों को अभिनीत करनेवाला अभिनेता कौन होगा। दृश्य लेखन के समय से चरित्र एवं अभिनेता का सामंजस्य आरम्भ हो जाता है। यदि लेखक व निर्देशक को अभिनेताओं के बारे में जानकारी हो तो उनके अनुसार चरित्र-चित्रण तथा दृश्य का विकास करना आसान हो जाता है। अतः निर्देशक को चाहिए कि पटकथा लेखन आरम्भ करने के पूर्व वह अपनी कल्पना में कुछ मुख्य अभिनेताओं के बारे में निर्णय कर ले जिनके कार्य एवं व्यक्तित्व के बारे में उसे पूर्ण जानकारी है और वह उन्हें फिल्म में लेना चाहेगा। इस प्रकार अभिनेताओं के अनुरूप वह चरित्रों का विकास उचित रूप से कर सकेगा। कह सकते हैं कि ये प्रक्रिया अभिनेताओं के पूर्व चयन की मानसिक तैयारी है।

अभिनेताओं का चयन

सामान्यतः एक निर्देशक अभिनेताओं के वास्तविक चयन की प्रक्रिया फिल्म निर्माता के साथ आरम्भ करता है, परन्तु यदि निर्माता स्वयं ही निर्देशक भी हो

तो अभिनेताओं के चयन का उत्तरदायित्व कास्टिंग निर्देशक (Casting Director) को सौंप दिया जाता है। इस प्रकार कास्टिंग निर्देशक अभिनेताओं के चयन में एक रचनात्मक भूमिका निभाता है जिसमें यदि वह चाहे तो अभिनेताओं के प्रतिनिधियों, सचिवों अथवा एजेंसियों की भी सहायता प्राप्त कर सकता है। आजकल कास्टिंग निर्देशक को एक व्यावसायिक महत्त्व प्राप्त हो गया है, इसीलिए चाहे फिल्म हो, नाटक हो या टेलीविजन धारावाहिक, अभिनेताओं के चयन के लिए कास्टिंग निर्देशकों की भरमार हो गई है।

फिल्म 'दो बीघा जमीन' का एक दृश्य

यह सम्भव है कि निर्देशक उन्हीं अभिनेताओं को अपनी फिल्म में लेने के लिए प्राथमिकता दे जिन्हें वह भली प्रकार से जानता या समझता है। इस प्राथमिकतापूर्ण चयन में ये भी ख़तरा हो सकता है कि चरित्र को निभाने के लिए उचित व्यक्ति न हो और जो उचित है उससे निर्देशक के सम्बन्ध या आपसी समझदारी न हों। इस स्थिति में निर्देशक को सन्तुलन बनाए रखते हुए कार्य करना चाहिए और कोशिश करनी चाहिए कि ऐसे अभिनेता का चयन किया जाए जिससे निर्देशक शीघ्र ही सन्तुलन तथा आपसी समझ उत्पन्न कर सके। व्यक्तिगत पसन्द को चरित्र पर थोपना नहीं चाहिए। अतः अभिनेताओं का चयन करते समय निर्देशक को चरित्र की बारीकियों के साथ-साथ अभिनेता के व्यक्तित्व, दर्शकों में उसकी छवि, अभिनय क्षमता, सेट पर उसका यूनिट के साथ व्यवहार आदि पर विशेष ध्यान देना चाहिए। इन सब बातों पर विचार करने के पश्चात् ही कास्टिंग (Casting) को अन्तिम रूप देना चाहिए।

कास्टिंग के समय एक अन्य समस्या होती है बजट की। पटकथा के अनुसार यदि निर्देशक किसी विशेष सितारे (Star Actor) को लेना चाहता है और उसके पास उसे देने के लिए पर्याप्त धन का अभाव है तो भी निर्देशक को निराश न होते हुए उस सितारे से सम्पर्क करना चाहिए। यदि चरित्र (Role) अच्छा है तो कई अभिनेता अपने पारिश्रमिक में रागझौता करते हुए सहयोग दे देते हैं। आखिर वह भी तो रचनात्मक सन्तुष्टि के लिए कार्य करते हैं और यदि उन्हें ये रचनात्मक सन्तुष्टि किसी विशेष चरित्र को अभिनीत करके प्राप्त होती है तो पारिश्रमिक का उनके लिए उतना महत्त्व नहीं होता। कभी-कभी इस कार्य में बिचौलिए अथवा अभिनेता के सचिव समस्या अवश्य खड़ी कर सकते हैं।

फिल्म की नामावली में किसका नाम पहले आएगा, बाद में आएगा अथवा साथ में आएगा, इसका निर्णय भी निर्देशक को शूटिंग आरम्भ होने के पूर्व ही इकरारनामा (Agreement) में कर लेना चाहिए। इसे 'बिलिंग' (Billing) कहते हैं। बिलिंग अभिनेता की व्यावसायिक प्रतिष्ठा, उसकी सफलता के मापदंड तथा उसकी वरिष्ठता अथवा उसके द्वारा दिए गए 'सहयोग' (Co-Operation) की मात्रा पर निर्भर करती है। यद्यपि 'बिलिंग' के लिए कोई निश्चित नियम नहीं है परन्तु फिल्म समाप्त होने के बाद विभिन्न अभिनेताओं के बीच किसी भी विवाद से बचने के लिए ये आवश्यक है कि 'बिलिंग' के बारे में निर्णय व निश्चय पहले ही कर लिया जाए।

नाटकों के विपरीत फिल्म में निर्देशक एवं अभिनेता का साथ बहुत ही कम समय के लिए होता है, अतः ये आवश्यक है कि दोनों के बीच तालमेल शीघ्र

ही हो जाए, ताकि शूटिंग के समय निर्देशक एवं अभिनेता के अतिरिक्त यूनिट के अन्य सदस्य भी सहज महसूस करें। कई अभिनेता इस प्रकार तालमेल बिठाने में माहिर होते हैं। सामान्यतः वे निर्देशक के दृष्टिकोण को प्राथमिकता देते हैं और वही करते हैं जो निर्देशक चाहता है। ऐसे अभिनेताओं को 'निर्देशक का कलाकार' (Director's Actor) कहा जाता है। ये अभिनेता पटकथा या दृश्य के स्वरूप में दखल नहीं देते, बस अपना कार्य समाप्त करके चले जाते हैं और दूसरी फिल्म की शूटिंग आरम्भ कर देते हैं। ऐसे कलाकार एक साथ कई-कई फिल्में तथा कई 'पारियों' (Shifts) में काम करते हैं। इसके विपरीत कुछ अभिनेता ऐसे होते हैं जो काफ़ी सोच-समझकर चुनिन्दा फिल्में ही स्वीकार करते हैं। ये अपनी फिल्म की कथा-पटकथा, चरित्र-चित्रण, चरित्र की लम्बाई तथा प्रभाव, निर्देशक की क्षमता तथा प्रतिबद्धता, निर्माता की व्यावसायिक प्रतिष्ठा तथा अपने सह-कलाकारों के चयन पर भी विशेष ध्यान देते हैं। यदि निर्माता व निर्देशक इनके मापदंड पर खरे उतरते हैं तभी ये फिल्म को स्वीकार करते हैं। अतः नए निर्माता व निर्देशक के लिए ऐसे अभिनेताओं के साथ काम करना काफी कठिन होता है। इनके साथ फिल्म के सम्पूर्ण होने के समय तथा बजट की कोई गारंटी नहीं होती। ये अपने 'मूड' (Mood) के अनुसार काम करते हैं। इन अभिनेताओं की अभिनय क्षमता तथा व्यावसायिकता पर सामान्यतः कोई प्रश्नचिह्न नहीं लगा सकता क्योंकि इनका अपने क्षेत्र में एक विशेष स्थान होता है। भारतीय हिन्दी सिनेमा में दिलीप कुमार, देव आनन्द, राजकपूर, आमिर खान, राजकुमार, फिरोज़ खान, मनोज कुमार, शशि कपूर आदि कलाकार इसी श्रेणी में आते हैं।

'कास्टिंग' करते समय निर्देशक को अपने चरित्रों के व्यक्तित्व शक्लो-सूरत, शारीरिक गठन तथा उनके व्यवहार का सूक्ष्म अध्ययन करना चाहिए, उसी के अनुसार मिलती-जुलती छवि तथा शारीरिक गठनवाले अभिनेताओं का चयन करना चाहिए। ये ध्यान रखना आवश्यक है कि नाटकों की तुलना में कोई भी अभिनेता फिल्म के पर्दे पर दर्शकों के ज्यादा पास तथा देर तक साथ रहता है अतः दर्शकों की कल्पना में चरित्र तथा अभिनेता का तालमेल सम्पूर्ण होना चाहिए अन्यथा चरित्र एवं अभिनेता के बीच की दूरी दर्शकों को भी फिल्म से दूर कर देगी। कई बड़े बजटवाली तथा बड़े सितारोंवाली फिल्मों की असफलता के पीछे बेमेल कास्टिंग (Miscasting) मुख्य कारण होती है। ये भी सच ही है कि किसी भी चरित्र के साथ किसी अभिनेता का सम्पूर्ण तालमेल सम्भव नहीं है परन्तु कुछ सीमा तक तालमेल करने की गुंजाइश निर्देशक तथा अभिनेता की आपसी समझ, सहयोग तथा शूटिंग पूर्व तैयारी (Rehearsals) पर भी निर्भर करती है।

बेमेल कास्टिंग (Miscasting or Wrong Casting) सिर्फ फिल्म की प्रभावशीलता पर ही बुरा असर नहीं डालती बल्कि सेट पर यूनिट के सदस्यों तथा अभिनेताओं के बीच कार्यकारी सम्बन्ध तथा मानसिक तालमेल पर भी प्रभाव डालती है। अनुपयुक्त कलाकार सेट पर अलग-थलग महसूस करते हैं तथा उनकी उनके चरित्र (Charactor's) तथा अन्य व्यक्तियों से संवादहीनता बनी रहती है। ये बेमेल कास्टिंग फिल्म के लिए घातक हो सकती है। अतः जो निर्देशक अभिनेताओं के चयन की प्रक्रिया को गम्भीरता से नहीं लेते, उन्हें सँभल जाना चाहिए।

कास्टिंग ऐसी होनी चाहिए कि निर्देशक तथा यूनिट के सदस्य अपने 'एक्टर्स' को पसन्द करें और ये निर्भर करता है अभिनेता की अपनी अभिनय क्षमता तथा दूसरों के साथ उसके व्यवहार एवं तालमेल पर। यदि निर्देशक एवं अभिनेता तथा अन्य के बीच परस्पर सम्मान, पसन्द तथा समझ होगी तो अभिनेता अपनी सर्वश्रेष्ठ अभिनय क्षमता का प्रदर्शन कर सकेंगे और निर्देशक भी अपनी आवश्यकता के अनुसार उनसे सर्वश्रेष्ठ अभिनय करा सकेगा। ये तभी सम्भव होगा जब दोनों एक-दूसरों को पसन्द तथा सम्मान करते हों।

सामान्यतः एक तानाशाह निर्देशक अभिनेताओं या यूनिट के सदस्यों के बीच सम्मानजनक तथा पसन्दीदा नहीं होता, जब तक कि निर्देशक स्वयं ही व्यावसायिकता एवं कला के उस शिखर तक न पहुँच गया हो जहाँ उसकी रचनात्मक क्षमता की कोई अन्य तुलना न हो, फिर भी ऐसे निर्देशकों को भी तानाशाही रवैया अपनाना नहीं चाहिए। उन्हें भी अपने व्यवहार से सबका मन जीतना चाहिए ताकि सभी अपनी रचनात्मक क्षमता का श्रेष्ठ प्रदर्शन करें।

फिल्मों तथा दूरदर्शन (Television) के विकास के इस चरण में अभिनय शैली में भी परिवर्तन आया है। पुराने तथा वरिष्ठ अभिनेता रंगमंच से प्रभावित होते थे और वही रंगमंचीय अभिनय (Theatrical Acting) उनके फिल्म अभिनय में भी दिखाई देता था, जिसमें तेज एक्शंस, जोरदार संवाद बोलने की शैली ऐसी कि हॉल में बैठे अन्तिम व्यक्ति को सुनाई व दिखाई दे, आदि प्रमुख होता था। इनमें प्राकृतिक अभिनय (Natural Acting) का अभाव होता था। इस प्रकार का अभिनय बीसवीं शताब्दी के चौथे तथा पाँचवें दशक में बनी फिल्मों में भरपूर देखा जा सकता था। आज नए अभिनेताओं के आगमन तथा देशी-विदेशी फिल्मों एवं टेलीविजन धारावाहिक एवं कार्यक्रमों ने अभिनय शैली को रंगमंचीय प्रभाव से मुक्त करा दिया है। ये नए एवं युवा अभिनेता अधिक सामान्य तथा प्राकृतिक अभिनय करते हैं तथा इनमें किसी विशेष चरित्र को समझने की भी विशेष प्रतिभा

होती है। इसके पीछे दृश्य माध्यम के विस्तार के अतिरिक्त उनकी शैक्षिक योग्यता भी महत्त्वपूर्ण भूमिका निभाती है जिसके कारण ये प्रत्येक चरित्र का सूक्ष्म विश्लेषण करने में अधिक समर्थ होते हैं।

रंगमंचीय अभिनेता

फिल्म और रंगमंच निर्माण में आधारभूत अन्तर होने के कारण अधिकतर रंगमंचीय अभिनेता स्वयं को कैमरे की सीमाओं में बाँधकर अभिनय करने में कठिनाई महसूस करते हैं। रंगमंच में अभिनेताओं पर निर्देशक का नियन्त्रण कम होता है और वह अन्तिम पंक्ति में बैठे हुए व्यक्ति तक अपने चरित्र को, अपनी 'आवाज' (संवादों के द्वारा) तथा अभिनय (तेज एक्शन द्वारा) पहुँचाने के लिए स्वतन्त्र होते हैं। निर्देशक का उन पर नियन्त्रण सिर्फ 'पूर्व तैयारी' तक ही सीमित होता है। रंगमंच के अनुभवी अभिनेता के लिए फिल्म कैमरे के सामने अपने भावों को सीमित 'ध्वनि' तथा 'एक्शन' क्षेत्र में अभिव्यक्त करना एक चुनौतीपूर्ण कार्य है। दूसरी समस्या इन अभिनेताओं के लिए 'टुकड़ों में शूट' (Shots) करने से उत्पन्न होती है क्योंकि रंगमंच में 'अंक विभाजन' (Act Division) होता है और एक अंक आरम्भ से अन्त तक बिना बाधा के पूर्ण होता है। समय-समय पर विभिन्न अभिनेता अपना चरित्र अभिनीत करके चले जाते हैं, उनके निरन्तर अभिनय के बीच कोई बाहरी रुकावट नहीं होती जबकि फिल्म में प्रत्येक दृश्य को टुकड़ों में (Shots) बाँटकर शूट किया जाता है जिसमें कभी क्लोज शॉट होता है तो कभी लाँग शॉट या फिर कभी गतिमान (Movement) आदि। हर प्रकार के शॉट में अभिनेता को विभिन्न प्रकार के भावों को अभिव्यक्त करना होता है। इसके विपरीत रंगमंच में अभिनेता तथा दर्शक के बीच एक ही दूरी होती है।

रंगमंचीय अभिनेताओं का चयन करते समय निर्देशक को रंगमंच एवं फिल्म अभिनय के अन्तर को ध्यान में रखते हुए यह सुनिश्चित कर लेना चाहिए कि रंगमंचीय अभिनेता कैमरे के सीमित क्षेत्र में स्वयं को समायोजित करते हुए अभिनय कर सकते हैं या नहीं। ये आवश्यक नहीं है कि एक रंगमंच का श्रेष्ठ कलाकार फिल्म अभिनेता भी श्रेष्ठ हो। इसके लिए निर्देशक को स्वयं कैमरा क्षेत्र में खड़े होकर नए अभिनेता को कैमरे के व्यू फाइंडर (View Finder) से देखने को कहना चाहिए ताकि उस सीमित क्षेत्र में वह अपने आपको रखकर अभिनय दिखा सके। इस प्रकार अभिनेता को विभिन्न प्रकार के क्लोज (Close), मध्यम (Mid) तथा लाँग (Long) शॉट्स के क्षेत्र व्यू फाइंडर के पार दिखा देने चाहिए।

ऐसा करने से अभिनेता को कैमरे के विभिन्न सीमा क्षेत्रों का ज्ञान हो जाता है। अब उसे दृश्य के अनुसार विभिन्न शॉट्स में अभिनय करने के लिए कहना चाहिए। यदि अभिनेता निर्देशक के मापदंड के अनुसार खरा उतरता है, तो ही उसे फिल्म के लिए अनुबन्धित करना चाहिए।

एक श्रेष्ठ अभिनेता फिल्म तथा रंगमंच की बारीकियों को समझते हुए हमेशा श्रेष्ठ अभिनय ही करता है क्योंकि उसके लिए अभिनय एक तपस्या है और वह किसी भी माध्यम के लिए पूर्ण तन्मयता के साथ अभिनय कर सकता है। रंगमंच में जहाँ वह दिखाते है, वहीं फिल्मों में सोचते हैं। उन्हें क्लोज शॉट तथा लॉग शॉट का अन्तर भी मालूम होता है। वह उसी प्रकार अपने अभिनय तथा भावों को नियन्त्रित करते हैं। अपने अनुभव के द्वारा एक फिल्म निर्देशक एक अभिनेता की शारीरिक, भावनात्मक तथा अभिनयजनित आवश्यकता को शीघ्र ही समझ जाता है। यह उसकी अभिव्यक्ति में आसानी से मालूम हो जाता है। अभिनेता के अभिनय की कमज़ोरियों को भी वह समझ लेता है। इस स्थिति में निर्देशक को रंगमंचीय अभिनेता को सहयोग करने के लिए उचित अवसर तथा समय प्रदान करना चाहिए।

फिल्म निर्देशक को रंगमंचीय अभिनेता के लिए एक मार्गदर्शक की तरह कार्य करना चाहिए और उसे बताना चाहिए कि कैमरे के सामने रंगमंच के विपरीत किस प्रकार अभिनय को हलका (Play Down) करना चाहिए। यदि अभिनेता रंगमंचीय अभिनय को भूलकर सामान्य अभिनय करता है तो यह उसका अपना मूल व्यक्तित्व प्रदर्शित करता है। निर्देशक को अभिनेता के साथ पूर्व तैयारी करते समय ये भी सुनिश्चित कर लेना चाहिए कि वह स्वयं में अपने चरित्र को जिए न कि चरित्र के रूप में स्वयं को। उसे अपना व्यक्तित्व भूलकर वह 'चरित्र' बन जाना चाहिए, यही अभिनेता की सफलता है।

वातावरण—एक नाटकीय तत्त्व

रंगमंच में अभिनय करके अभिनेता स्वयं ही एक वातावरण का निर्माण करता है। यद्यपि प्रकाश-व्यवस्था तथा विशेष ध्वनि तथा संगीत उस वातावरण की उत्पत्ति में सहयोगी होते हैं। मंच का निश्चित सीमा क्षेत्र किसी विशेष वातावरण निर्माण में निर्देशक के लिए कठिनाई उत्पन्न करता है। कलाकारों की सीमित संख्या भी इसमें एक मुख्य बाधा है। इसके विपरीत फिल्म के दृश्य में असीमित दृश्य क्षेत्र (Visual Area) निर्देशक को दृश्य के अनुरूप समुचित वातावरण निर्माण करने का

पूर्ण अवसर देता है। चाहे वह युद्धभूमि हो या पार्टी, यातायात से परिपूर्ण सड़क हो या भीड़भाड़वाला एक बाज़ार। सभी कुछ निर्मित किया जा सकता है, जिसमें न तो अभिनेताओं के आवागमन (Movement) की सीमा है और न ही अभिनेताओं या व्यक्तियों की संख्या की। फिल्म 'गांधी' में निर्देशक रिचर्ड एडनबरो ने गांधीजी की अन्तिम यात्रा का जो सजीव वातावरण उत्पन्न किया था। वह आज भी स्मृतिपटल पर विद्यमान है। इस वातावरण में उचित रूप से प्रभावशाली ढंग से प्रस्तुत करने में कैमरा भी अपने विभिन्न लेंसों, प्रकाश-व्यवस्था तथा कोण (Angles) द्वारा विशेष भूमिका निभाता है।

दृश्य के अनुरूप उचित वातावरण का निर्माण हो जाने से अभिनेता भी स्वयं को उस वातावरण में ढालकर उसका एक अंग बन जाता है। यही तत्त्व अभिनेताओं को प्रभावशाली अभिनय करने के लिए प्रेरित करता है। इस वातावरण के द्वारा निर्देशक भी अपने चरित्रों का विकास तथा यदि आवश्यक हो तो उनमें थोड़ा-बहुत परिवर्तन करके उन्हें एक नई दिशा भी प्रदान कर सकता है। निर्देशक अपनी इच्छानुसार इस वातावरण के द्वारा विशेष गति, विशेष लय, यहाँ तक कि कहानी को भी कोई विशेष मोड़ देने के लिए स्वतन्त्र होता है। निर्देशक, छायाकार

एक लघु फिल्म 'इंडिया-91' की शूटिंग के समय अभिनेता को दृश्य समझाते हुए लेखक-निर्देशक कुलदीप सिन्हा

तथा अभिनेता इस वातावरण द्वारा दी गई रचनात्मक स्वतन्त्रता में बहकर दृश्य को सर्वोत्तम प्रभाव देने का प्रयास करते हैं।

इससे यह सिद्ध होता है कि फिल्म के किसी दृश्य में उसका वातावरण कितनी महत्त्वपूर्ण भूमिका निभा सकता है। फिल्म 'चाँदनी बार' में बार का वातावरण दर्शक को जैसे बार में ले जाता है और वह स्वयं को उस बार में बैठे हुए पाता है। यह वातावरण विभिन्न चरित्रों के बीच सम्बन्धों को भी उजागर करता है।

निर्देशक–अभिनेता सम्बन्ध

चाहे रंगमंच हो या कोई फिल्म या टेलीविजन धारावाहिक। निर्देशक व अभिनेता के आपसी सम्बन्ध तथा समझ नाटक या फिल्म के प्रभाव को बढ़ा भी सकते हैं और प्रभावहीन भी बना सकते हैं। रंगमंच में अभिनेता नाटक की कथावस्तु तथा निर्देशक की आवश्यकता को पूर्ण ग्रहण करने के पश्चात् मंच पर पहुँचते ही स्वतन्त्र तथा पूर्णरूपेण उत्तरदायी हो जाता है। वह जानता है कि मंच पर वह जो कुछ भी करेगा वही अन्तिम है। उसके और दर्शकों के बीच मंचन के दौरान कोई अन्य दख़ल नहीं दे सकता। इस स्थिति में अभिनेता अपना सर्वश्रेष्ठ अभिनय प्रदर्शित करने के लिए संघर्षशील रहता है। यही उसकी सफलता या असफलता है।

फिल्म के दृश्य को फिल्मांकित करने के लिए अभिनेता-निर्देशक के सम्बन्ध काफ़ी महत्त्वपूर्ण हो जाते हैं क्योंकि किसी भी दृश्य की सफलता सिर्फ अभिनेता पर ही निर्भर नहीं करती। फिल्म तकनीक के सभी अन्य तत्त्व जैसे कैमरा लेंस, कोण, कैमरा स्थिति, विशेष प्रकाश-व्यवस्था तथा दृश्य का वातावरण आदि का अतिरिक्त अभिनेता की स्वयं की अभिनय क्षमता क्लोज शॉट से लाँग शॉट तक की दूरी तय करती है। कुछ अभिनेता लाँग शॉट में प्रभावशाली हो सकते हैं परन्तु क्लोज शॉट में अभिव्यक्त करने में कठिनाई महसूस करते हैं क्योंकि क्लोज शॉट में उनके चेहरे के साथ उनकी आँखें, होंठ, त्वचा पर पड़नेवाली झुर्रियाँ आदि सभी को अभिव्यक्त करना होता है। विभिन्न लेंसों के द्वारा निश्चित किया गया सीमा क्षेत्र उनकी अभिनय क्षमता को भी सीमित कर सकता है। इसके लिए यही उचित होता है कि अभिनेता को 'टेक' आरम्भ करने के पूर्व कैमरे से उसकी दृश्य सीमा (Visual Limit) दिखा दी जाए जिसके अनुसार ही वह अभिनय करेगा। नए अभिनेताओं के साथ यह प्रयोग काफी सफल होता है।

रंगमंच में अभिनय के विपरीत अभिनेता को दृश्य की गति तथा लय का भी आभास नहीं होता क्योंकि यह सम्पादन की प्रक्रिया में विभिन्न शॉट्स को जोड़कर निर्मित की जाती है। इन्हीं सब कारणों तथा विभिन्नताओं से ये और अधिक आवश्यक होता है कि अभिनेता व निर्देशक के बीच आपसी सम्बन्ध मधुर, समझदारीपूर्ण तथा स्वस्थ हों।

शूटिंग के समय अभिनेता जितना अधिक स्वतन्त्र होगा, उतना ही अच्छे अभिनय का प्रदर्शन कर सकेगा। अभिनेता के मन में किसी भी प्रकार का भय, आलोचना, मानसिक दबाव अथवा दृश्य की उचित समझ का अभाव आदि उसकी अभिनय क्षमता को प्रभावित करते हैं। अतः निर्देशक को चाहिए कि वह अभिनेता के साथ मित्रतापूर्ण व्यवहार रखते हुए उसका पूर्ण मार्गदर्शन करे तथा ऐसा कोई भी आभास न दे जिसके द्वारा उसके अहं को चोट लगे। कुछ निर्देशक तानाशाह बनकर अभिनेताओं को मानसिक दबाव में रखते हैं। इसके कारण सर्वश्रेष्ठ अभिनय करने के बाद भी अभिनेता को निर्देशक की आलोचना का भय बना रहता है। इसके विपरीत कई अनुभवी अभिनेता निर्देशक को कुछ कहने या समझाने का अवसर ही नहीं देते। यहाँ एक नया निर्देशक पुराने अभिनेताओं को कुछ भी कहने या समझाने का साहस नहीं जुटा पाता, चाहे वह अभिनय उसकी आवश्यकता के अनुरूप हो या न हो। इन दोनों ही स्थितियों में दृश्य की प्रभावशीलता पर विपरीत प्रभाव पड़ता है।

मानसिक रूप से अभिनेता व निर्देशक दोनों को ही एक-दूसरे के प्रति आश्वस्त एवं सुरक्षित महसूस करना चाहिए। असुरक्षा की भावना होने पर दोनों के पारस्परिक सम्बन्धों में तनाव की स्थिति बन सकती है। कुछ निर्देशक अनुभवी अभिनेताओं के साथ सुरक्षित महसूस करते हैं व कुछ नए अभिनेता नए निर्देशकों के साथ ही काम करना सुरक्षित महसूस करते हैं। व्यावसायिक मापदंडों के अनुसार ये दोनों ही स्थितियाँ उचित नहीं हैं। अतः दोनों को ही अपनी मानसिक गुत्थियों से मुक्ति पा लेनी चाहिए। व्यावसायिक जीवन के आरम्भ में नए लोगों के साथ कार्य करना आसान हो सकता है परन्तु ऊँचाई पर जाने के लिए प्रतिष्ठित अभिनेताओं व निर्देशकों का साथ काम करना आवश्यक हो जाता है।

रंगमंच से आए हुए अभिनेताओं को कुछ अधिक समय संयोजित होने के लिए लग सकता है। अतः एक फिल्म निर्देशक को इन अभिनेताओं को तुलनात्मक रूप से कुछ अधिक समय तथा उचित मार्गदर्शन देना चाहिए और उनकी मानसिक स्थिति तथा दबावों को समझते हुए उन्हें उस स्थिति से स्वतन्त्र कराने का प्रयास करते रहना चाहिए।

नव-अभिनेता

कुछ निर्देशक, शायद मैं भी उनमें से एक हूँ, नव-अभिनेताओं के साथ कार्य करना पसन्द करते हैं। इसके पीछे मुख्य कारण यह हो सकता है कि वे पर्दे पर वास्तविक (Realistic) चरित्रों को प्राथमिकता देते हैं ताकि वे चरित्र सामान्य जन की तरह व्यवहार करें न कि उस चरित्र को अभिनीत करें। ऐसे निर्देशकों को इस प्रकार के नव-अभिनेताओं (Non-Actors) का चुनाव करते समय जल्दबाजी नहीं करनी चाहिए और तब तक सन्तुष्ट नहीं होना चाहिए जब तक उसे अपने मस्तिष्क में बनी हुई चरित्र की छवि के अनुसार उसी शारीरिक बनावट का व्यक्ति प्राप्त न हो। सच है कि इस प्रकार की 'कास्टिंग' में समय लग सकता है परन्तु असम्भव नहीं।

काफ़ी लम्बे समय तक वृत्तचित्रों के लेखन, निर्देशन तथा निर्माण से जुड़े होने के कारण किसी भी फिल्म के 'वास्तविक पक्ष' से मैं कुछ अधिक प्रभावित होता हूँ। कुछ वर्ष पूर्व जब मैं वृद्ध जीवन की समस्याओं तथा वृद्धाश्रम पर फिल्म प्रभाग के लिए फिल्म 'टूटे पंख' का लेखन व निर्देशन कर रहा था तो मुख्य चरित्र के रूप में अनुपम खेर की छवि मेरे मन में अंकित थी क्योंकि उसी समय उनकी बेहद प्रशंसनीय फिल्म 'सारांश' बनी थी। उसमें उन्होंने एक वृद्ध का भावनापूर्ण दिल को छू जानेवाला चरित्र निभाया था। जब पटकथा लेखन का कार्य पूरा हुआ तो मेरे निर्माता ने सुझाव दिया कि यदि मैं 'टूटे पंख' में वृद्ध व्यक्ति के रूप में अनुपम खेर को लूँगा तो लोग उस चरित्र को नहीं, अनुपम खेर को देखेंगे, अतः मुझे किसी नए अथवा अनजान चेहरे को लेना चाहिए। बात कुछ समझ में आई। यद्यपि सम्पूर्ण पटकथा तथा चरित्र का विस्तार एवं विकास अनुपम खेर को ध्यान में रखकर किया गया था। उस समय उनका कोई विकल्प समझ में नहीं आया परन्तु मन में उस 'विशिष्ट चरित्र' के सम्बन्ध में तनाव की स्थिति बन गई। कई फोटो देखे, स्क्रीन टेस्ट लिये, लोगों से बातचीत की परन्तु कोई उचित व्यक्ति नहीं मिला। समस्या थी ऐसे अभिनेता की जो मन में बसी अनुपम खेर की छवि को मिटा उससे बेहतर छवि प्रदान कर सके। जी हाँ, अनुपम खेर उस नए अभिनेता के चयन का मापदंड बन गए थे। काफ़ी कठिन काम था, समय निकला जा रहा था और समय बीतने के साथ-साथ मेरी निराशा भी बढ़ती जा रही थी। डर लगने लगा था कि कहीं फिल्म बन्द न हो जाए। तभी अचानक एक रात जिस कॉलोनी में मैं रहता था, वहीं एक वृद्ध व्यक्ति कुछ अन्य लोगों के साथ बात करते हुए दिखाई दिए। पहले दिन, पहली बार दूर से ही उन्हें देखकर गुजर गया। सोचा,

ऐसे ही कोई होंगे किसी से मिलने आए होंगे। उसके बाद लगातार कई दिन तक उन्हें देखा तो मन में अनुपम खेर की छवि मिटती हुई लगी। लगा कि शायद वही व्यक्ति हैं जो मेरे मुख्य चरित्र को सजीव कर सकते हैं। अपनी पत्नी से उनके बारे में पूछताछ की तो उन्होंने भी उनके बारे में अपनी सहमति जताई। अब समस्या थी कि क्या एक सामान्य व्यक्ति अभिनय कर पाएगा। सोचा, उनसे मिलकर ही बात की जाए और बस हम उनके घर पहुँच गए। संयोग से वह भी हमारी कॉलोनी में नए-नए रहने आए थे। हमने अपना परिचय दिया और फिल्म के बारे में सारी बात बताई। वह वृद्ध व्यक्ति सरकारी सेवा से अवकाश प्राप्त अधिकारी थे। उन्होंने व्यावसायिक रूप से कभी अभिनय नहीं किया था परन्तु अपने स्कूली जीवन में लगभग पचास वर्ष पूर्व शायद एक-दो नाटकों में छोटा-मोटा चरित्र निभाया था। उनसे बात करते-करते मेरी फिल्म के लिए मुख्य चरित्र के रूप में अनुपम खेर की छवि लगभग मिट गई थी और उनका स्थान ले लिया था इस नए वृद्ध व्यक्ति मि. दोंडे की छवि ने। मैंने निर्णय कर लिया था कि मि. दोंडे ही फिल्म 'टूटे पंख' के मुख्य चरित्र को निभाएँगे। उनकी अनुभवहीनता मुझे किसी महत्त्व की नहीं लगी क्योंकि उनका सम्पूर्ण व्यक्तित्व, बोलचाल का तरीका, उम्र तथा उनकी 'छवि' (Visual Image) जैसे मुख्य चरित्र को सजीव करने लगी थी। मैंने उनसे कहा कि ''उन्हें वही बने रहना है जो वह वास्तविक रूप में हैं,

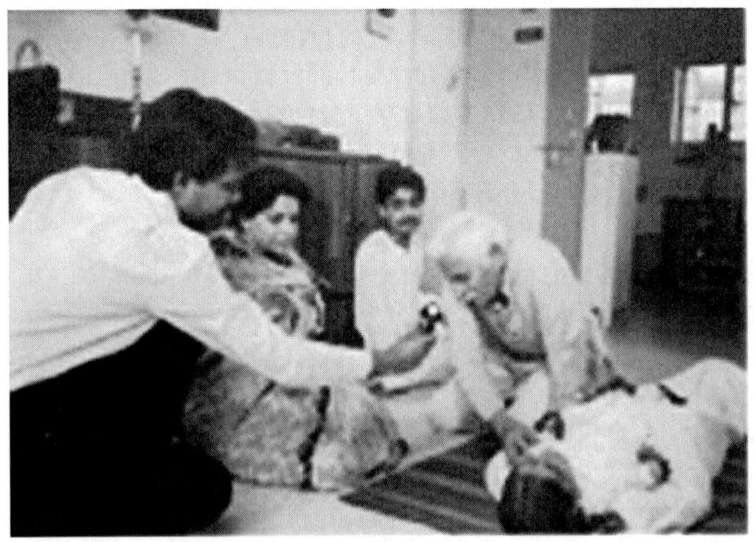

फिल्म 'टूटे पंख' के एक दृश्य में नव-अभिनेता

अभिनय करने की कोशिश न करें। सिर्फ ये समझ लें कि वह सिर्फ वही चरित्र हैं।'' मेरी बात सुनकर वह आश्वस्त एवं सुरक्षित ही नहीं हुए बल्कि इतने वर्षों बाद फिर अभिनय करने का और पहली बार कैमरे के सामने आने का डर भी निकल गया। इस प्रकार मि. दोंडे मेरी फिल्म के मि. दयाल बन गए जो स्वयं ही एक अवकाश प्राप्त सरकारी अधिकारी का चरित्र था। मि. दोंडे की ये भूमिका अविस्मरणीय है।

वृत्तचित्रों से जुड़े हुए अथवा 'वास्तविक फिल्मों' (Reality Films) के रचनाकार सामान्यतः इसी प्रकार के वास्तविक चरित्रों की खोज में लगे रहते हैं तथा अपनी वास्तविक कथावस्तु पर आधारित वास्तविक चरित्रों के लिए नॉन-एक्टर्स को ही प्राथमिकता देते हैं। यही बात वृत्त-नाट्य (Docu Drama) शैली पर बनी हुई फिल्मों पर भी लागू होती है। मेरी लघू फिल्में 'टूटे पंख' तथा 'वापसी' इसी शैली पर आधारित थी जिनमें अभिनीत किए गए लगभग सभी छोटे-बड़े चरित्र वास्तविक जीवन से लिये गए नॉन-एक्टर्स थे और इनकी हर भूमिका काफ़ी प्रभावशाली बन पड़ी है। ये सभी चरित्र अपने आस-पास बिखरे हुए विभिन्न चरित्रों से मिलते-जुलते हैं। 'टूटे पंख' और 'वापसी' वृत्तनाट्य शैली का प्रयोग फिल्म प्रभाग के आरम्भिक प्रयोगों में था। इसी के बाद 'डाक्यू-ड्रामा' शब्द काफ़ी प्रचलित हुआ। आज के नए फिल्मकारों को 'वास्तविक फिल्मों' के निर्माण में काफ़ी रुचि है। शायद ये भारतीय फिल्मों में एक नए युग का आरम्भ है। विशेष बात ये है कि इन सभी फिल्मों में लगभग नए चेहरे या नॉन-एक्टर्स ही होते हैं जो वास्तविक चरित्रों को जीवन प्रदान करते हैं। तुलनात्मक रूप से इसीलिए एक निर्देशक को अनुभवी अभिनेताओं की अपेक्षा नॉन-एक्टर्स के साथ परस्पर विशेष सम्बन्ध स्थापित करने होते हैं।

कुछ फिल्म निर्देशक ये दावा कर सकते हैं कि व्यावसायिक तथा नॉन-एक्टर्स में कोई अन्तर नहीं है क्योंकि कुछ नॉन-एक्टर्स अनुभवी तथा व्यावसायिक अभिनेताओं की तुलना में अधिक सम्वेदनशील अभिनय कर सकते हैं तथा कुछ अनुभवी होते हुए भी प्रभावहीन व असम्वेदनशील हो सकते हैं। हर व्यक्ति के अन्दर छिपी हुई अभिनय प्रतिभा होती है। आवश्यकता है कि एक सम्वेदनशील निर्देशक उस प्रतिभा को किस प्रकार बाहर निकाल सकता है। नॉन-एक्टर्स के साथ एक निर्देशक को प्रयोग करने के अधिक अवसर मिलते हैं। यदि उसे लगता है कि किसी विशेष दृश्य में एक अभिनेता आवश्यक प्रभाव नहीं दे पा रहा है तो वह उस दृश्य को विभिन्न संकेतों (Symbols) तथा कैमरे के विभिन्न प्रयोगों द्वारा एक नए तरीके से विकसित कर सकता है जिसमें अभिनेता के क्लोज अप्स

का ही प्रयोग हो या फिर किसी अन्य तरीके से दृश्य का प्रस्तुतीकरण हो। अधिकतर यही देखा जाता है कि नव-अभिनेता (Non-Actors) व्यावसायिक अभिनेताओं की तुलना में अधिक सफल सिद्ध होते हैं क्योंकि नॉन-एक्टर्स में अधिक लचीलापन, निर्देशक के प्रति सम्मान तथा नए-नए प्रयोग करने का उत्साह होता है।

एक निर्देशक के लिए नव अभिनेताओं (Non-Actors) से काम लेना तब अधिक सरल होता है जब उन्हें कोई संवाद न बोलने हों। यह उन नॉन-एक्टर्स पर भी लागू होता है जो वास्तविक जीवन में भी वही कार्य करते हैं जिनका चरित्र वे निभा रहे हैं। इनसे शुद्ध तथा भावुक संवाद बोलने की आशा करना अधिक अपेक्षित नहीं होता क्योंकि लिखे हुए संवादों को याद करके बोलना इनके लिए असम्भव नहीं तो कठिन अवश्य होता है। फिर भी यदि आवश्यकता हो तो इन्हें इन्हीं के तरीके से इन्हीं के संवाद बोलने की स्वतन्त्रता दे देनी चाहिए। इससे ये अधिक वास्तविक तथा प्रभावशाली प्रतीत होंगे।

के.ए. अब्बास की फिल्म 'शहर और सपना' में कार्य करते हुए बाल कलाकार

बाल कलाकार

बाल और वयस्क अभिनेताओं में मूलभूत अन्तर ये होता है कि वयस्कों के विपरीत बच्चे अपने व्यक्तित्व, अपने हाव-भाव तथा अपने एक्शंस के प्रति अधिक सजग

नहीं होते। वे जो भी करते हैं, प्राकृतिक रूप से सामान्य तरीके से करते हैं। वे 'बनावटी' अथवा अभिनय करते हुए नहीं प्रतीत होते। कभी-कभी उनकी आयु एक समस्या बन जाती है। जैसे-जैसे वे बड़े होते जाते हैं, उनमें अपने तथा अपने कार्य के प्रति सजगता बढ़ती जाती है। फिल्म कैमरे के सामने वह 'अभिनय' करने लगते हैं। इस प्रकार उनके तथा अन्य वयस्क अभिनेताओं के बीच का मूलभूत अन्तर कम होता जाता है।

अधिकतर बहिर्मुखी (Extrovert) बच्चे अर्द्धचेतन अवस्था (Sub Concious Mind) में जो कहा जाता है वह प्राकृतिक रूप से करते हैं परन्तु यहाँ निर्देशक को एक अन्य कठिनाई का सामना करना पड़ता है, वह है एक एक्शन को दुबारा (Retake) करने में। इस स्थिति में ये बच्चे उसी एक्शन की पुनरावृत्ति करने में असफल रहते हैं, कई बार उन्हें अपने एक बार किए हुए एक्शन याद भी नहीं रहते। इस स्थिति में एक फिल्म निर्देशक को रिटेक पर न तो निर्भर रहना चाहिए और न ही उस बाल कलाकार से इसकी अपेक्षा रखनी चाहिए। कोशिश होनी चाहिए कि प्रथम टेक में ही शॉट ले लिया जाए।

यह भी देखा गया है कि बच्चों को कास्ट (Cast) करना वयस्कों की तुलना में एक सरल कार्य है क्योंकि बच्चे आसानी से प्राप्त हो जाते हैं। यहाँ बाल कलाकारों को नव अभिनेता (Non Actor) समझना भी उचित नहीं होगा क्योंकि कुछ बच्चे वयस्कों की तरह ही कैमरे के सामने अपनी सारी सीमाओं को छोड़कर प्राकृतिक एवं सामान्य अभिनय कर सकते हैं। ये सीमाएँ कभी-कभी वयस्क अभिनेताओं में भी पाई जाती हैं जिनके कारण उनका अभिनय सजीव नहीं हो पाता।

बाल कलाकारों के साथ काम करते समय निर्देशक को उनके मूड (Mood) तथा उनकी पसन्द-नापसन्द का ख़याल अधिक रखना पड़ता है। बच्चे के प्रति उनका व्यवहार अत्यन्त स्नेहपूर्ण होना चाहिए क्योंकि बच्चे शीघ्र ही आहत हो जाते हैं। अतः उनके साथ सख़्ती, चिड़चिड़ापन तथा बार-बार रिटेक करने से बच्चा स्वयं चिड़चिड़ा होकर शॉट के लिए समस्या उत्पन्न कर सकता है।

शूटिंग कार्यक्रम में अन्तर्निहित अनुशासन तथा समय के बन्धन आदि बातें किसी भी बाल कलाकार को अनुबन्धित करने के पूर्व उसके संरक्षकों से तय कर लेनी चाहिए ताकि बाद में कोई समस्या न खड़ी हो। निर्देशक को यह प्रयास करना चाहिए कि वह अपना शूटिंग कार्यक्रम बच्चे की प्रतिदिन की आदतों तथा आवश्यक कार्यक्रमों को ध्यान में रखकर निश्चित करे।

अभिनेताओं से विचार-विमर्श

शूटिंग पूर्व तैयारी का एक महत्त्वपूर्ण हिस्सा है दृश्य में शामिल अभिनेताओं से निर्देशक का विचार-विमर्श। इस स्थिति तक आते-आते निर्देशक को अपनी पटकथा तथा उसके प्रत्येक दृश्य पर पूर्ण अधिकार होना चाहिए। अब तक उसने अपनी पटकथा को न जाने कितनी बार पढ़ा होगा, समझा होगा और उसमें परिवर्तन किया होगा परन्तु अब समय है उसको अन्तिम रूप देने का। इस समय निर्देशक को प्रत्येक दृश्य से सम्बन्धित अभिनेताओं को उनके चरित्र के बारे में विस्तार से समझाना चाहिए। अभिनेताओं का अभिनय फिल्म को विशिष्ट लय तथा गति देने में एक महत्वपूर्ण भूमिका निभाता है, अतः निर्देशक को चाहिए कि वह सम्पूर्ण फिल्म तथा सम्बन्धित दृश्य में निहित गति तथा लय की चर्चा अभिनेताओं से अवश्य करे। इस विचार-विमर्श के समय यदि कलाकार अपने चरित्र से सम्बन्धित कोई सुझाव देते हैं तो निर्देशक को उन पर गम्भीरतापूर्वक चिन्तन करके अमल करना चाहिए। कलाकारों से शूटिंग पूर्व ये विचार-विमर्श उन्हें अपने चरित्र के बारे में जानने, समझने, सोचने तथा शोध करने का समय प्रदान करता है। इस विचार-विमर्श से कलाकार तथा निर्देशक के बीच कार्य सम्बन्ध भी मधुर तथा प्रगाढ़ होते हैं।

कलाकारों की पूर्व तैयारी

अभिनेताओं की रिहर्सल के बारे में विभिन्न फिल्म निर्देशकों तथा कलाकारों के विभिन्न विचार होते हैं। कुछ निर्देशक मानते हैं कि शूटिंग करने के पूर्व कलाकारों को अपने चरित्र के एक्शंस के बारे में बार-बार रिहर्सल करनी चाहिए ताकि वे उस चरित्र को स्वयं में पूर्णतः आत्मसात कर सकें और 'टेक' के समय सहज अनुभव कर सकें, वहीं कुछ कलाकारों का मानना है कि बार-बार रिहर्सल करने से उनके अभिनय में बासीपन तथा एकरसता आ जाती है, इसलिए वे बिना रिहर्सल के सीधे टेक करना ही पसन्द करते हैं। उनका विश्वास है कि इस प्रकार वे पहली ही बार में अपनी सर्वश्रेष्ठ भावनाओं को अभिव्यक्त करने में सफल होते हैं। यह बात अनुभवी कलाकारों पर लागू हो सकती है परन्तु किसी नए कलाकार को इस प्रकार की छूट देना निर्देशक के लिए समस्या बन सकता है और कई रिटेक करने पड़ सकते हैं।

कुछ कलाकार मेकअप रूम में रिहर्सल करना पसन्द करते हैं और वहीं यूनिट के कुछ सदस्यों की उपस्थिति में अपने संवाद, एक्शन तथा भावनाओं की

अभिव्यक्ति को अन्तिम रूप देते हैं। यहाँ यह जान लेना आवश्यक है कि 'रिहर्सल' एक बन्द कमरे में सिर्फ अपने लिए ही नहीं की जाती क्योंकि ये रिहर्सल मात्र संवाद तथा एक्शन ही नहीं है। रंगमंच के लिए इस तरह की रिहर्सल उचित हो सकती है जहाँ सारा दृश्य एक साथ मंचित किया जाता है परन्तु फिल्म में कलाकारों के अतिरिक्त फिल्म तकनीक के अन्य तत्त्वों की भी रिहर्सल होती है, अतः उचित होगा कि रिहर्सल सेट पर ही की जाए।

रिहर्सल के लिए कितना समय आवश्यक है, इसका कोई मापदंड नहीं है। ये निर्देशक तथा कलाकारों के अनुभव तथा आपसी समझ के ऊपर निर्भर करता है। कुछ निर्देशक शूटिंग जल्द आरम्भ करने के प्रयास में रिहर्सल को महत्त्व नहीं देते और बाद में मुसीबत में फँसकर समय तथा फिल्म की बरबादी करते हैं। जहाँ तक समय का प्रश्न है, एक नाटक की रिहर्सल में दो या तीन महीने लगते हैं जिसके दौरान निर्देशक प्रत्येक चरित्र के बारे में कई नई बातें समझ, खोजकर उनमें सुधार करता रहता है। फिल्म शूटिंग के पूर्व आधा घंटा भी इस कार्य के लिए काफ़ी हो सकता है। यदि सम्भव है तो फिल्म के सभी मुख्य कलाकारों को पटकथा की एक प्रति काफ़ी पहले ही दे देनी चाहिए ताकि हर कलाकार को अपने चरित्र को समझने तथा सुधारने का उपयुक्त समय मिल जाए। ये निर्देशक तथा कलाकार दोनों के लिए ही लाभदायक होता है।

कलाकारों के साथ पूर्व तैयारी का एक अन्य लाभ है कि इसी समय थोड़े ही प्रयत्न से निर्देशक स्वयं चरित्रों की गहराई तक पहुँचकर उनकी गहन भावनाओं से अभिनेता को अवगत कराता है। परिणामस्वरूप कलाकार भी अपने-आपको उस चरित्र में ढालने का प्रयत्न करता है। इसी समय निर्देशक के कलाकार के प्रति व्यवहार का भी पता चल जाता है कि उसका रवैया तानाशाही है या मित्रतापूर्ण। कुछ निर्देशक कलाकार को अपनी प्रतिभा प्रदर्शित करने का अवसर ही नहीं देते, वरन वही करवाते हैं जो वे चाहते हैं। इसके विपरीत कुछ निर्देशक कलाकारों की श्रेष्ठतम प्रतिभा को उभरने का अवसर देते हुए उतने समय तक रिहर्सल कराते रहते हैं जो उनके अधिकार क्षेत्र में हो। अतः निर्देशक एवं कलाकार को जितना सम्भव हो उतना अधिक समय रिहर्सल में बिताना चाहिए ताकि दोनों ही चरित्र के विकास में महत्त्वपूर्ण योगदान कर सकें।

सामान्यतः हास्य दृश्यों में हास्य कलाकार निर्देशक के साथ विचार-विमर्श करके अपने चरित्र को वे अपनी तरह से विकसित करते हैं। इन दृश्यों में निर्देशक का सहयोग कलाकार की अपेक्षा कम होता है क्योंकि हास्य अभिनेता ये अच्छी तरह जानते हैं कि उनकी किस विशेष अदा (Mannerism) अथवा संवाद

पर दर्शकों में हँसी का फौवारा फूट पड़ता है या किसे वे पसन्द करते हैं। यही बात नकारात्मक भूमिकावाले चरित्रों पर भी लागू होती है। उनका कोई विशेष एक्शन या संवाद उनके नकारात्मक चरित्र को एक नया आयाम दे सकता है। हिन्दी फिल्मों के प्रसिद्ध खलनायक प्राण, के.एन. सिंह, अजीत, प्रेम चोपड़ा आदि अपनी विशेष अदाओं के लिए आज भी याद किए जाते हैं।

फिल्म 'शोले' के कॉमेडी सीन आज भी लोगों की स्मृति में ताज़े हैं। चाहे वे जेल के दृश्य हों जिनमें बार-बार जेलर के ये संवाद कि "हम अंग्रेजों के ज़माने के जेलर हैं" या फिर "मेरा नाम सूरमा भोपाली है" आज भी लोगों को हँसी से दोहरा कर देते हैं।

दृश्य का नाम...
दृश्य संख्या...
समय–दिन
स्थान–जेल के अन्दर
कलाकार–जय, वीरू, जेलर, वार्डन तथा पुलिस व कैदी आदि

दृश्य	संवाद
जेल के अन्दर खुले स्थान में सभी कैदी लाइन से खड़े हैं जिनमें जय तथा वीरू भी हैं। जेलर अपने पुलिस साथियों के साथ आता है और कैदियों का मुआयना करता है।	वार्डन : "अटेंशन।" वीरू : "चाचा...परेड कब से शुरू हुई...?" चाचा : "आज तुम्हारा पहला दिन है बेटा। सब पता चल जाएगा। क्या जेलर बहुत खड़ूस है। जय : "आ रहा है।" जेलर : "अटेंशन।"
जय और वीरू जेलर के आदेश पर ध्यान नहीं देते। जेलर नाराज होता है।	जेलर : "हमने कहा अटेंशन।" पुलिसः "सर...वह तो पहले से ही अटेंशन हैं।" जेलर : "हम जानते हैं...जानते हैं... जानते हैं। कैदियों, कान खोलकर सुन लो। हमारे आने

		से पहले जो कुछ इस जेल में होता रहा है...वह अब जब तक हम हैं नहीं चलेगा... नो...नो...नो... हम अंग्रेजों के ज़माने के जेलर हैं। आजकल के जेलरों की तरह नहीं जो कैदियों को सुधारने की फ़िक्र में लगे रहते हैं...हा...हा...हा...।
जेलर वीरू और जय की ओर देखकर कहता है।	जेलर :	''हम अच्छी तरह जानते हैं कि तुम लोग कभी नहीं सुधर सकते। अरे...जब हम नहीं सुधर सके तो तुम लोग क्या सुधरोगे...आँय...? हम जानते हैं...आजकल हमारी बातों को पसन्द नहीं किया जाता इसीलिए हमारी हर जगह से कुछ दिनों में बदली हो जाती है, लेकिन हमारी इतनी बदलियों के बाद भी हम नहीं बदले। इसीलिए याद रखो...ये मत समझना कि जो कुछ तुम करते हो...उसकी ख़बर हमको नहीं मिलती। हमारे जासूस इस जेल में चारों तरफ फैले हुए हैं। घड़ी-घड़ी की रिपोर्ट हमको मिल जाती है। हमारे जाने बिना परिन्दा भी यहाँ पर नहीं मार सकता।''
एक परिन्दा जेलर की आँख पर टकराकर उड़ जाता है। जेलर हड़बड़ा जाता है कि क्या हुआ।		''ये...ये क्या है...?'.'
	पुलिसः	''परिन्दा...हुजूर।''
	जेलर :	''क्या...।''

पुलिसः ''कबूतर।''
जेलर : ''हमारी आँख में कुछ गिर पड़ा। निकालो छोड़ दो...जाने दो...आज के लिए इतना काफी है। अब तुम लोग जा सकते हो...। चलो...चलो...।''

विश्लेषण

फिल्म 'शोले' के इस दृश्य में फूहड़ हास्य का सहारा नहीं लिया गया बल्कि हास्य उत्पन्न करने के लिए सिर्फ संवाद लेखन ही नहीं, कलाकार का व्यक्तित्व, उसकी पोशाक, संवाद बोलने की विशेष शैली तथा हिटलरनुमा हाव-भाव आदि पर भी विशेष ध्यान दिया गया है। हिटलर जैसी प्रस्तुति जहाँ एक ओर हास्य कलाकार को 'कड़क' होने की छवि प्रदान करती है वहीं दूसरी ओर उसका लापरवाह व्यक्तित्व, संवाद तथा एक्शन में विरोधाभास उसके खोखलेपन के प्रतीक हैं। उसके व्यक्तित्व तथा एक्शंस के बीच का ये विरोध एक नए प्रकार का स्थितिजन्य हास्य (Situational Comedy) प्रस्तुत करता है। यहाँ एक बात और ध्यान देने योग्य है कि जेलर कहानी का एक मुख्य पात्र है, अतः उसके द्वारा प्रस्तुत किया गया हास्य कहानी का भी एक भाग बन जाता है। ये दृश्य सिर्फ हास्य के लिए कथा में जोड़े हुए या ठूँसे हुए नहीं लगते बल्कि दृश्य में एक विशेष स्थिति को जीवन प्रदान करते हैं।

शूटिंग के पूर्व निर्देशक को कलाकार की व्यक्तिगत भावनाओं तथा उसकी प्रतिभा को उचित रूप से समझ लेना चाहिए। फिर उस विशेष चरित्र की भावनाओं को समझना चाहिए जिसे वह कलाकार निभाने जा रहा है। यदि कलाकार का अपना व्यक्तित्व चरित्र के व्यक्तित्व से मिलता-जुलता है तो इससे कलाकार तथा निर्देशक दोनों के लिए ही उस चरित्र को सजीव करना सरल हो जाता है। इस आपसी समझ के पश्चात् यदि लेखक को चरित्र के विकास में किसी परिवर्तन की आवश्यकता पड़े तो उसे कर देना चाहिए। इसीलिए इस रिहर्सल के समय लेखक की उपस्थिति महत्त्वपूर्ण हो सकती है।

विशेष योग्यता

किन्हीं विशेष परिस्थितियों में किसी दृश्य की शूटिंग करते समय कुछ विशेष कार्य

करने पड़ते हैं, जैसे–नृत्य, घुड़सवारी या घुड़दौड़, कार चालन, हवाई जहाज उड़ाना आदि। सामान्यतः अनुभवी तथा प्रतिष्ठित निष्ठावान कलाकार शूटिंग के पूर्व ऐसे कार्य जो वे नहीं कर सकते, उनका उचित प्रशिक्षण व अभ्यास करना पसन्द करते हैं ताकि वे शॉट में 'नकली' न दिखाई दें। निर्माता निर्देशक को चाहिए कि इस प्रकार की विशेष योग्यतावाले कार्यों के बारे में कलाकारों को प्रारम्भिक प्रशिक्षण अवश्य दें और शूटिंग के समय भी उन कार्यों से सम्बन्धित विशेषज्ञों को साथ रखें ताकि ये विशेष कार्य तकनीकी रूप से भी उचित प्रकार से सम्पन्न किए जा सकें।

छोटे-छोटे चरित्रों के लिए जहाँ इस तरह की विशेष योग्यता की आवश्यकता हो, वहाँ इस योग्यता से युक्त व्यक्तियों को लिया जा सकता है। कोशिश होनी चाहिए कि उन्हें ऐसे संवाद न दिए जाएँ जिनमें भावनात्मक अभिव्यक्ति की आवश्यकता हो। मुख्य चरित्रों में यदि कलाकार स्वयं ही ये कार्य पूरी तरह न कर सकें तो उनके लिए हू-ब-हू (Duplicates) भी प्रयोग किए जा सकते हैं। ये हू-ब-हू (Duplicates) खतरनाक एक्शन दृश्यों, जैसे दुर्घटना, आग लगना आदि में भी प्रयोग किए जाते हैं। इस प्रकार के दृश्यों में भी विशेषज्ञों का सहयोग अधिक उचित रहता है।

दृश्य-7

शूटिंग

शूटिंग आरम्भ होने के एक दिन पूर्व निर्देशक को यह निश्चित कर लेना चाहिए कि उसे अगले दिन क्या शूट करना है। इस निर्णय के पीछे कई अन्य तत्त्व भी होते हैं, जैसे अगले दिन शूट किए जानेवाले दृश्यों से सम्बन्धित कलाकार, सेट की तैयारी, साज़ो-सामान (Properties) का उपलब्ध होना आदि। यदि निर्देशक शूटिंग स्क्रिप्ट पर कार्य करता है तो उसे शॉट विभाजन करने में कोई परेशानी नहीं होनी चाहिए। उसे सिर्फ शूटिंग कार्यक्रम के अनुसार नियमित समय का ध्यान रखना चाहिए। कोशिश होनी चाहिए कि सारे शॉट निश्चित समय में ही शूट कर लिए जाएँ। थोड़े-बहुत समय की अधिकता का निर्माता के साथ विचार-विमर्श करके प्रबन्ध करना चाहिए क्योंकि शूटिंग कार्यक्रम (Schedule) के विस्तार का अर्थ है निर्माता पर अधिक व्यय का बोझ। यदि निर्देशक मास्टर स्क्रिप्ट (Master Scene Script) पर कार्य करता है और उसका शूटिंग कार्यक्रम परिवर्तनशील है तो उसे आवश्यकतानुसार प्रत्येक दृश्य पर शूटिंग में होनेवाली अन्य गतिविधियों तथा उपलब्धता व सीमाओं को ध्यान में रखकर शॉट विभाजन तथा अन्य कार्यक्रम तैयार करने चाहिए। उसके इस कार्य में उसके सहायकों की भूमिका काफ़ी महत्त्वपूर्ण होती है।

कार्य पद्धति

फिल्म निर्माण में प्रत्येक निर्देशक की कार्य करने की पद्धति अलग-अलग होती है, फिर भी कुछ बातें सामान्य होती हैं जिनके आधार पर हर निर्देशक अपनी विशेष कार्य पद्धति निर्धारित करता है ताकि कम समय तथा कम खर्च में अधिक-से-अधिक कार्य सम्पन्न किया जा सके। इस कार्य योजना में शूटिंग के समय आनेवाली सम्भावित समस्याओं तथा अन्य कठिनाइयों का भी आकलन किया जाता है। निर्देशक द्वारा कार्य योजना के आरम्भ करने की वैसे तो कोई समय सीमा नहीं होती परन्तु शूटिंग होने के दौरान प्रतिदिन, एक दिन पूर्व से इस

कार्य पद्धति को अन्तिम रूप देने का कार्य शुरू हो जाना चाहिए।

आवश्यकतानुसार इस कार्य पद्धति में निर्देशक के अपने विशेष तरीके के अनुसार परिवर्तन किए जा सकते हैं क्योंकि यह कार्य पद्धति सिर्फ एक मार्गदर्शन है, न कि पत्थर की लकीर जिसे तोड़ा न जा सके। फिल्म निर्माण का सबसे प्रथम नियम है कि इसका कोई नियम नहीं, जब तक अन्तिम परिणाम सुखद है।

गृहकार्य

निर्देशक ने शूटिंग आरम्भ करने के पूर्व कितनी भी तैयारी कर ली हो या शूटिंग तथा सम्पूर्ण पटकथा (Master Scenes Script) कितनी भी चुस्त हो, शूटिंग के एक दिन पूर्व उसे गृहकार्य (Home Work) अवश्य करना पड़ता है और करना भी चाहिए। इसका मुख्य कारण है कि शूटिंग के एक दिन पूर्व सारी आवश्यक तैयारियाँ, जैसे सेटिंग, वे दृश्य जिन पर शूटिंग करनी है, संवाद आदि लगभग पूर्ण हो जाती हैं। निर्देशक को इस बात का पूरा ज्ञान हो जाता है कि उसे कैमरे के कोण, शॉट विभाजन, कलाकारों के व्यक्तित्व के अनुसार उनके शॉट में घूमना-फिरना (Movements) आदि किस प्रकार अन्तिम रूप से निश्चित करने चाहिए। यदि सम्भव हो तो हर सेट के विभिन्न कोणों से फोटोग्राफ्स ले लेने चाहिए। इनसे शूटिंग पूर्व तैयारी में काफ़ी सहायता मिलती है। होमवर्क करने का एक कारण यह भी है कि अब तक निर्देशक ने मात्र अपनी कल्पना के अनुसार सम्पूर्ण पटकथा तथा शूटिंग स्क्रिप्ट तैयार की है परन्तु जब उस कल्पना को साकार रूप देने का समय आया है और सेट तथा प्रापर्टी (Properties) पूरी तरह से तैयार है, छायाकार द्वारा प्रकाश-व्यवस्था (Lighting Arrangements), कलाकारों का हाव-भाव आदि निश्चित हो गया है, तब निर्देशक अपनी कल्पना तथा वास्तविक सेट या स्थान (Set or Locations) के अनुसार अपने शॉट विभाजन, कलाकारों की क्रिया-प्रतिक्रिया (Actions and Reactions), कैमरा स्थिति तथा कोण (Camera Positions & Angles) आदि का पुनरावलोकन (Review) करता है और आवश्यक होने पर पूर्व निश्चित दृश्य योजना (Visual Planing) में कुछ संशोधन भी करता है। इस पुनरावलोकन के पश्चात् निर्देशक को चाहिए कि वह अगले दिन की कार्य योजना अपने सहयोगियों के साथ छाँटे ताकि वे उसके मस्तिष्क को समझ सकें और उसी के अनुसार कार्य कर सकें। यदि निर्देशक ऐसा करता है तो यूनिट के सदस्यों के बीच उसकी छवि एक 'व्यावसायिक' की बन जाती है जिसकी लोग अवश्य प्रसंशा करते हैं। जो निर्देशक एक दिन पूर्व किन्हीं

कारणों से होमवर्क नहीं कर सकता, उसे भी अपनी यूनिट के साथ शूटिंग आरम्भ होने के पूर्व कुछ समय विचार-विमर्श के लिए निकालना चाहिए। इससे यूनिट के साथ उचित संवाद तथा शूटिंग में समय की बचत होती है।

अधिकतर अभिनेता शूटिंग के समय संवादों (Dialogues) तथा उनके आवागमन (Movements) में बार-बार किए जानेवाले परिवर्तन पसन्द नहीं करते क्योंकि इससे उनकी दृश्य में एकाग्रता ही भंग नहीं होती, उनकी उस दृश्य में अपनी अभिनय योजना (Acting/Performance Plan) भी बाधित होती है जो उनकी अभिनय क्षमता पर विपरीत प्रभाव डालता है। अतः होमवर्क (Home Work) अभिनेताओं के लिए भी लाभदायक होता है।

पूर्व तैयारी करने का सबसे अधिक लाभ है कि शूटिंग पर जाने से पूर्व निर्देशक अपनी कार्य योजना के प्रति पूर्ण स्पष्ट हो जाता है। कहीं कोई सन्देह या दुविधा नहीं होती। इसका अर्थ ये भी नहीं कि निर्देशक छोटी-छोटी बातों, जैसे कैमरा कोण या कम्पोजीशन (Compositions) में इतना बँध जाए कि उसे शूटिंग के समय किसी भी परिवर्तन या संशोधन से परेशानी हो जाए। सम्भव है कि निर्देशक ने जो सोचा है उससे भी अच्छा परिणाम उसे मामूली से संशोधन करके प्राप्त हो जाए। अतः निर्देशक को थोड़ा-सा लचीला हमेशा ही रहना चाहिए।

संवाद दृश्यों के फिल्मांकन के लिए कई निर्देशक शूटिंग स्थल या सेट पर ही पहले दिन की शूटिंग समाप्त होने के बाद अपने छायाकार, सहायकों तथा अन्य सदस्यों के साथ अगले दिन फिल्माए जानेवाले दृश्यों की पूर्ण तैयारी (Dress Rehearsal) करके दृश्य में लिए जानेवाले शॉट, कलाकारों के मूवमेंट्स, प्रकाश-व्यवस्था आदि को अन्तिम रूप दे देते हैं। इनमें मुख्य कलाकारों के लिए विकल्प (Dummy) प्रयोग में लाए जा सकते हैं। इस सम्पूर्ण तैयारी के सिलसिले में जहाँ आवश्यक है, अभिनेताओं के संवादों को संकेत (Prompting) करने के तरीके भी निश्चित कर लिए जाते हैं। ये संकेत अभिनेताओं के संवाद उच्चारण (Dialogue Delivery) में उचित समय (Timing) के लिए काफ़ी जरूरी हैं।

प्रत्येक दृश्य में प्रत्येक संवाद तथा एक्शन के पास हाशिए में शॉट का प्रकार (C.U./M.S./L.S. आदि), कोण तथा कैमरा मूवमेंट आदि नोट कर लेना चाहिए ताकि बाद में भूल न जाएँ।

शूटिंग के पूर्व

शूटिंग के दिन शूटिंग आरम्भ होने के पूर्व का समय वह होता है जब निर्देशक

पहली बार मुख्य कलाकारों, छायाकार, कला निर्देशक तथा सहायकों को सेट (Set/Location) पर पटकथा में निहित कल्पना को साकार करने के प्रयास में देखता है। वह स्वयं भी आश्वस्त होना चाहता है कि सब कुछ वैसा ही है जो उसने सोचा था। इस प्रक्रिया में प्रत्येक व्यक्ति की सम्पूर्ण एकाग्रता आवश्यक है। यदि निर्देशक बीच में लम्बी-लम्बी व्याख्याएँ तथा आदेश देता है तो सबकी एकाग्रता भंग होती है। वास्तव में यह समय कुछ बताने या समझाने का नहीं है क्योंकि ये अभ्यास पहले ही समाप्त हो चुके होते हैं, अब तो आवश्यकतानुसार सिर्फ संक्षिप्त निर्देश ही देने चाहिए। हर व्यक्ति पूर्व में निर्देशक के साथ किए गए

शशिकपूर की फिल्म 'अजूबा' के सेट पर पूर्व तैयारी

विचार-विमर्श के अनुसार ही अपना-अपना कार्य करता है। चूँकि सभी इतने अनुभवी होते हैं कि उन्हें थोड़े में ही सब कुछ समझ में आ जाता है। इस प्रक्रिया में सभी लोग शॉट लेने की तैयारी करते हैं। छायाकार अपना कैमरा लगाकर उसका घुमाव (Movement) तथा शॉट की कम्पोज़ीशन (Framing/Composition) करता है। इलेक्ट्रीशियंस तथा स्टूडियो ब्वायज़ (Studio Boys) प्रकाश-व्यवस्था करते हैं। कला निर्देशक अन्तिम समय की मंच सज्जा तैयार करता है। ध्वनि मुद्रक (Recordist) अपने माइक्रोफोन को यथास्थान स्थित करता है ताकि शॉट लेते समय वह फ्रेम में न आए। मुख्य कलाकारों और अभिनेताओं को भी शॉट में

अपने आवागमन (Movements) का ज्ञान होता है। यही वह समय है जब निर्देशक एक व्यू फाइंडर (View Finder) के द्वारा शॉट के कम्पोजीशन (Compositions) को अन्तिम रूप देता है। नई तकनीक के विकास के साथ आजकल कैमरे के साथ टी.वी. मॉनीटर (T.V. Monitors) सलंग्न कर दिए जाते हैं जिसमें कैमरे द्वारा लिया जानेवाला पूरा दृश्य दिखाई देता है। यदि कोई संशोधन करना हो तो इस समय कर लेना चाहिए।

जिस समय सभी तकनीशियन अपनी अपनी सेटिंग (Setting Up) में व्यस्त हों, सामान्यतः निर्देशक मुख्य अभिनेताओं के साथ एकान्त में विचार-विमर्श करता है। इससे अभिनेता अपने संवाद तथा दृश्य के भावों (Moods) को आत्मसात करते हैं। यदि अभिनेता की सुविधा के लिए संवादों में कोई संशोधन करने हों तो इस समय किए जा सकते हैं। इस विचार-विमर्श का मुख्य तात्पर्य है अभिनेता को दृश्य के चरित्र में ढालना, जिसमें निर्देशक के सुझाव आवश्यक होते हैं। अधिकतर अनुभवी अभिनेता एक ही संवाद को कई तरीकों से बोलकर निर्देशक को कई विकल्प प्रदान करते हैं जिनमें सर्वश्रेष्ठ को चुनना चाहिए। यदि इसके लिए कलाकारों के पूर्व निश्चित आवागमन (Movements) में कोई संशोधन हों तो कर लेने चाहिए और उसी प्रकार शॉट को पुनर्व्यवस्थित करना चाहिए। निर्देशक तथा मुख्य अभिनेताओं का यह एकान्त विचार-विमर्श तकनीशियनों के कार्य में बाधा न बनने के लिए आवश्यक है। इसके विपरीत तकनीशियन भी निर्देशक तथा अभिनेता के विचार-विमर्श में बाधा नहीं बनते और अभिनेता अपनी अभिनय योजना बनाने में पूर्ण एकाग्र होता है।

अनुभवी अभिनेता एक या दो रिहर्सलों में ही टेक (Take) करने के लिए तैयार हो जाते हैं, वहीं अन्य किसी अभिनेता को कहीं अधिक रिहर्सलों की आवश्कता होती है। यहाँ समस्या यह है कि अनुभवी कलाकार अन्य के साथ अन्त तक पहुँचते-पहुँचते अपनी सर्वश्रेष्ठ अदाकारी (Best Performance) खोने के साथ-साथ धैर्य भी खो बैठता है जबकि अन्य कलाकार कई बार रिहर्सल करने के बाद ही अपनी सर्वश्रेष्ठ अदाकारी दे पाता है। दो या अन्य कई अभिनेताओं के बीच यह असन्तुलन निर्देशक तथा अभिनेताओं के बीच समस्या बन जाता है जिसका समाधान निर्देशक को ही अपने अनुभव तथा सोच से निकालना होता है। इस स्थिति में निर्देशक को चाहिए कि वह अनेक रिहर्सलवाले कलाकारों को टेक (Take) करने के पहले ही सन्तुष्टि होने तक स्वयं ही रिहर्सल करने दे। मुख्य कलाकारों के लिए इस समय विकल्प (Dummy) प्रयोग किए जा सकते हैं ताकि मुख्य अभिनेता को थकान न हो। इतना होने के बाद भी इस बात की कोई गारंटी

नहीं हो सकती कि सिर्फ एक या दो रिहर्सल के बारे में 'टेक' ठीक हो जाएगा।

'टेक' करते समय ग़लतियाँ किसी से भी हो सकती हैं। अभिनेता अपने संवाद भूल सकते हैं, जीभ लड़खड़ा सकती है, आवागमन ग़लत हो सकते हैं, कैमरा चलते समय रुक सकता है, लाइट ऑफ हो सकती है या हिल सकती है, माइक्रोफोन फ्रेम में आ सकती है, कोई बाहरी आवाज या वस्तु कम्पोजीशन बिगाड़ सकती है आदि-आदि। फिर भी प्रत्येक अभिनेता को तथा तकनीशियन को हर रिहर्सल टेक की तरह ही करनी चाहिए। ऐसा भी होता है कि रिहर्सल टेक से अच्छी हो जिसे निर्देशक अपने विवेकाधिकार का प्रयोग करके टेक की तरह प्रयोग कर सकता है। प्रयास यही होना चाहिए कि जब तक सभी पक्ष पूरी तरह से तैयार न हों टेक न किया जाए। क्योंकि बार-बार टेक (Retakes) होने से फिल्म स्टॉक काफ़ी व्यर्थ जाता है, अतः टेक करने में जल्दबाजी नहीं करनी चाहिए और न ही टेक देर से होने अथवा कई रिहर्सल या टेक अस्वीकृत (Not Good/N.G. Takes) होने की दशा में निर्देशक या निर्माता को अपना सन्तुलन खोना चाहिए। शूटिंग करते समय तनाव की किसी भी स्थिति से बचना चाहिए और प्रयास करना चाहिए कि शूटिंग का वातावरण शान्त व सुखद बना रहे।

शूटिंग

जैसे ही निर्देशक टेक करने के लिए तैयार होता है, सामान्य रूप से अन्तिम समय में मेकअप मैन पावडर और पफ (Puff) के साथ मेकअप ठीक करने आ जाता है, तो हेयर ड्रेसर कंघी के साथ बाल सँवारने, कास्ट्यूम सहायक अभिनेताओं के कास्ट्यूम की सिलवटें निकालने के लिए अचानक आ जाते हैं। ऐसा लगता है कि जैसे ये सेट कोई मछली बाजार बन गया हो। इससे अचानक सभी के मूड (Mood) में व्यवधान आ जाता है जो कि कभी-कभी काफ़ी चिड़चिड़ापन उत्पन्न करता है। परन्तु यह एक आवश्यक कार्य है जो उतना ही महत्त्वपूर्ण होता है जितना वास्तविक शूटिंग या टेक करना। कोशिश करनी चाहिए कि ये कार्य जितनी जल्दी और शान्तिपूर्वक कर लिए जाएँ उतना अच्छा। इसी प्रकार के निर्देश सभी सम्बद्ध व्यक्तियों को पहले ही दे देने चाहिए। टेक करने के पूर्व की इस प्रक्रिया को सुनियोजित तरीके से इस प्रकार किया जा सकता है–

1. सबसे पहले सहायक निर्देशक 'सायलेंस' (Silence) कहकर सबको शान्त तथा आकर्षित करता है। इसका अर्थ होता है कि यूनिट 'टेक' के लिए तैयार है। यदि शूटिंग स्टूडियो में है तो बाहर प्रवेश द्वार की 'लाल बत्ती'

जला दी जाती है ताकि बाहर के लोगों को मालूम हो कि अन्दर 'शूटिंग चल रही है' और कोई किसी भी प्रकार का व्यवधान उत्पन्न न करे। इसी के साथ 'Bell' (घंटी) भी बजाई जाती है ताकि दूर तक लोग सुन लें।

2. निर्देशक 'तैयार है' (Ready) का संकेत देता है।
3. सहायक निर्देशक स्टार्ट साउंड (Start Sound) कहकर ध्वनि मुद्रक (Recordist) को रिकॉर्डिंग आरम्भ करने का आदेश देता है।
4. रिकॉर्डर आरम्भ होने के बाद जैसे ही वह अपनी सामान्य गति (Standard Running Speed) में आ जाता है तो रिकॉर्डिस्ट कैमरामैन को कैमरा शुरू करने का संकेत देता है। ये संकेत आवाज़ से, शारीरिक संकेत या लाल बत्ती के द्वारा दिए जा सकते हैं।
5. कैमरा ऑन (On) होने के बाद कैमरा सहायक टेकोमीटर (Techometer) में 'कैमरा स्पीड' (Camera Speed) देखता है। जैसे ही 'स्पीड' सामान्य हो जाती है, वह क्लेपर बॉय (Clapper Boy) को क्लेप देने का आदेश देता है। कैमरे की सामान्य स्पीड 24 फ्रेम प्रति सैकंड होती है, जबकि वीडियो कैमरे की स्पीड 25 फ्रेम प्रति सैकंड होती है।
6. क्लेपर बॉय स्लेट पर लिखे हुए सीन न., शॉट न. की घोषणा (Announcement) करके क्लेप बन्द (Close) कर देता है। क्लेप बन्द करने की आवाज रिकॉर्ड हो जाती है तथा कैमरे में उसके विवरण, एडिटिंग करते समय ये आवाज शॉट में दिखाई देती हुई क्लेप बन्द करने की छवि से मिलाकर ध्वनि तथा छवि का समन्वय (Sound & Picture Synchronisation) किया जाता है। अतः इस कार्य में क्लेप की भूमिका बहुत महत्त्वपूर्ण है।

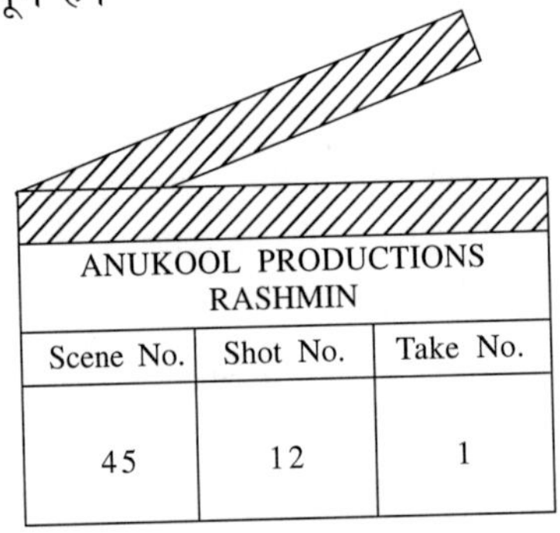

ANUKOOL PRODUCTIONS RASHMIN		
Scene No.	Shot No.	Take No.
45	12	1

क्लेपर बॉय को सावधानी से जितना सम्भव हो उतनी जल्दी अनाउंसमेंट करके क्लेप बन्द करने के बाद तुरन्त ही बाहर निकल आना चाहिए

7. हर चीज़ को पूरी तरह ठीक से जाँच-परख करके जब सब कुछ स्थिर (Settle) हो गया हो निर्देशक 'Action' बोलकर शॉट शुरू होने का आदेश देता है, जिसके बाद अभिनेता अपने संवाद तथा अभिनय करने लगते हैं।

शॉट पूरा होने के बाद या बीच में ही कुछ ग़लत होने की स्थिति में सामान्यतः सिर्फ निर्देशक को ही 'कट' (Cut) कहने का अधिकार है। यदि शॉट के समय कैमरामैन को किसी छोटी-सी ग़लती का भी आभास होता है तो भी बुद्धिमानी इसी में है कि शॉट को चलता रहने दिया जाए क्योंकि सम्भव है कि निर्देशक के लिए शॉट ओ.के. (O.K.) हो और वह कैमरे की उस छोटी-सी ग़लती को किसी प्रकार छिपा ले, ऐसा एडिटिंग के समय चरित्रों के 'क्लोज़ अप' (Close Up) या 'कट अवे' (Cut Away) शॉट्स के द्वारा किया जा सकता है। कभी किसी शॉट की यदि पुनरावृत्ति करनी हो या फ्लेश बैक में शॉट का पुनः पूर्ण या कोई भाग (Full or Part) प्रयोग करना हो तो इस तरह के शॉट का उपयोग किया जा सकता है।

किसी शॉट के टेक में जब तक कोई भारी ग़लती न हो या निर्देशक और अभिनेता उसमें कुछ परिवर्तन करना चाहें, तब तक रिटेक (Retakes) नहीं करने चाहिए। सुरक्षा के लिए रिटेक (Retakes) करना समय तथा धन दोनों की बरबादी है क्योंकि इस तरह के रिटेक में सामान्यतः कोई अन्तर नहीं होता। कई बार अभिनेताओं की अदाकारी से असन्तुष्ट होकर निर्देशक 'सेफ्टी टेक' (Safety Takes) का आदेश दे देता है, इस प्रकार वह अभिनेता को लज्जाजनक स्थिति से बचाने की कोशिश करता है। यह जानते हुए अभिनेता भी अगले टेक में बेहतर अदाकारी देने का प्रयत्न करते हैं।

कई युवा निर्देशक कैमरामैन तथा अभिनेताओं को आदेश-सा दे डालते हैं कि "कैमरा यहाँ है, लेंस 50 mm. का है, कैमरा जूम करेगा, अभिनेता यहाँ से वहाँ जाएगा" आदि आदि। यह ठीक है कि निर्देशक को शॉट के बारे में पूरा ज्ञान होता है परन्तु उसे ऑपरेटर्स के रचनात्मक सहयोग के लिए भी कुछ स्थान छोड़ना चाहिए। ये बातें निर्देशक को सभी से विचार-विमर्श करने के बाद निश्चित करनी चाहिए। ऐसा भी होता है कि अभिनेता किसी विशेष मूवमेंट में सुविधाजनक महसूस न कर पाए जिससे उसकी अभिनय क्षमता पर विपरीत प्रभाव पड़े। उसके लिए वह कुछ संशोधन करने का सुझाव दे सकता है जिसके अनुसार शॉट को दोबारा व्यवस्थित करना होगा या फिर कैमरामैन के अनुसार किसी अन्य लेंस के प्रयोग तथा कैमरा कोण से शॉट बेहतर होगा। इस स्थिति में निर्देशक को

सहयोगपूर्ण रवैया अपनाना चाहिए अन्यथा वह अपनी यूनिट के सदस्यों से किसी भी रचनात्मक सहयोग की न तो अपेक्षा कर सकता है और न ही उसे वह प्राप्त होगा। अतः निर्देशक को हमेशा तानाशाही रवैए से बचना चाहिए। इसका अर्थ यह भी नहीं है कि निर्देशक का उन पर कोई अधिकार न रहे। जहाँ उसे यह प्रतीत हो कि वह सही है, उसे अपने विचार उनके सामने सामंजस्यपूर्ण तरीके से रखने चाहिए ताकि वह निर्देशक से सहमत हो सके। असहमति की स्थिति में निर्देशक को अपने तकनीशियन की भावनाओं का आदर करते हुए उसके अनुसार भी एक शॉट ले लेना चाहिए। एक अतिरिक्त शॉट निर्देशक को यूनिट की सद्भावनाएँ दिला सकता है।

एक निर्देशक के रूप में मैं स्वयं कभी तकनीशियन का कार्य करना पसन्द नहीं करता। किसी भी तकनीशियन को उसके उत्तरदायित्व तथा रचनात्मक प्रतिभा का अहसास कराते हुए मैं सिर्फ अपना विचार (Concept) बताता हूँ। उस पर विचार-विमर्श करते हुए मैं कैमरामैन से यह अपेक्षा करता हूँ कि वह मेरी कल्पना के अनुसार उचित लेंस का प्रयोग निश्चित करे। यदि मुझे लगता है कि कैमरामैन का निर्णय शायद उचित नहीं है तो मैं अन्य लेंस का सुझाव देता हूँ परन्तु अन्तिम निर्णय कि किसी शॉट में क्या लेंस प्रयोग होगा या क्या फोकस (Focal Length) या एपरचर (Aperture) होगा, कैमरामैन का ही होगा। हाँ, यह अवश्य है कि कैमरामैन द्वारा शॉट सेट कर देने के बाद व्यू फाइंडर (View Finder) के द्वारा शॉट की फ्रेमिंग (Framing), कम्पोज़ीशन, कैमरा मूवमेंट तथा यदि है तो विशेष प्रकाश-व्यवस्था के साथ पूरे टेक की सिर्फ तकनीकी रिहर्सल (Technical Rehearsal) देखना चाहूँगा। इस प्रकार शॉट के अन्तिम स्वरूप तथा प्रभाव के बारे में अन्तिम निर्णय मेरा ही होगा।

कुछ असामान्य परिस्थितियों में यह सम्भव नहीं हो पाता कि निर्देशक 'टेक' करते समय कैमरामैन के साथ रहे। उदाहरणार्थ, यदि शूटिंग हेलीकोप्टर्स में है या पर्वतों पर या जहाँ एक ही साथ कई कैमरों का प्रयोग, एक्शन दृश्यों आदि में करना हो, ऐसी स्थिति में निर्देशक को सभी सम्बन्धित कैमरामैन, कंटीन्यूटी सहायक (Continuity Assistant) आदि के साथ दृश्य तथा प्रत्येक शॉट के बारे में विस्तृत चर्चा करके अपनी अपेक्षाएँ बतानी चाहिए। विचार-विमर्श के बाद कैमरामैन को स्वतन्त्रता दे देनी चाहिए, इस आशा के साथ कि वे निर्देशक की आवश्यकताओं के अनुसार परिणाम देंगे। इतना सब कुछ करने के बाद भी यह सम्भव है कि निर्देशक को अपनी कल्पना के अनुरूप शॉट न प्राप्त हों। इस तरह की सम्भावनाओं पर भी निर्देशक को पूर्ण रूप से ध्यान देने के बाद कुछ

'अतिरिक्त शॉट' का प्रावधान रखकर उचित निर्देश दे देना चाहिए क्योंकि इस प्रकार के शॉट्स का पुनः फिल्मांकन सम्भव नहीं होता और निर्देशक को इसके लिए तैयार रहना चाहिए।

सेट पर शूटिंग करते समय कोशिश होनी चाहिए कि एक ही प्रकार की प्रकाश-व्यवस्था तथा कैमरा स्थिति के शॉट्स एक साथ ले लिए जाएँ, इससें बार-बार प्रकाश-व्यवस्था तथा कैमरा स्थिति बदलने में होनेवाले समय की बचत की जा सकती है। इसका अर्थ यह भी नहीं है कि शॉट की आवश्यकता के अनुसार छोटे-मोटे परिवर्तन भी न किए जाएँ। इस प्रकार की शूटिंग को निश्चित क्रम से अलग शूटिंग करना कहते हैं। इसका अन्य कारण ये भी है कि एक ही सेट या लोकेशन के सभी दृश्यों को एक साथ शूटिंग कर लेने से एक ही स्थान पर बार-बार लौटकर शूट न करना पड़े या उसी सेट को दुबारा न लगाना पड़े। यदि ऐसा होता तो न ही सिर्फ व्यय व समय अधिक खर्च होगा बल्कि बार-बार उन्हीं अभिनेताओं का प्रबन्ध करना भी मुश्किल होगा क्योंकि उन्हें अतिरिक्त फ़ीस के साथ अन्य व्यय भी करने होंगे। इस प्रकार सारी शूटिंग योजना में एक अव्यवस्था की स्थिति उत्पन्न हो जाएगी जिसका प्रभाव फिल्म निर्माण के हर पहलू पर अवश्य पड़ेगा। चाहे वह बार-बार किराए पर लोकेशन (Location Hire) करना हो या उपकरण (Equipments), तकनीकी समूह (Technical Unit) अथवा यातायात व्यवस्था आदि। अतः शूटिंग की योजना बनाते समय इन सभी बातों का ध्यान रखना आवश्यक है।

शॉट्स के प्रकार

कैमरा तथा विषय (Subject) एवं वस्तु (Objects) के बीच की दूरियों के आधार पर शॉट्स के विभिन्न प्रकार हो सकते हैं। कैमरे से विषय तथा वस्तु की दूरी विभिन्न प्रकार के प्रभाव तथा अनुभूतियों की रचना करने के लिए होती है। दृश्य की आवश्यकता के अनुसार निर्देशक तथा कैमरामैन दृश्य को कई शॉट्स में विभाजित करते हैं। इस शॉट विभाजन में निरन्तरता (Continuity) का विशेष ध्यान रखा जाता है।

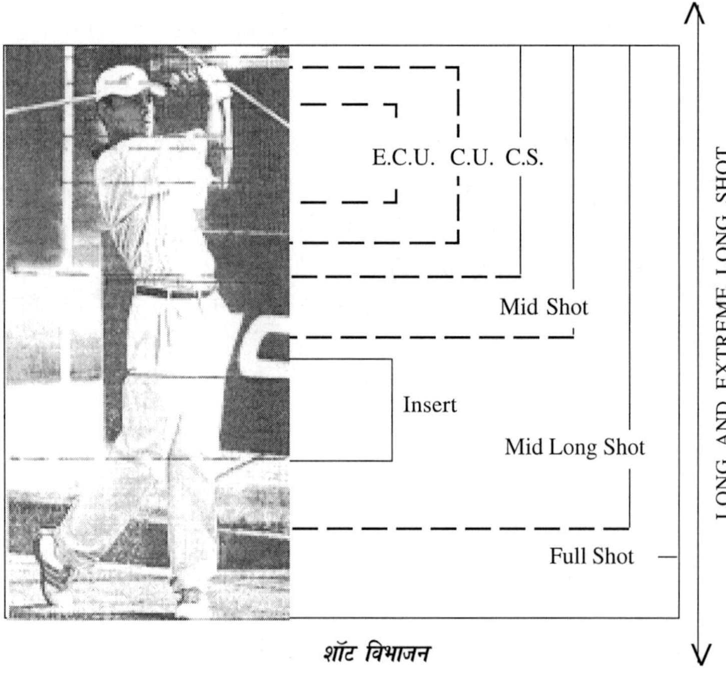

शॉट विभाजन

1. एक्स्ट्रीम लाँग शॉट : Extreme Long Shot (E.L.S.)

इस शॉट का प्रथम उद्देश्य किसी स्थान को स्थापित करना है जहाँ पर किसी दृश्य का 'एक्शन' घटित होता है या कहानी की पृष्ठभूमि जिस स्थान की हो। इसीलिए इन शॉट्स को स्थापना शॉट (Establishing Shots) भी कहते हैं। उदाहरणस्वरूप यदि किसी दृश्य की पृष्ठभूमि रेगिस्तान है तो एक E.L.S. दूर-दूर तक फैले हुए रेगिस्तान को दिखाते हुए दर्शकों के मन में रेगिस्तान की छवि स्थापित कर देता है और बिना कुछ कहे दर्शक समझ जाता है कि कहानी (दृश्य) की पृष्ठभूमि यही है जहाँ पूरी कहानी (दृश्य) घूमेगी।

किसी दृश्य के घटनास्थल के दूर-दूर तक फैले हुए क्षेत्र को दर्शाने के लिए भी E.L.S. प्रयोग किए जा सकते हैं। सामान्यतः इस प्रकार के शॉट टॉप एंगल (Top Angle) अथवा हेलीकॉप्टर या किसी पर्वतीय चोटी से लिए जाते हैं ताकि उस स्थान का अधिक-से-अधिक क्षेत्र दिखाया जा सके। जैसे—युद्धभूमि या जुलूस जिसमें लाखों लोग भाग ले रहे हों। भीड़ का घनत्व भी इसी प्रकार बताया जा सकता है।

यदि किसी व्यक्ति का एकान्त (Loneliness or Isolation) दिखाना हो कि वह बिलकुल अकेला है और उसका कोई नहीं है तो E.L.S. का प्रयोग किया जाता है। ये शॉट दर्शक को दार्शनिक धरातल पर ले जाकर उसे यह अहसास दिलाता है कि व्यक्ति नितान्त अकेला है और इस संसार में उसका कोई महत्त्व नहीं है। इस भावना के साथ दर्शक उस विशेष चरित्र के साथ अपनी पहचान बना लेता है।

E.L.S. घटनास्थल के विस्तृत क्षेत्र को स्थापित करते हैं अतः उनमें एक्शन (Action) की स्पष्टता का अभाव रहता है, क्योंकि एक्शन और कैमरे के बीच की दूरी बहुत अधिक होती है।

2. लाँग शॉट : Long Shot (L.S.)

लाँग शॉट किसी दृश्य या स्थान के एक्शन को अधिक स्पष्ट रूप से स्थापित करता है। E.L.S. के विपरीत इसमें प्रत्येक व्यक्ति का एक्शन स्पष्टतः देखा जा सकता है। इसे दृश्य का स्थापना शॉट भी कह सकते हैं। इसमें वातावरण तथा क्षेत्र पर कम ध्यान रहता है व्यक्तियों पर अधिक। अतः निर्देशक को देखना चाहिए कि यह शॉट योजना बनाते समय प्रत्येक एक्शन या चरित्र का महत्त्व हो। अनावश्यक व्यक्तियों तथा एक्शन को L.S. में नहीं दिखाना चाहिए।

लाँग शॉट (L.S.)

3. मिड लाँग शॉट : Mid Long Shot (M.L.S.)

मिड लाँग शॉट (M.L.S.) में चरित्र को सिर से घुटने तक ही दिखाया जाता है।

मिड लाँग शॉट

4. मिड शॉट : Medium Shot or Mid Shot (M.S.)

इस शॉट में आस-पास की वस्तुओं तथा क्षेत्र को निकाल दिया जाता है। मूलरूप से ये Body Shot होता है जिसमें शरीर को केन्द्र बना दिया जाता है। इसमें विभिन्न व्यक्तियों तथा चरित्रों के बीच सम्बन्ध स्थापित किए जाते हैं, यद्यपि इसमें क्लोज़ अप शॉट में दिखाई जानेवाली सूक्ष्म भावनाओं का अभाव रहता है।

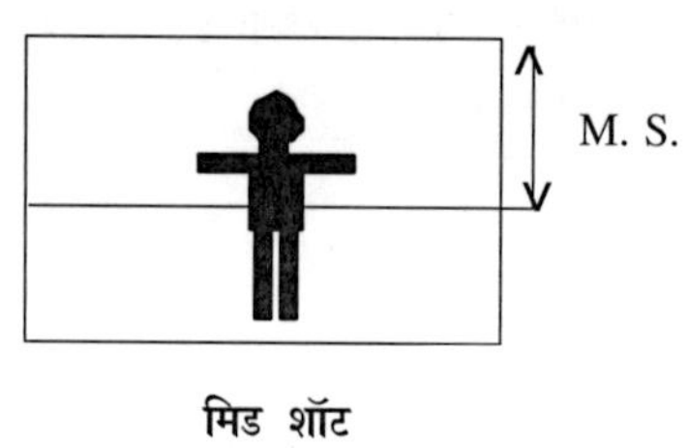

मिड शॉट

5. क्लोज़ अप : Close Up (C.U.)

क्लोज़ अप शॉट का सबसे बड़ा गुण है कि यह दर्शकों को किसी व्यक्ति या वस्तु के पास ले आता है इसमें आसपास की अधिकांश वस्तुओं, वातावरण (Ambience) तथा पृष्ठभूमि को बाहर कर दिया जाता है। ये शॉट किसी दृश्य में भावनाओं की अभिव्यक्ति, चरम सीमा (Climax) का विकास (Built Up), तथा नाटकीयता उत्पन्न करने के लिए किए जाते हैं। इनमें चरित्रों की सूक्ष्म भावनाएँ तथा अनुभूति चेहरे पर दिखाई देती हैं। दृश्यों में भावनात्मक प्रभाव देने के लिए क्लोज़ अप शॉट काफ़ी महत्त्वपूर्ण होते हैं। सम्पादन के समय क्लोज़ अप किसी भी शॉट के बीच (Intercut) में लगाए जा सकते हैं।

6. मीडियम क्लोज़ शॉट : Medium Close Shot (M.C.S.)

सामान्यतः यह शॉट वार्तालाप में प्रयोग किए जाते हैं जिनका आकार (Magnification) सीने से सिर तक होता है। ये शॉट भी किसी भी प्रकार के शॉट के साथ लगाए जा सकते हैं। M.C.S. से क्लोज़ अप या लाँग शॉट जोड़ने से दृश्य के प्रभाव में विभिन्नता लाई जा सकती है। वार्तालाप के समय ये शॉट कन्धों के पीछे से (Over The Shoulders) भी लिये जाते हैं।

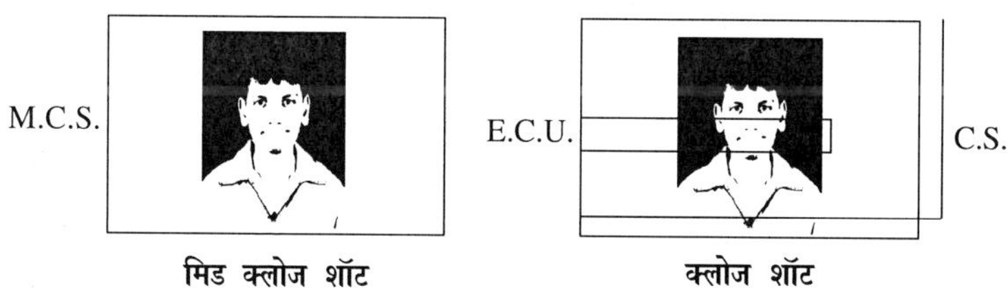

मिड क्लोज शॉट   क्लोज शॉट

मीडियम शॉट से पास आने पर C.S. (Head & Shoulder) बनता है। इसमें चरित्र के चेहरे पर जोर होता है। अतः निर्देशक को ये शॉट लेते समय अधिक सावधान रहना चाहिए। बिना किसी भावना की अभिव्यक्ति के ये शॉट नहीं लेना चाहिए।

7. एक्सट्रीम क्लोज अप : Estreme Close Up (E.C.U.)

अत्यन्त सूक्ष्म भावनाओं, अनुभूतियों तथा किसी विशेष नाटकीय प्रभाव लाने के लिए E.C.U. का उपयोग होता है। इस तरह के शॉट सस्पेंस उत्पन्न करने के लिए भी किए जा सकते हैं। परन्तु ये शॉट लेने के पूर्व निर्देशक तथा अभिनेताओं को इस प्रकार के शॉट्स की उपयोगिता के बारे में स्पष्ट हो जाना चाहिए ताकि शॉट अनावश्यक न लगे।

निर्देशक छोटी-छोटी वस्तुओं अथवा अंगों के E.C.U. लेकर उन्हें बड़ा दिखा सकता है। एडिटर इस तरह के शॉट्स के प्रयोग से नाटकीयता उत्पन्न कर सकता है, जैसे हाथों की उँगलियाँ, अँगूठी, आँखें, होंठ आदि।

हर प्रकार के क्लोज अप शॉट पर्दे पर अति गहरा प्रभाव उत्पन्न करते हैं। अतः निर्देशक को ये शॉट बड़ी सावधानी से आवश्यक होने पर ही लेने चाहिए। इनका अनावश्यक प्रयोग करने से बचना चाहिए। हर एक क्लोज शॉट में आकार ही बड़ा नहीं होता। इनका आगे और पीछे प्रयुक्त किए गए शॉट्स के विषय (Contents) से भी उचित सम्बन्ध होना चाहिए। अतः एडिटर को भी बड़ी सावधानी से ही इन शॉट्स का प्रयोग करना चाहिए।

टेलीविजन माध्यम में पर्दा छोटा होने के कारण अधिकांश रूप से Close Up शॉट्स का ही प्रयोग किया जाता है। फिल्म के पर्दे की तरह Long Shot का प्रयोग कम होता है परन्तु निर्देशक को हमेशा याद रखना चाहिए कि हर शॉट में एक ही अर्थ हो, तभी शॉट का उद्देश्य पूरा होगा।

8. कट अवे शॉट :(Cut Away Shots)

जैसा कि नाम से ही प्रतीत होता है कि Cut Away Shots वे होते हैं जो दर्शकों को मुख्य दृश्य या एक्शन से दूर ले जाएँ या उससे उनका ध्यान हटा दें। यद्यपि ये Diversion बहुत कम समय के लिए होता है। ये Cut Away Shots मुख्य दृश्य या एक्शन का भाग (Part) नहीं होते। उदाहरण के लिए, दौड़ के समय भीड़ के शॉट, यदि भीड़ को दौड़ के बीच-बीच में उचित स्थान पर दिखाया जाए तो एक्शन काफ़ी रुचिकर हो सकता है।

कथाचित्र में दो व्यक्तियों के वार्तालाप को कोई तीसरा व्यक्ति सुनता है या प्रतिक्रिया व्यक्त करता है तो यह Cut Away Shot होगा। यह तीसरा व्यक्ति मुख्य वार्तालाप का अंग नहीं है। ये कट अवे शॉट कभी-कभी दर्शकों का प्रतिनिधित्व करते हैं जिसके बारे में दर्शकों की रुचि या प्रतिक्रिया की अपेक्षा होती है।

अतिरिक्त शॉट किसी दृश्य तथा एक्शन का भाग होते हैं। इसके विपरीत कट अवे शॉट दृश्य तथा एक्शन का भाग न होकर भी दर्शकों की रुचि बनाए रखने में महत्त्वपूर्ण भूमिका निभाते हैं। ये शॉट दर्शकों को उस दृश्य अथवा एक्शन के पास ले जाते हैं किसी तीसरे व्यक्ति अथवा वस्तु की प्रतिक्रिया द्वारा। अधिकतर कट अवे शॉट प्रतिक्रिया दर्शाते हैं। अतः इन्हें प्रतिक्रिया शॉट यानी Reaction Shots भी कह सकते हैं।

कट अवे शॉट कभी-कभी किसी चरित्र की किसी दूसरे वस्तु या चरित्र से तुलना की सांकेतिक समानता भी प्रदर्शित करते हैं। जैसे—एक सीधे-सीधे व्यक्ति के साथ खरगोश के शॉट या नर्तकी के साथ नाचते हुए मोर के शॉट उनकी चारित्रिक समानता को अभिव्यक्त करते हैं।

चूँकि अतिरिक्त शॉट किसी दृश्य या एक्शन का हिस्सा होते हैं, अतः उनके प्रयोग के पूर्व स्थापना शॉट (Establishing Shot) लगाना बहुत आवश्यक है। अन्यथा ये शॉट अर्थहीन तथा उद्देश्यहीन हो जाएँगे। इसके विपरीत कट अवे शॉट के साथ स्थापना शॉट आवश्यक नहीं होते क्योंकि वे किसी दृश्य या एक्शन का हिस्सा नहीं होते। वे दर्शकों में रुचि तथा समझ उत्पन्न करने के लिए प्रयोग किए जाते हैं। ध्यान रखना चाहिए कि कट अवे शॉट भी दृश्य अथवा एक्शन की गति तथा लय के अनुसार ही उचित स्थान पर लगाए जाएँ अन्यथा वे दृश्य के प्रवाह (Flow) एवं प्रभाव (Effect) में बाधा उत्पन्न कर सकते हैं।

सेट या लोकेशन का चयन

किसी भी निर्देशक के लिए यह एक बड़ा ही महत्त्वपूर्ण तथा कठिन निर्णय होता है कि वह अपनी फिल्म की शूटिंग 'सेट' पर करे या वास्तविक शूटिंग स्थलों (Real Locations) पर। ये दोनों ही विकल्प काफ़ी कठिनाइयों से परिपूर्ण होते हैं। 'सेट' बनाकर उसमें शूटिंग करने में सबसे बड़ी समस्या होती है वास्तविकता का अभाव। सेट चाहे Indoor हो या Outdoor हो, नकली या बनावटी नहीं लगना चाहिए और सेट में वास्तविकता लाना सरल भी नहीं होता। एक वास्तविक-से लगनेवाले शॉट में कला निर्देशक, निर्देशक तथा छायाकार में आपसी समझ होने के अतिरिक्त उनमें रचनात्मक प्रतिभा अद्वितीय होनी चाहिए क्योंकि सेट पर शूटिंग करने की अपनी सीमाएँ होती हैं। सबसे बड़ी समस्या होती है धनाभाव। एक अच्छा सेट बनाने में काफ़ी धन लग सकता है। यदि उसी को वास्तविक लोकेशन में शूट किया जाए तो कितना धन व्यय होगा, इसका तुलनात्मक अध्ययन इस निर्णय पर पहुँचने में कुछ सहायता कर सकता है।

सेट पर शूटिंग करने के लाभ भी हैं कि निर्देशक एवं छायाकार को कार्य करने के लिए पूर्ण रचनात्मक स्वतन्त्रता प्राप्त हो जाती है। कैमरामैन उचित प्रभाव के लिए सर्वश्रेष्ठ प्रकाश-व्यवस्था कर सकता है तथा कैमरा रखने तथा घूमने के लिए काफ़ी खुला स्थान मिल जाता है, वहीं अभिनेताओं को भी अपना सर्वश्रेष्ठ प्रदर्शन करने के लिए स्थान का अभाव नहीं होता। इसके विपरीत वास्तविक लोकेशन में स्थान सीमित हो जाता है। इसीलिए बड़े बजट तथा अभिनेताओं की फिल्मों के निर्माता-निर्देशक अधिकतर 'सेट' बनाकर शूटिंग करने को प्राथमिकता देते हैं। फिल्म 'शोले' तथा 'लगान' के लिए बनाया गया सम्पूर्ण गाँव आज भी चर्चा का विषय है, यद्यपि ये Outdoor Locations थीं। Indoor Sets के लिए मुग़ल-ए-आज़म, पाकीजा, देवदास (2001) आदि काफ़ी चर्चित रहीं। सेट बनाकर शूटिंग का सबसे बड़ा आराम है नियन्त्रित स्थितियों में कार्य करना यानी वहाँ हर वस्तु या प्रबन्ध निर्माता निर्देशक के अधिकार में होता है। आवश्यकतानुसार जो चाहें करें, जैसे चाहें करें। इसके विपरीत Outdoor/Real Locations में कार्य करते समय निर्देशक को कई समझौते करने पड़ते हैं, जैसे स्थान का अभाव जिसके कारण कैमरा रखने की तथा घूमने की जगह सीमित होने के कारण वांछित शॉट नहीं लिए जा सकते, वहीं अभिनेता भी छोटी-सी जगह में ही अभिनय करने को बाध्य हो जाते हैं। प्रकाश-व्यवस्था में भी समझौते करने पड़ते हैं। परिणामस्वरूप जूम या क्लोज़ शॉट से ही अधिकतर काम चलाना होता है। छोटे बजट की फिल्मों

के लिए वास्तविक लोकेशन में शूट करना उनकी आर्थिक मजबूरी होती है।

सेट या लोकेशन से सम्बन्धित निर्णय के लिए निर्देशक को अपनी पटकथा तथा कल्पना के आधार पर उनका आर्थिक आकलन अवश्य करना चाहिए। यदि निर्देशक वास्तविकता को प्राथमिकता देना चाहता है और निर्माता की आर्थिक स्थिति भी सुदृढ़ नहीं है तो उसे सेट बनाने का विचार नहीं करना चाहिए। अधिकतर छोटे बजट की कलात्मक फिल्मों में 'वास्तविकता' को महत्त्व दिया जाता है। यदि फिल्म की कहानी फेंटेसी, महलों अथवा ऐतिहासिक पृष्ठभूमि पर हो तो जाहिर है कि फिल्म बड़े बजट की ही होगी। अतः सेट पर शूट करना अधिक सुविधाजनक रहता है।

किसी दृश्य को शॉट (Shots) में विभाजित करने के लिए निर्देशक तथा छायाकार को सर्वप्रथम दृश्य में अन्तर्निहित अर्थ, भाव एवं प्रभाव, तथा सूचना (Message) को समझना आवश्यक है क्योंकि उसी के आधार पर शूटिंग स्थल (Locations) या सेट का चुनाव किया जाता है। समुचित शूटिंग स्थल या सेंटिंग दृश्य कल्पना का अधिकांश कार्य पूरा कर देती है।

लेखक द्वारा निर्देशित फिल्म 'टूटे पंख' में मुख्य चरित्र मि. दयाल की व्यथा उनका बुढ़ापा ही नहीं, उनका एकान्त भी है। इसे उभारने के लिए ऐसी लोकेशन तथा सेट की आवश्यकता थी जो सांकेतिक रूप से उनकी व्यथा में शामिल हो सके। इसके लिए बिना यातायातवाली एक छोटे-से गाँव/शहर की सड़क जिसमें दौड़ता हुआ सिर्फ एक ताँगा सर्वाधिक उपयुक्त लोकेशन पाई गई। सड़क पर अधिक यातायात दृश्य में निहित एकान्त में बाधक होता। ताँगे तथा घोड़े के दौड़ने की आवाज़ मि. दयाल के मन में आते-जाते विचारों की शृंखला को दस्तक देती थी। दृश्य में निहित इसी 'एकान्त' की भावना को ध्यान में रखकर इस दृश्य के अन्य शूटिंग स्थल निश्चित किए गए।

दृश्य क्रमांक...
दृश्य का नाम : घर वापसी का सीन
समय : दिन (सूर्यास्त)
स्थान : गाँव की एकान्त सड़क/मि. दयाल की कोठी
पात्र : मि. दयाल, ताँगेवाला

दृश्य	**संवाद**
(पटकथा के अनुसार)	"इन कुछ सालों में कितना कुछ बदल

सूर्यास्त, एक छोटे-से गाँव की सड़क पर एक ताँगा जा रहा है। ताँगे के पीछे की सीट पर मि. दयाल अपने विचारों में खोए हुए बैठे हैं। मि. दयाल अपने घर कई वर्षों बाद वापस लौट रहे हैं।

गया है। हो सकता है कुछ भी नहीं बदला, सिर्फ मेरी नज़र ही बदल गई है या शायद वक्त ही बदल गया है। सुबह से दोपहर और शाम तक–मेरी ज़िन्दगी में भी दिए जलाने का वक्त आ गया है। दूसरों को उजाला देने की कोशिश में कभी ये सोचा ही नहीं कि कभी मुझे भी अपने घर के अँधेरे को दूर करने के लिए दिए की तलाश होगी।

ताँगा मि. दयाल की कोठी के बाहर रुकता है। उनका नौकर बनवारी सामान उतारता है। मि. दयाल ताँगे से उतरकर कोठी की तरफ बढ़ते हैं। बनवारी दरवाजा खोलता है। मि. दयाल अन्दर जाते हैं, हॉल में अनेक कबूतर यहाँ-वहाँ उड़ने लगते हैं। मि. दगाल हॉल की बिजली जलाते हैं। हॉल को देखकर वह अपने अतीत में पहुँचकर कुछ याद करने लगते हैं।

ध्वनि प्रभाव/पार्श्व संगीत।

शॉट विभाजन

1. टॉप एंगल–ताँगे के नज़रिए से (View Point) सड़क पीछे छूट रही है। ताँगा दौड़ रहा है।

   तांगा और घोड़े के चलने की आवाज़

2. क्लोज़ अप शॉट–ताँगेवाला।

   तांगे तथा घोड़े की आवाज़।

3. टॉप एंगल–ताँगेवाले के नज़रिए से घोड़ा भाग रहा है।
4. क्लोज़ शॉट–ताँगे का घूमता हुआ पहिया।
5. लाँग शॉट–ताँगा भाग रहा है।

6. क्लोज़ शॉट–मि. दयाल विचाराधीन मुद्रा में। 7. पैन शॉट (दाएँ से बाएँ) सड़क पर ताँगा भाग रहा है। 8. टॉप एंगल–सड़क पीछे छूट रही है। 9. क्लोज़ शॉट (साइड : Profile)–मि. दयाल सोच रहे हैं। 10. सूर्यास्त। 11. क्लोज़ शॉट–मि. दयाल सोच रहे हैं। 12. लाँग शॉट (पैन : दाएँ से बाएँ) सड़क पर ताँगा दौड़ रहा है और ओझल हो जाता है।	**विचार :** "इन कुछ सालों में सभी कुछ तो बदल गया है या शायद कुछ भी नहीं बदला सिर्फ मेरी नज़र ही बदल गई है...हो सकता है...वक्त ही बदल गया है...सुबह से दोपहर और शाम तक मेरी ज़िन्दगी में भी दिए जलाने का वक्त आ गया है। दूसरों को उजाला देने की कोशिश में कभी सोचा ही नहीं था कि मुझे भी कभी अपने घर के अँधेरे दूर करने के लिए दिए की तलाश होगी।"
13. लाँग शॉट–ताँगा मि. दयाल की कोठी के सामने रुकता है। नौकर आकर उन्हें ताँगे से उतारकर सामान ले जाता है। ताँगा वापस चला जाता है...	
14. मिड शॉट–मि. दयाल वहीं रुककर अपने मकान को देखते हैं।	वातावरण ध्वनि प्रभाव/पार्श्व संगीत।
15. लाँग शॉट–पेन...कैमरा कोठी के बाएँ से दाएँ घूमता है। 16. क्लोज़ शॉट–मि. दयाल अपनी कोठी को बाएँ से दाएँ देखते हैं। 17. लाँग शॉट (स्थिर)–मि. दयाल की कोठी। 18. मिड शॉट–मि. दयाल अपने घर के दरवाज़े की तरफ बढ़ते हैं।	
19. लाँग शॉट (O.S.)–मि. दयाल... दरवाज़ा खोलते हैं।	दरवाजा खुलने की आवाज़।
20. टॉप एंगल (लाँग शॉट)–कोठी के अन्दर...मुख्य हॉल...मि. दयाल	

दरवाजा खोलकर अन्दर आते हैं। कबूतर यहाँ-वहाँ उड़ने लगते हैं। मि. दयाल खड़े होकर कई वर्षों से बन्द हॉल को देखते हैं।	
21. कबूतर के पंख टूटकर गिरते हैं जिन पर नामावली आरम्भ होती है।	
22. टॉप एंगल (लाँग शॉट)—मि. दयाल बिजली का बटन दबाते हैं। बल्ब जल उठते हैं।	
23. क्लाज़ शॉट—शेड के अन्दर जलता हुआ बल्ब आउट ऑफ फोकस होता है। फ्लैश बैक आरम्भ।	कबूतरों की फड़फड़। फ्लैश बैक...ध्वनि प्रभाव व पार्श्व संगीत।

अतिरिक्त शॉट Extra Shots

अधिक दृश्यात्मक (Visual) तथा नाटकीय (Dramatic) रुचि बनाए रखने के लिए निर्देशक विभिन्न अतिरिक्त, क्लोज अप शॉट्स ले सकता है ताकि वह दर्शक को और अधिक एक्शन के केन्द्र (Centre of Action) की ओर आकर्षित कर सके। यह कार्य जूम लेंस (Zoom Lens) अथवा ट्राली इन करके भी प्राप्त किया जा सकता है परन्तु जो नाटकीयता सीधे कट (Direct Cut) करने से प्राप्त होती है वह अन्य विधियों से नहीं। अतिरिक्त क्लोज अप शॉट लेते समय यह ध्यान रखना चाहिए कि इनका आकार (Magnification) तथा कोण (Angle) विभिन्न होने के साथ पिछले और अगले शॉट की इनकी निरन्तरता (Continuity) ठीक हो। ये क्लोज शॉट मास्टर शॉट के नजरिए (View Point) से भिन्न होने चाहिएँ अन्यथा एडीटिंग करते समय 'कटिंग' की समस्या होगी।

अतिरिक्त शॉट लेते समय अभिनेताओं की दृष्टि दिशा (Direction of Looks) उचित होनी चाहिए। इसके लिए अभिनेताओं को कैमरे की स्थिति (Position) तथा कोण के बारे में सही जानकारी दे देनी चाहिए। ये दृष्टि (Looks) की निरन्तरता (Continuity) बनाए रखने के लिए भी आवश्यक है। दृष्टि सही हो, इसका विशेष ध्यान कैमरामैन को भी रखना चाहिए क्योंकि वही कैमरे के व्यू फाइंडर से शॉट में होते हुए एक्शन को सम्पूर्ण रूप से देखता है। उसी के अनुसार अभिनेताओं को निर्देश देने चाहिए कि वे किस दिशा में देखें।

जहाँ किन्हीं व्यक्तियों के अतिरिक्त शॉट न लिए जाने हों वहाँ पर विषय

फिल्म 'टूटे पंख' की शूटिंग में व्यस्त लेखक—निर्देशक कुलदीप सिन्हा

से सम्बन्धित शॉट्स ही लिए जाने चाहिएँ। वृत्तचित्रों में या शैक्षिक फिल्मों के निर्माण में निर्देशक को यह पूर्व ज्ञान होना चाहिए कि किस वस्तु या सूचना को फिल्म में महत्त्व दिया जाना है तथा इन फिल्मों में नाटकीय प्रभाव लाने के लिए उसे किस तरह के शॉट्स लेने चाहिए। अतिरिक्त शॉट दृश्य को समुचित गति (Pace) तथा लय (Rhythm) देने में काफ़ी सहायक होते हैं।

अतिरिक्त शॉट किसी फिल्म (वृत्तचित्र, शैक्षिक फिल्म, विज्ञापन फिल्म तथा कथा फिल्म) में स्क्रीन समय (Screen Time) को कम या अधिक करने में उपयोगी होते हैं। यदि फिल्मी समय (Screen Time) घटाना हो तो ये शॉट लगाकर मास्टर शॉट अथवा एक्शन को छोटा किया जा सकता है। इसके विपरीत यदि Screen Time बढ़ाना है तो अतिरिक्त शॉट तथा मुख्य शॉट (Master Shots) की पुनरावृत्ति (Repeatition) करके नाटकीय प्रभाव भी बढ़ाया जा सकता है। सूचना प्रधान फिल्मों में आवश्यक सूचना की कमेंट्री की लम्बाई के आधार पर दृश्य को बढ़ाने या घटाने की आवश्यकता पड़ती है अतः निर्देशक को अधिक-से-अधिक अतिरिक्त शॉट ले लेने चाहिए।

अतिरिक्त शॉट को समयान्तर (Time Lapse) की विधा के रूप में भी प्रयोग किया जा सकता है। किसी लम्बे एक्शन या प्रक्रिया के बीच में इनके उपयोग से एक्शन या प्रक्रिया (Process) को छोटा किया जा सकता है इस आभास के साथ कि एक्शन या प्रक्रिया पूरी हो गई है।

दृश्य प्रवाह या तारतम्यता

निर्देशक तथा लेखक द्वारा कल्पित कथा एवं पटकथा में निहित दृश्यों की शृंखला को सिनेमा हॉल या टेलीविजन के पर्दे पर प्रदर्शित करने के लिए उन्हें धाराप्रवाह दृश्यों (Continuity Visuals) की आवश्यकता होती है। इन दृश्यों को फिल्म के फ्रेम (Frames) या स्थिर चित्रों में कैद कर लिया जाता है। जब इन 'फ्रेम' को एक निश्चित गति (अन्तर्राष्ट्रीय मापदंड के अनुसार फिल्म के लिए 24 FR./SEC. तथा टेलीविजन के लिए 25 FR./SEC.) में प्रोजेक्टर (Projector) द्वारा चलाया जाता है तो इन स्थिर चित्रों में निहित 'एक्शन' सजीव हो उठते हैं। यहाँ ध्यान देने योग्य बात यह है कि ये सभी फ्रेम एक के बाद एक चलने पर ही निश्चित एक्शन को गतिशीलता (Movement) प्रदान करते हैं। इसका अर्थ है कि हर 'फ्रेम' के एक्शन का सीधा सम्बन्ध आगे और पीछे के एक्शन से होगा। यदि नहीं है तो न ही दृश्य में प्रवाह (Continuity) होगा और न ही शॉट में तारतम्य। यहाँ यह जान लेना भी आवश्यक है कि कई 'फ्रेम' मिलकर एक शॉट बनता है यानी फ्रेम शॉट की एक इकाई (Unit) है। इसीलिए हम फिल्म या दृश्य के सन्दर्भ में 'शॉट' (Shots) की चर्चा करते हैं न कि 'फ्रेम' की। परन्तु फ्रेम यदि अर्थहीन होगा तो शॉट भी अर्थहीन तथा अप्रासंगिक होगा, इसीलिए शॉट लेने के पूर्व निर्देशक तथा कैमरामैन 'फ्रेम' की सज्जा तथा एक्शन पर ध्यान देते हैं। जो फ्रेम में दिखलाई देता है वही शॉट में दिखाई देगा। अतः निर्देशक को 'शॉट' निश्चित करते समय काफ़ी सावधान रहना चाहिए और पटकथा के अनुसार 'दृश्य' में उचित तारतम्य (Continuity) बनाए रखते हुए शॉट विभाजन करना चाहिए। आखिरकार कई शॉट मिलाकर ही तो एक दृश्य (Scene) बनता है।

पटकथा के आधार पर शूटिंग स्क्रिप्ट तैयार करते समय निर्देशक को ध्यान रखना चाहिए कि हर शॉट फिल्म तथा दृश्य को एक निश्चित अर्थ तथा आयाम दे और हर शॉट मिलकर वह अभिव्यक्त कर सके जो निर्देशक करना चाहता है। थोड़ा-सा भी बिखराव तथा भटकाव दृश्य को अर्थहीन कर सकता है। रहस्य-प्रधान दृश्यों/फिल्मों में निर्देशक यदि चाहे तो कुछ अर्थहीन या अप्रासंगिक शॉट लेने की

स्वतन्त्रता ले सकता है परन्तु वह भी दृश्य को और अधिक रोचक तथा रहस्यमय बनाने के लिए ही होना चाहिए। शॉट में प्रवाह (Continuity) की अनुभूति दृश्य के प्रारूप को शक्तिशाली तथा प्रभावपूर्ण बनाता है।

स्क्रीन डायरेक्शन

दृश्यों में तारतम्य को बनाए रखने के लिए सबसे महत्त्वपूर्ण है स्क्रीन डायरेक्शन (Screen Direction), जिसमें चरित्रों के आवागमन की दिशा को प्रबन्धित किया जाता है। पर्दे पर चरित्र का आवागमन बाईं से दाईं अथवा दाईं से बाईं ओर होता है। यदि कोण बदल दिया जाए तो पात्र आगे की ओर (Towards Spectator)

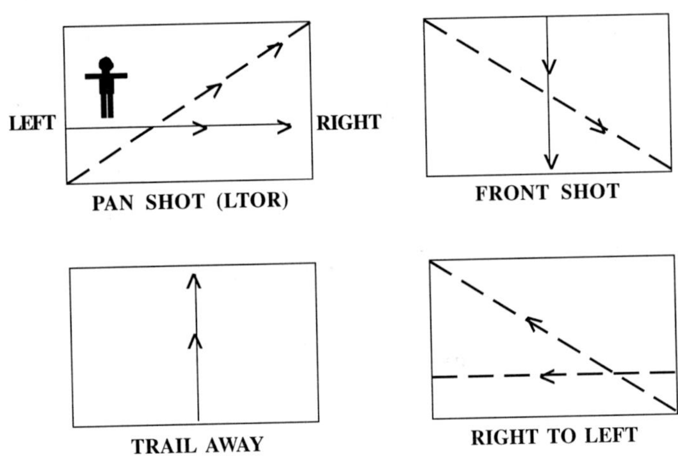

या पीछे की ओर (Trail Away) जाता हुआ दिखाई देगा। स्क्रीन डायरेक्शन (Screen Direction) के सम्बन्ध में निर्णय लेने के पूर्व निर्देशक को पात्रों के चलने-फिरने (Movement) का उद्देश्य तथा गंतव्य (Destination) निश्चित कर लेना चाहिए। यदि एक पात्र 'अ' बाएँ से दाएँ चलता है, तो इसका अर्थ होगा कि उसे दाईं ओर स्थित चरित्र, वस्तु या पात्र की ओर पहुँचना है। दर्शकों को भी यह मालूम होता है कि 'अ' का उद्देश्य दाईं दिशा में है। यदि उसके चलने की दिशा बदल दी जाए यानी दाएँ से बाएँ कर दी जाए तो इसका अर्थ होगा कि पात्र 'अ' उस उद्देश्य या वस्तु से दूर जा रहा है, अतः यह स्क्रीन डायरेक्शन ग़लत होगा। यदि किसी कारणवश स्क्रीन डायरेक्शन बदलना ही हो तो उसके लिए समुचित कारण तथा स्पष्ट दिशा

निर्देश होने चाहिए ताकि दर्शकों के मन में कोई सन्देह या दुविधा न हो।

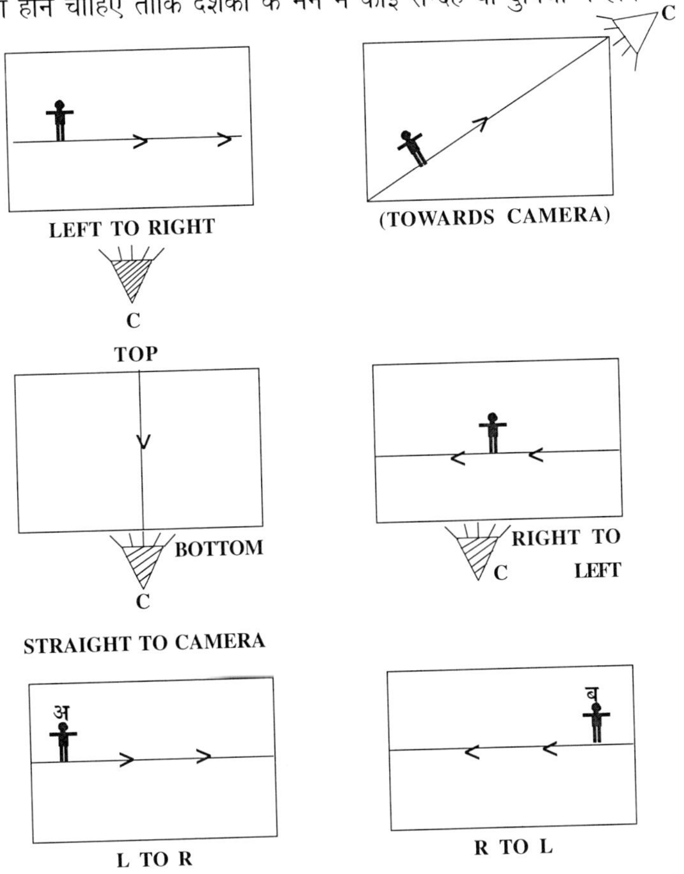

C

LEFT TO RIGHT

(TOWARDS CAMERA)

C

TOP

BOTTOM

C

STRAIGHT TO CAMERA

RIGHT TO LEFT

C

अ

ब

L TO R

R TO L

यदि किसी दृश्य के दो विभिन्न शॉट्स में दो व्यक्ति एक ही दिशा में चलते हुए दिखाई दे रहे हैं तो इसका यह अर्थ नहीं हो सकता कि वे कुछ दूर चलकर आपस में मिल जाएँगे। यदि निर्देशक चाहता है कि दोनों एक स्थान पर मिल जाएँ तो उन दोनों को विपरीत दिशाओं में चलता हुआ दिखाना होगा, जैसा कि उक्त उदाहरण में दिखाया गया है। 'अ' व्यक्ति बाएँ से दाएँ जा रहा है जबकि 'ब' व्यक्ति दाएँ से बाएँ। इससे यह अनुमान हो जाता है कि वे दोनों आगे किसी स्थान पर मिल जाएँगे। इस तकनीक को दो या अधिक व्यक्तियों या समूह के बीच रहस्य, विरोध तथा टकराव (Conflict) दिखाने के लिए भी किया जा सकता है, करना सिर्फ यह होगा कि वे सभी अलग-अलग दिशाओं से चलकर आएँ।

इस प्रकार के शॉट दृश्य में नाटकीयता व रोचकता प्रदान करते हैं। यह एक अति सम्मान्य तकनीक है विरोध व टकराव दर्शाने की, जो अधिकतर फिल्मों में प्रयोग की जाती है।

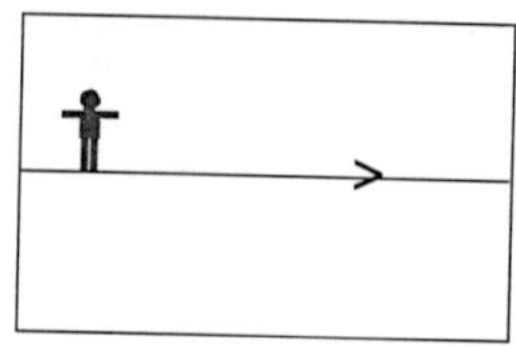

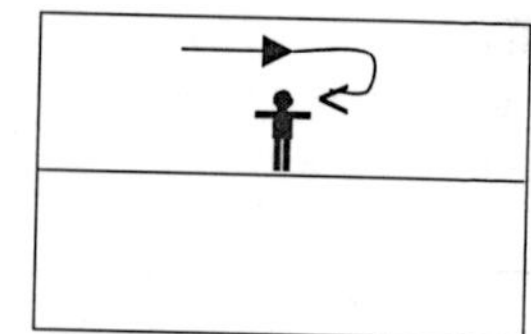

यह कहा जा सकता है कि यदि पूरी फिल्म में सभी पात्र एक ही दिशा में चलते हुए दिखाई देंगे तो ये ऊबाऊ हो सकता है। दृश्य में विभिन्नता लाने के लिए निर्देशक अलग-अलग कोण तो प्रयोग करता ही है परन्तु यदि वह चाहे तो किसी उद्देश्य के साथ पात्रों की दिशा बदल सकता है। इसका सबसे साधारण तथा आसान तरीका है कि एक ही शॉट में पात्र अपने चलने की दिशा बदलकर अन्य दिशा में स्वयं ही घूम जाए ताकि दर्शक उसके घूमने के कारण के साथ उसका दिशा बदलना भी देख लें। बिना किसी कारण के दिशा बदल देने से प्रवाह में भटकाव (Continuity Distraction) तो आएगा ही, दर्शकों को भी परेशानी हो सकती है, अतः इस तरह की स्थिति से बचना चाहिए।

कुछ शॉट्स की प्रकृति तटस्थ (Neutral) होती है जिनका किसी दृश्य से सीधा सम्बन्ध नहीं होता, जैसे भीड़, बाजार, यातायात आदि। इस प्रकार के शॉट्स को बीच में कहीं (Inter Cuts) प्रयोग किया जा सकता है। ये शॉट्स दृश्य के एक्शन में छोटा-सा विराम (Small Pause) अथवा कैमरा कोण या स्थिति के परिवर्तन के लिए प्रयोग किए जा सकते हैं। इसके अतिरिक्त चलायमान वस्तुओं (Moving Objects), जैसे घुड़दौड़, उड़ता हुआ हवाई जहाज, चलती हुई रेलगाड़ी आदि जो कैमरे के धरातल में हों, का प्रयोग भी किया जा सकता है। इनमें दिशा का प्रवाह (Screen Direction) का महत्त्व नहीं होता। अतः ये स्क्रीन दिशा को आसानी से बदलने में सहायक होते हैं।

तटस्थ शॉट (Neutral Shots) को दिशा की एकरसता (Monotony) तोड़ने के साथ परिवर्तन सूचक (Transitional Device) के रूप में भी प्रयोग किया जाता है। ये शॉट दृश्यों तथा शॉट्स के पदार्पण के समय प्रयुक्त होते हैं। इन्हें प्रयोग करने के बाद निर्देशक चाहे तो सभी कुछ बदल सकता है, जैसे लोकेशन, चरित्र तथा समय आदि।

विपरीत कोण

दो या अधिक व्यक्तियों के साथ होनेवाले शॉट्स में विभिन्न कोणों के अतिरिक्त विपरीत कोण (Reverse Angle) में भी शॉट लेने में सामान्यतः कोई समस्या नहीं होती, यदि उन्हें पूर्ण नियोजित कर लिया जाए। जैसा कि निम्नांकित चित्र में दिखाया गया है।

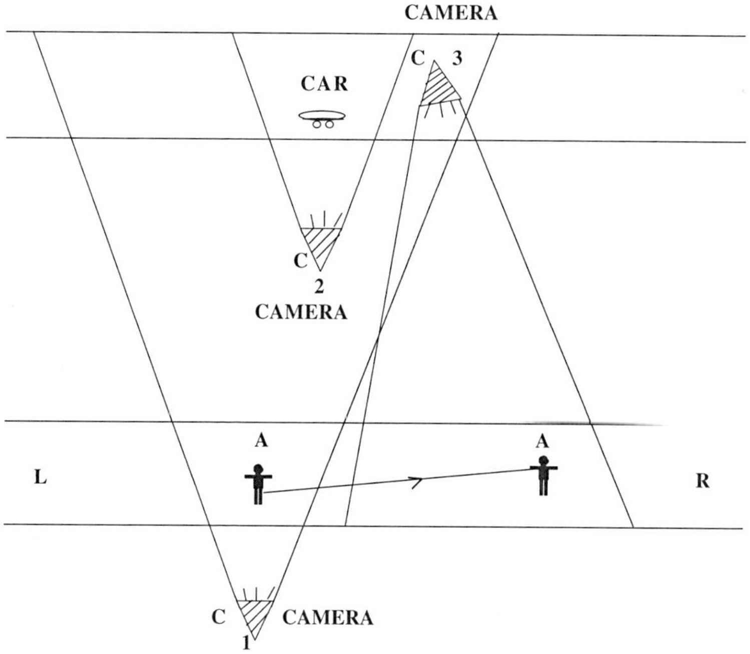

शॉट एक में A पात्र को कैमरों के दृष्टिकोण से बाएँ से दाएँ जाते हुए दिखाया गया है। शॉट दो में कार का शॉट लेने के बाद शॉट 3 में विपरीत कोण से A पात्र को कैमरे के दृष्टिकोण से दाएँ या बाएँ जाते हुए देखा जा सकता है। इस प्रकार तटस्थ शॉटस (Neutral Shots) या Inter Cuts के प्रयोग के बाद विपरीत कोण से शॉट लिया जा सकता है।

यदि पात्र या वस्तु की गति (Movement) तटस्थ दिशा में यानी कैमरे की ओर या दूर जाती हुई हो तो विपरीत कोण (Reverse Angle) में शॉट लिया जा सकता है।

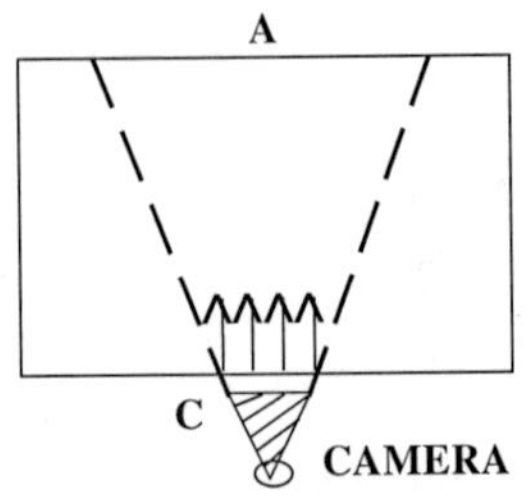

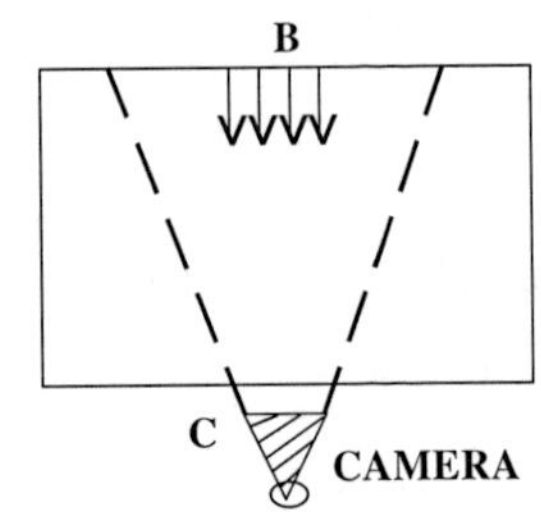

काल्पनिक या केन्द्रीय रेखा

काल्पनिक या केन्द्रीय रेखा (Imaginary or Central line Line) पात्र की गति के आधार पर बनती है न कि कैमरे की स्थिति (Camera Position Placement) के अनुसार। चूँकि यह रेखा दिखाई नहीं देती अतः इसे काल्पनिक रेखा भी कहा जा सकता है। इस रेखा का उपयोग स्क्रीन दिशा (Screen Direction) तथा कैमरे की स्थिति निश्चित करने में होता है। इसी रेखा के प्रबन्धन के द्वारा पात्रों तथा वस्तुओं की सामान्य गति की दिशा बनाए रखी जाती है।

यदि पात्र A पर्दे पर बाएँ से दाएँ जाता है, इसका अर्थ है कि कैमरा स्थिति हमेशा पात्र के दाएँ हाथ की ओर होगी। जब तक कैमरा स्थिति पात्र के दाएँ स्थान पर होगी, हमें पात्र बाएँ से दाएँ जाता हुआ ही दिखाई देगा। इस प्रकार स्क्रीन डायरेक्शन में तारतम्यता (Continuity) हमेशा बनी रहेगी। अतः निर्देशक को कैमरा स्थिति पात्र की गति की दिशा के अनुसार ही निश्चित करनी चाहिए और दिशा का विशेष ध्यान रखना चाहिए। इस साधारण-से सिद्धान्त का यदि पालन किया जाए तो स्क्रीन दिशा की तारतम्यता में कोई कठिनाई नहीं आएगी। जब पात्र की गति लम्बी हो तथा अलग-अलग दिशाओं में हो रही हो, उस समय इस सिद्धान्त के पालन करने में विशेष सावधानी बरतनी चाहिए, क्योंकि इनमें दुविधा होने की सम्भावना बहुत अधिक होती है।

इसी सिद्धान्त का एक ही स्थान पर बैठे हुए पात्रों के वार्तालाप दृश्य में भी पालन करना चाहिए। इसमें स्क्रीन डायरेक्शन का पालन करने के लिए पात्रों की स्थिति (Sitting Positions) तथा दृष्टि दिशा (Direction of Looks) पर विशेष ध्यान देना चाहिए। ऐसे दृश्यों में सर्वप्रथम एक स्थापना शॉट (Establishment Shot) लेकर दर्शकों को हर पात्र की स्थिति बताना बहुत आवश्यक है। इन शॉट्स में काल्पनिक रेखा (Imaginary Line) के लिए पात्रों

की स्थिति तथा दृष्टि के आधार पर कैमरा स्थिति निश्चित करनी चाहिए।

दृष्टिरेखा तारतम्य

जब किसी दृश्य में दो या अधिक व्यक्ति हों, समूह हो या भीड़ आदि तो इस प्रकार के दृश्य शूट करते समय दृष्टिरेखा तारतम्य (Eye-Line Continuity) का पालन करना चाहिए, यानी दर्शकों के दृष्टिकोण से आँखों की सतह पर। इसका भी सबसे आसान तरीका है कि उस स्थान या समूह का प्राथमिकता के आधार पर एक लाँग शॉट टॉप एंगल में लेकर उस वातावरण को स्थापित कर देना चाहिए जहाँ दृश्य घटित हो रहा है। चाहे वह कोई पार्टी दृश्य हो या सभा का, आन्दोलन हो या कमेटी मीटिंग का या फिर शादी-विवाह की चहल-पहल हो, एक टॉप एंगल लाँग शॉट सम्पूर्ण दृश्य का उद्देश्य स्पष्ट कर देता है। इसे हम मास्टर शॉट (Master Shot) भी कह सकते हैं। सम्पूर्ण दृश्य में इस प्रकार के कई मास्टर शॉट ले लेने चाहिए जिनको अन्य शॉट के बीच-बीच में जोड़कर दर्शकों को वातावरण तथा अवसर की याद दिलाई जाती रहती है, क्योंकि जब अन्य शॉट्स में कैमरा सिर्फ दो या तीन व्यक्तियों अथवा किसी छोटे समूह में केन्द्रित करेगा तो उस समय दर्शकों की पूर्ण एकाग्रता वहीं केन्द्रित होगी और पर्दे के पीछे होनेवाली अन्य गतिविधियाँ न तो उसे दिखाई देंगी और न ही उनकी आवश्यकता होती है। अतः बीच-बीच में लाँग शॉट का प्रयोग करते रहना चाहिए ताकि दर्शक स्वयं को उस दृश्य एवं वातावरण से बाहर न कर पाएँ।

कुछ व्यक्तियों या समूह में शूट करते समय निर्देशक को आरम्भ में स्थापित पात्रों की स्थिति (Position) तथा दिशा का पालन करते रहना चाहिए। यदि कोई चरित्र कहीं और घूमता है तो उसका उचित आवागमन तथा एक्शन एक अलग शॉट लेकर बताना चाहिए ताकि दर्शक भी उस पात्र के साथ दूसरे स्थान पर पहुँच सकें। अधिकतर इस प्रकार के शॉट्स जहाँ दो या अधिक व्यक्ति बात कर रहे हों, नेत्र धरातल (Eye-Level) पर ही लेना चाहिए। इससे दर्शकों की उस वार्तालाप में रुचि बढ़ जाती है।

इस प्रकार के दृश्यों की, जहाँ काफ़ी चहल-पहल हो, कई व्यक्ति या समूहों का सम्मेलन हो, विभिन्न प्रकार की गतिविधियाँ हों, अलग-अलग पात्रों या घटनाओं द्वारा नाटकीयता उत्पन्न की जा सकती हो (जैसे विवाह या पार्टी) आदि, शूटिंग करते समय हर प्रकार के अतिरिक्त शॉट्स (Additional/Extra Shots) ले लेने चाहिए जिनका उपयोग उचित प्रवाह (Continuity), वातावरण (Ambience),

नाटकीयता (Dramatisation), चरित्र चित्रण (Establishing a Character), चरित्रों की आदतें (Habits of Characters) स्थापित करने के लिए दृश्य के बीच-बीच में किया जा सकता है। इसके अतिरिक्त इन शॉट्स का उपयोग Cut In, Cut Away तथा Insert के रूप में भी किया जा सकता है।

चलते हुए वाहन में विपरीत कोण

यदि किसी चलती हुई कार, ट्रेन डिब्बा या ताँगे में बैठे हुए व्यक्तियों के विपरीत कोण से शॉट लिए जाएँ तो विपरीत दिशा में चलती हुई पार्श्वभूमि दृश्य में दुविधा (Confusion) उत्पन्न कर सकती है, यानी कि एक शॉट में पार्श्वभूमि बाएँ से दाएँ होगी तो दूसरे में दाएँ से बाएँ। जबकि बैठे हुए व्यक्ति अपने निश्चित स्थान पर ही स्थिर रहेंगे। इस प्रकार दर्शकों के मस्तिष्क में ये प्रवाह व्यवधान (Continuity Jerks) तथा दिशाभ्रम उत्पन्न करता है। हर सम्भव सावधानी रखने के बाद भी इस प्रकार के शॉट्स में त्रुटि होने की सम्भावना बनी रहती है। एक अनुभवी निर्देशक भी यहाँ ग़लती कर सकता है अतः उचित यही होगा कि ऐसे दृश्यों में विपरीत कोण से शॉट न लिए जाएँ, एक मास्टर शॉट लेकर शेष दृश्य एक ही कोण में शूट किया जाए ताकि गति की एक ही दिशा (Line of Movement) का पालन हो सके।

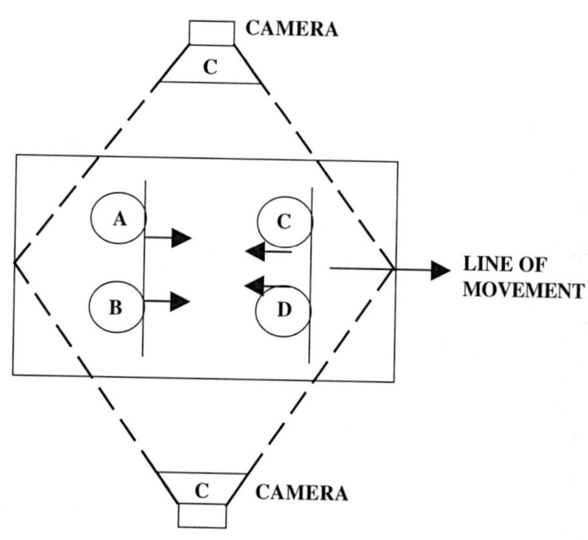

फिल्म समय प्रबन्ध

सम्पूर्ण कथा के घटने का वास्तविक समय बहुत लम्बा होता है। दिन, महीने, वर्ष, दशक या फिर शताब्दी, जबकि उसी कथा के सम्पूर्ण समय को फिल्म की सीमित समय सीमा में दर्शकों को वास्तविक समय का आभास (Illusion) दिलाते हुए संकुचित (Condense) करना होता है। निर्देशक एवं लेखक का पटकथा लिखते समय 'समय संकुचन' (Time Condensation) करना एक महत्त्वपूर्ण प्रक्रिया होती है परन्तु दर्शकों के दृष्टिकोण (View Point) से फिल्म में समय का बहाव धाराप्रवाह (Smooth) होना चाहिए अन्यथा समय की वास्तविकता का आभास बिखर जाएगा।

समय संकुचन के प्रबन्धन (Management) के लिए कई विशेष विधियाँ प्रयोग की जाती हैं, जैसे फेड (Fade), डिजोल्व (Dessolve) तथा मोंटाज़ (Montage) आदि। इन विधियों को 'विशेष ऑप्टिकल इफेक्ट्स' (Special Optical Effects) कहते हैं।

फेड

यदि सम्पूर्ण फिल्म को अलग-अलग दृश्यों में बाँट दिया जाए तो प्रत्येक दृश्य इस पुस्तक के अध्याय की तरह होगा। हर दृश्य में विशेष सूचनाएँ, भावनाएँ, उद्देश्य तथा एक विशेष परिस्थिति समय या घटना काल (Time of Action) तथा स्थान होता है। यदि इन सभी दृश्यों को सीधे कट (Direct Cut) लगाकर एक-दूसरे से जोड़ दिया जाए तो कहीं-कहीं उनमें दुविधा या संशय हो सकता है और दर्शक दृश्य के प्रभाव से भटक सकते हैं। इस संशय को दूर करने के लिए 'फेड' (Fade) का प्रयोग किया जाता है। यह दो प्रकार का होता है–

1. फेड इन (Fade in)–यह दृश्य के आरम्भ में होता है जिसमें पर्दे के अन्धकार में से धीरे-धीरे दृश्य उभरता है।

2. फेड आउट (Fade Out)–यह दृश्य की समाप्ति पर प्रयोग किया जाता है जिसमें दृश्य धीरे-धीरे अन्धकार में विलीन हो जाता है।

फेड को दृश्य के पदार्पण सूचक (Transitional Devices) के रूप में तथा समय के बीतने (Time Lapse) का आभास देने के लिए प्रयोग किया जाता है। यदि एक स्थान पर फेड आउट होने के बाद उसी स्थान पर फेड इन होता है तो दर्शकों को समयान्तर (Time Lapse) का अनुमान लग जाता है। यदि निर्देशक दर्शक को किसी अन्य सेटिंग या लोकेशन पर ले जाना

चाहता है तो भी फेड का उपयोग किया जा सकता है।

डिज़ोल्व (Dissolve)

फेड इन और फेड आउट की समानान्तर प्रक्रिया होने से डिज़ोल्व (Dissolve) की उत्पत्ति होती है। फेड की तरह डिज़ोल्व भी समय का बीतना (Passage of Time) अथवा स्थान परिवर्तन सूचक होते हैं। सामान्यतः डिज़ोल्व विभिन्न विचारों के प्रवाह (Flow of Variety of Ideas) की ओर इंगित करते हैं इसीलिए ये फेड की तुलना में अधिक ध्यानाकर्षक नहीं होते।

सामान्यतः डिज़ोल्व में कई शॉट्स की शृंखला बनाकर विशेष सूचना (Message) देने का प्रयास किया जाता है। अतः निर्देशक को डिज़ोल्व सीक्वेंस के लिए आवश्यक दृश्यों (Visuals) की पूर्व तैयारी तथा निर्णय अवश्य कर लेना चाहिए ताकि इस दृश्य में इच्छित प्रभाव प्राप्त हो सके।

मोंटाज (Montage)

लघु तथा शिक्षा फिल्मों में अथवा किसी विशेष अभिव्यक्ति के लिए कथा फिल्मों में अलग-अलग गतिविधियों को एक साथ जोड़कर कम समय में ही काफ़ी कुछ कह दिया जाता है। इस प्रकार छोटे-छोटे शॉट जोड़ (Fast Cutting) के दृश्य को काफ़ी रोचक बना दिया जाता है। डिज़ोल्व के साथ मोंटाज दृश्य एक रोचक भाव (Exciting Mood) की उत्पत्ति करता है जो दर्शकों को उस विशेष काल (Period), स्थान तथा भाव का एक हिस्सा बना देता है। फिल्मों में मोंटाज अति सामान्य दृश्य संयोजन है।

कम्पोजीशन

किसी फ्रेम (Frame) में दिखाई देनेवाली छवि (Image) निर्देशक तथा छायाकार की कल्पना का प्रतिबिम्ब होती है, बिलकुल उसी प्रकार जैसे एक चित्रकार कैनवास पर अपनी काल्पनिक छवि को पुनर्रचित (Recreate) करता है। छायाकार /निर्देशक तथा चित्रकार दोनों का ही प्रयास होता है कि जो दिखाई दे वह प्रभावशाली तथा आकर्षक हो क्योंकि दृश्य माध्यम में दृश्य की सुन्दरता के महत्त्व को नकारा नहीं जा सकता। आँख वही देखना चाहती है जो सुन्दर हो। अपनी काल्पनिक छवि

को फ्रेम में पुनर्रचित करने की प्रक्रिया में आजकल आधुनिक तकनीक काफ़ी सहायक होती है। अनेक प्रकार के कैमरा लेंस (Lens) उपलब्ध हैं जिनके प्रयोग के द्वारा छायाकार व निर्देशक अपने काल्पनिक चित्र को सजीव करते हैं।

फिल्म कैमरा उपकरणों के साथ सामान्य लेंसों के अतिरिक्त विशेष लेंस भी होते हैं जो छवि को विशेष प्रभाव प्रदान करते हैं। जैसे—वाइड एंगल लेंस (Wide Angle Lens), टेलीफोटो लेंस (Telephoto Lens), मैक्रो लेंस (Macro Lens) आदि। सामान्य लेंसों में अधिकतर 16 mm., से 75 mm. तक के लेंस प्रयोग किए जाते हैं। ये सामान्य लेंस कैमरा के सेट में सम्मिलित होते हैं। इनके अतिरिक्त यदि किसी विशेष प्रकार के लेंस की आवश्यकता हो तो उसके लिए विशेष माँग करनी होती है। जूम लेंस (Zoom Lens) छायाकार व निर्देशक की अधिकांश आवश्यकताओं को पूरा करता है। सिर्फ इसमें फोकस (Focus) बदलने की आवश्यकता होती है। जूम लेंस के प्रयोग से एक ही स्थान पर रखे हुए कैमरे से विभिन्न आकार (Magnifications) की छवियाँ (Images) कम्पोज़ की जा सकती है परन्तु एक ही शॉट में बार-बार फोकस बदलने से बचना चाहिए, जब तक कि उस प्रकार से शॉट लेने की पूर्व योजना न हो। बार-बार फोकस बदलने से फोकस ख़राब (Out of Focus) होने यानी छवि के धुँधला होने का ख़तरा बढ़ जाता है। जूम तथा फोकस ऑपरेट करनेवाले सहायकों को समुचित अनुभव तथा सावधानी की आवश्यकता होती है।

शॉट लेने के लिए किस लेंस का प्रयोग करना चाहिए, यह निर्देशक की कल्पना में निर्मित चित्र की आवश्यकता पर निर्भर होता है। अतः निर्देशक को लेंस के चुनाव के अतिरिक्त अपने शॉट को कम्पोज करने पर अधिक ध्यान देना चाहिए और लेंस का चुनाव कैमरामैन के निर्णय पर छोड़ देना चाहिए। शॉट के लिए लेंस का चुनाव कैमरामैन निर्देशक द्वारा बताई गई विषयवस्तु (Concept) के अनुसार विशेष मंच सज्जा (Setting) तथा प्रकाश-व्यवस्था (Lighting) के आधार पर करता है। वास्तव में किसी फ्रेम का कम्पोज़ीशन छायाकार तथा कला निर्देशक की रचनात्मक योग्यता पर निर्भर करता है। यदि निर्देशक स्वयं ही कैमरा आपरेटर भी हो तो उसे यह काम स्वयं ही करना पड़ता है अन्यथा निर्देशक को कैमरा ऑपरेटर को निर्णय लेने की स्वतन्त्रता देनी ही चाहिए।

कम्पोज़ीशन करते समय लेंस के अतिरिक्त उचित कोण (Angle) निर्धारित करना भी अति महत्त्वपूर्ण है। लेंस किसी छवि को एक विशेष आकार (Size) प्रदान करता है तो कोण उसको एक विशेष प्रभाव (Effect)। अतः छवि का आकार (Image Size) तथा प्रभाव (Effect) दोनों संयुक्त रूप से शॉट को एक

विशेष प्रभाव तथा पहचान (Identity) देते हैं। इन दोनों का चुनाव दृश्य की आवश्यकता तथा किसी विशेष प्रभाव की उत्पत्ति करने के लिए किया जाता है। यह ध्यान रखना चाहिए कि फ्रेम में दिखाई जानेवाली हर छवि (Image) के आकार तथा कोण (Angle) का एक ही उद्देश्य (Purpose) होता है जिसके आधार पर लेंस तथा कोण का निर्णय लेना चाहिए। किसी भी दृश्य की संरचना में यह निर्णय बहुत महत्त्वपूर्ण होता है और यह निर्णय निर्देशक तथा छायाकार के तकनीकी ज्ञान के अतिरिक्त उनकी स्पष्ट दृश्य कल्पना का भी सूचक है। इससे उनकी व्यावसायिकता की झलक भी मिलती है।

आधुनिक फिल्मकार कच्ची फिल्म (Raw Stock) तथा समय बचाने की कोशिश में जूम लेंस (Zoom Lens) का अन्धाधुंध प्रयोग करने लगते हैं। अपने शॉट के चरित्र (Charactor) का ध्यान रखे बिना कुछ फिल्मकार दृश्य को गति देने के लिए भी जूम लेंस का अनिर्बन्धित प्रयोग करते रहते हैं। ऐसा नहीं होना चाहिए। इससे दृश्य प्रभावहीन तो होता ही है, यह निर्देशक तथा छायाकार के अज्ञान को भी दर्शाता है। इसका दूसरा नुकसान यह है कि बार-बार जूम करने से दर्शक की आँखों में तनाव भी उत्पन्न होता है। जूम लेंस को कभी-कभी तथा आवश्यकतानुसार ही प्रयोग करना चाहिए। अलग-अलग आकार (Image Sizes) के शॉट में जूम का प्रयोग किया जा सकता है।

लेंस एंगल (Lens Angle)

तुलनात्मक दृष्टि से लेंस एंगल सामान्यतः धरातल (Horizontal Plane) (सीधी दृष्टि—Eye-Level) के आधार पर निर्धारित किए जाते हैं। जिस प्रकार हमारी आँख एक निश्चित सीधे/खड़े (Vertical) तथा धरातल क्षेत्र (Horizontal Area) को ही देख सकती है, उसी प्रकार कैमरे के द्वारा भी एक निश्चित क्षेत्र सीमा को

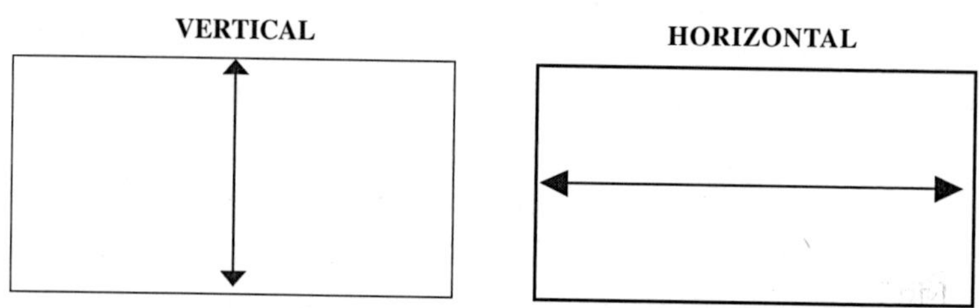

ही देखा जाता है। कैमरे में प्रयोग किए जानेवाले विभिन्न लेंस फ्रेम में विभिन्न

छवि आकार (Image Sizes) प्रदान करते हैं। कोण का निर्धारण इन छवि आकारों तथा निर्देशक की काल्पनिक (Imagination) आवश्यकता पर निर्भर करता है, अतः निर्देशक को शॉट निश्चित करते समय ध्यान रखना चाहिए कि फ्रेम के अन्दर होनेवाली गतिविधियाँ (Activities) एक निश्चित धरातल (Horizontal) तथा खड़ी सीमा (Vertical Limits) में ही सम्पन्न होंगी। उस सीमा से बाहर की गतिविधियाँ या तो दिखाई ही नहीं देंगी या उनमें खराबी आ जाएगी। इन छवि आकारों (Image Sizes) की स्पष्टता विभिन्न लेंस कोण (Lens Angles) की फोकस दूरी (Focal Length) के अनुसार होती है।

मान लीजिए कि आपके कैमरे से एक निश्चित दूरी पर विषय (Subject) रखा गया है और आपके पास विभिन्न फोकस दूरियों के लेंस हैं। इस निश्चित दूरी पर विभिन्न लेंस (Lenses) जिनकी फोकस दूरी अलग-अलग है, वस्तु की विभिन्न आकारों की छवि निर्मित करेंगे। एक साधारण नियम के अनुसार कम फोकस दूरी (Less Focal Length) के लेंस अधिक धरातल तथा खड़े क्षेत्र को घेरते हैं। इसके विपरीत अधिक फोकस दूरी के लेंस कम क्षेत्र (Less Area) को ही घेर पाते हैं। इसीलिए लाँग शॉट (Long Shots) के लिए कम फोकस दूरी तथा क्लोज शॉट (Close Shots) के लिए अधिक फोकस दूरी के लेंस प्रयोग किए जाते हैं।

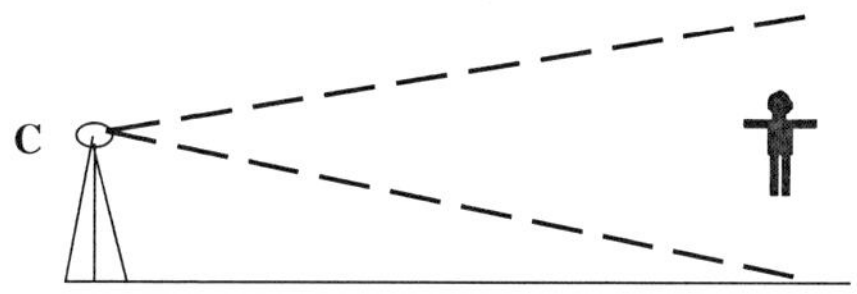

LESS FOCAL LENGTH (LONG SHOT)

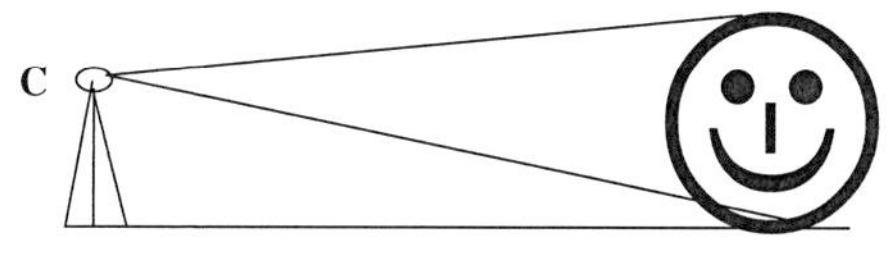

LONG FOCAL LENGTH (CLOSE SHOT)

जितना हम किसी विषय का क्लोज शॉट (Closer Shot) लेंगे, उसकी फोकस दूरी (Focal Length) अधिक होती जाएगी तथा लाँग शॉट (Longer Shot) के लिए फोकस दूरी कम होती जाएगी। सामान्यतः एक सामान्य छवि (Normal

Image Size) के लिए 25mm. के लेंस का प्रयोग किया जाता है क्योंकि इसमें अस्पष्टता सबसे कम होती है।

वाइड एंगल लेंस (Wide Angle Lens)

सामान्य रूप से 25 mm. फोकस दूरी से कम के लेंसों को कम फोकस दूरी लेंस (Short Focus Lens) या वाइड एंगल लेंस (Wide Angle Lens) कहा जाता है। इन लेंसों में अधिक दृष्टि क्षेत्र (Visual Area) प्राप्त होने के कारण कम क्षेत्रवाले स्थानों व आन्तरिक स्थानों (Interiors) आदि को अधिक बड़े (Enlarged) रूप में देखा जा सकता है। इससे स्थान के कम या छोटे होने का आभास खत्म हो जाता है। इनके द्वारा प्रस्तुत चित्रों (Images) में कम या अधिक स्पष्टता की सम्भावना रहती है। इस अस्पष्टता (Distortion) को कभी-कभी विशेष प्रभाव (Special Effects) अथवा नाटकीयता उत्पन्न करने के लिए भी प्रयोग किया जाता है। वस्तुओं या व्यक्तियों के क्लोज़ शॉट लेने में ये लेंस समस्या हैं। अतः बिना किसी विशेष कारण के वाइड एंगल लेंस के द्वारा क्लोज शॉट नहीं लिए जाने चाहिए।

सामान्य लेंस (Standared Lens)

सामान्य लेंस को परिभाषित करने के लिए दो मुख्य बातें ध्यान में रखी जाती हैं। 1. कम-से-कम अस्पष्टता (Minimum Distortion), जो किसी लेंस से उत्पन्न होती है। यह अस्पष्टता चित्र की स्पष्टता को प्रभावित करती है। अतः किसी भी स्टैंडर्ड लेंस में निम्नतम अस्पष्टता होनी चाहिए। 2. दृष्टि क्षेत्र में आनेवाला अधिकतम क्षेत्र बिना किसी अस्पष्टता के अधिकतम क्षेत्र की छवि (Image) प्राप्त हो, ये दृष्टि क्षेत्र कैमरे के कोण पर भी निर्भर करता है। हर कैमरे के लिए अलग-अलग स्टैंडर्ड लेंस हो सकते हैं।

टेलीफोटो लेंस (Telephoto Lens)

स्टैंडर्ड लेंस की तुलना में अधिक फोकस दूरी (Long Focus) वाले लेंसों को 'टेलीफोटो लेंस' कहा जाता है। इस लेंस का कोण छोटा (Short Lens Angle) होता है तथा इससे अग्रभूमि व पार्श्वभूमि (Foreground/Background) संकुचित हो जाती है, दूर की वस्तु पास दिखाई देती है। सामान्यतः टेलीफोटो लेंस का

प्रयोग उन शूटिंग स्थलों पर किया जाता है जहाँ किसी दूरगामी वस्तु, चरित्र या एक्शन को दिखाना हो या किसी कारणवश उस दूरगामी स्थान तक पहुँचना सम्भव न हो। समाचार चित्रों, खेल या किसी अन्य घटना का जीवन्त चित्रण, प्राकृतिक विषयों के चित्रांकन में टेलीफोटो लेंस काफ़ी सहायक एवं महत्त्वपूर्ण भूमिका निभाते हैं।

विभिन्न लेंसों का प्रभाव

किसी स्थान (Space) तथा चित्र (Image) पर विभिन्न प्रकार के लेंसों का तुलनात्मक प्रभाव जानने के लिए एक प्रयोग किया जा सकता है। आप एक विषय (Subject) या वस्तु (Object) को एक निश्चित स्थान पर रखिए ध्यान रहे कि हर लेंस के साथ व्यू फाइंडर (View Finder) में दिखाई देनेवाली छवि (Image) का आकार लगभग समान रहे। इसके लिए वस्तु की कैमरे से दूरी बदली जा सकती है। इस प्रकार विभिन्न लेंसों के प्रयोग से उत्पन्न होनेवाले प्रभाव (Effects) यानी अग्रभूमि तथा पार्श्वभूमि का संकुचन (Compression) साफ तौर पर देखा जा सकता है।

क्षेत्र की गहराई (Depth of Field)

किसी भी लेंस के फोकस बिन्दु (Focus Point) से आगे या पीछे तक का वह क्षेत्र जिसमें चित्र पूर्णतः स्पष्ट (Clear) रूप से दिखाई दे, क्षेत्र की गहराई (Depth of Field) कहलाता है। यह क्षेत्र की गहराई कई परिवर्तनशील तथ्यों (Variable Factors) पर निर्भर करती है जैसे फोकस दूरी (Focal Length), एपचर सेटिंग (Aperture Setting) तथा लेंस से विषय की दूरी, प्रकाश की तीव्रता (Intensity of Light) तथा कच्ची फिल्म (Raw Film) आदि।

क्षेत्र की गहराई (Depth of Field) बढ़ जाती है, यदि–

1. एपरचर (Aperture) कम कर दिया जाए, जबकि फोकस दूरी तथा लेंस व वस्तु के बीच की दूरी स्थिर हो।
2. फोकस दूरी बदले बिना यदि कैमरे को वस्तु से दूर ले लिया जाए, बिना एपरचर में परिवर्तन के।
3. एपरचर और वस्तु की दूरी स्थिर हो परन्तु फोकस दूरी कम कर दी जाए।

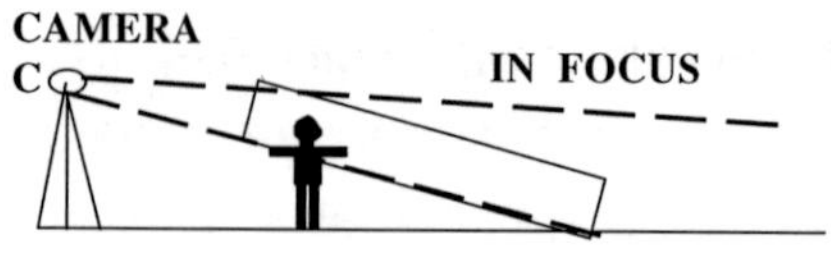

एक सामान्य नियम के अनुसार यदि एपरेचर कम हो तो क्षेत्र की गहराई (Depth of Field) अधिक होती है। इसके विपरीत यदि एपरचर अधिक है तो क्षेत्र की गहराई कम तथा छिछली होगी। अधिक प्रकाश होने की स्थिति में कैमरामैन को क्षेत्र की गहराई निश्चित करने में अधिक स्वतन्त्रता मिलती है परन्तु जहाँ प्रकाश कम हो और निर्देशक की आवश्यकता के अनुसार क्षेत्र की गहराई अधिक चाहिए, वहाँ छायाकार के लिए समस्या उत्पन्न हो जाती है। कम प्रकाश या अँधेरे में शूटिंग करने के लिए अधिक गति (Faster Emulsion) वाली कच्ची फिल्म का उपयोग करना चाहिए। इससे क्षेत्र की गहराई के छिछलेपन को कम या समाप्त किया जा सकता है।

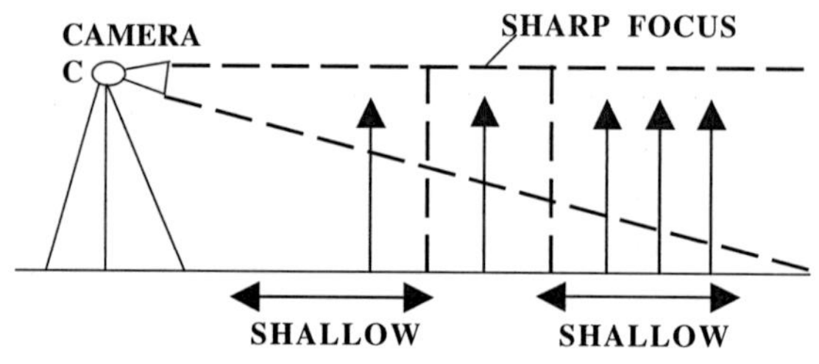

वाइड एपरेचर तथा क्षेत्र की गहराई को कम करके दृश्य में नाटकीयता या अन्य रचनात्मक कारणों के लिए अभिनेता को अलग किया जा सकता है। इस स्थिति में यदि मीडियम शॉट या क्लोज अप लिये जाएँ तो अधिक दृश्यात्मक प्रभाव (Visual Effect) प्राप्त होता है।

शूटिंग आरम्भ करने के पूर्व निर्देशक व छायाकार/कैमरा ऑपरेटर के बीच पटकथा/दृश्य पर विस्तृत विचार-विमर्श होना चाहिए। इसमें ये आवश्यक नहीं है कि निर्देशक छायाकार को किसी विशेष लेंस या प्रकाश-व्यवस्था के बारे में बताए। आवश्यक ये है कि उसे 'क्या चाहिए' यह स्पष्ट रूप से बताए, जिसके अनुसार कैमरामैन विशेष लेंस, प्रकाश-व्यवस्था आदि के बारे में निर्णय लेगा। निर्देशक को निम्नलिखित प्रश्नों के उत्तर स्पष्ट रूप से जानने चाहिए। इनसे निर्देशक को उचित दृश्य संयोजन में सहायता मिलती है–

1. क्या शॉट में हर वस्तु स्पष्ट रूप से दिखनी चाहिए ? क्या दर्शकों का फ्रेम में उपस्थित हर चरित्र को, जो अलग-अलग स्थानों/भागों (Parts) में खड़े हैं, पहचानना आवश्यक है ? यदि हाँ, तो निर्देशक को पूरी क्षेत्र की गहराई में (Depth of Field) स्पष्ट फोकस (Sharp Focus) की आवश्यकता होगी।
2. नाटकीयता या विशेष प्रभाव के लिए क्या वह फ्रेम में उपस्थित हर चरित्र के परस्पर विशेष सम्बन्धों को स्थापित करना चाहता है ?
3. क्या पर्दे पर वह किसी विशेष वस्तु/चरित्र को महत्त्व देना चाहता है ?
4. क्या अग्रभूमि (Fore Ground) में होनेवाले एक्शन का सम्बन्ध पार्श्वभूमि में होनेवाले एक्शन से स्थापित करना आवश्यक है ? यह बात सामान्यतः शूटिंग लोकेशन पर लागू होती है जहाँ अलग-अलग स्थानों पर एक्शन होते रहते हैं।

जिस फ्रेम में दो या तीन चरित्र Two or Three Shots हों, उसकी शूटिंग करते समय लेंस का चुनाव अत्यधिक महत्त्वपूर्ण हो जाता है। वाइड एंगल लेंस (Wide Angle Lens) दो व्यक्तियों के बीच के स्थान को बढ़ा देता है और यदि कैमरे का उचित कोण या स्थिति रखी जाए तो इन व्यक्तियों के पारस्परिक सम्बन्धों को स्थापित किया जा सकता है।

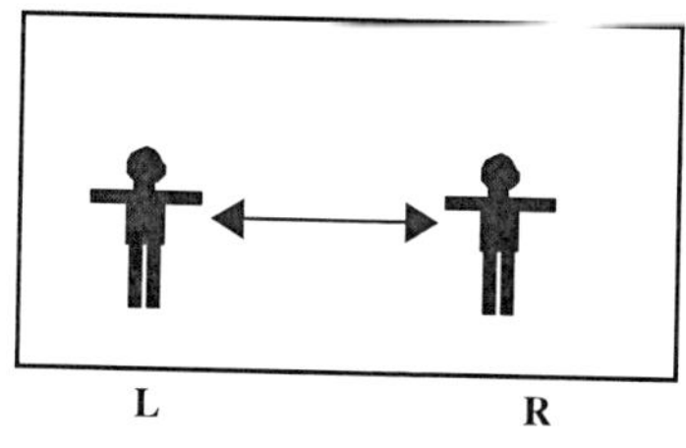

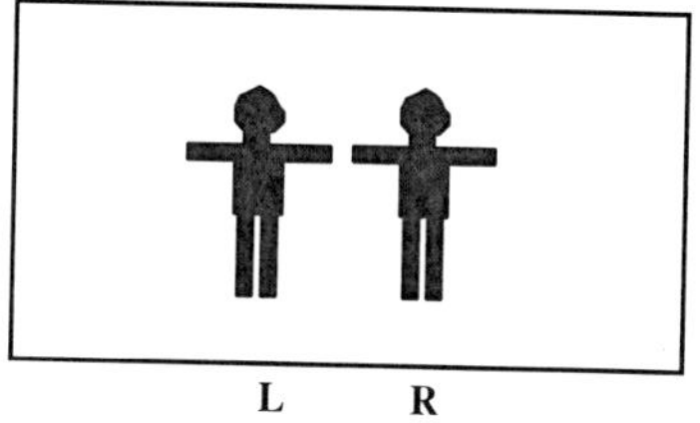

पहले चित्र (बाएँ) में वाइड एंगल लेंस दो व्यक्तियों के बीच की दूरी को बढ़ाकर सम्बन्धित चित्र आकार (Image Size) को कुछ सीमा तक महत्त्वहीन करके उनके सम्बन्धों में दूरी का अहसास कराता है, अतः दाईं ओर के व्यक्ति को 'महत्त्व' मिल जाता है। तुलनात्मक रूप से दूसरे चित्र (दाएँ) में टेलीफोटो लेंस के प्रयोग से दोनों चरित्रों के बीच की दूरी समाप्त/कम कर दी गई है। इन दोनों व्यक्तियों के आकार में अन्तर भी कम हो गया। इस स्थिति में दर्शकों के ध्यान का केन्द्र बाईं ओर के व्यक्ति पर अधिक रहेगा क्योंकि उसका चेहरा पूर्ण रूप से दिखाई देता है, जबकि दाएँ व्यक्ति का पृष्ठ भाग। कैमरा कोण परिवर्तन करके चरित्रों के महत्त्व (Emphasis) को भी बदला जा सकता है। टेलीफोटो लेंस का

प्रयोग व्यक्तियों के बीच की दूरी कम करने के लिए करना उचित नहीं होता। इसके लिए अन्य उपाय, जैसे विभिन्न लेंस, प्रकाश-व्यवस्था, सेट कम्पोज़ीशन, चरित्रों का आवागमन आदि का प्रयोग करना चाहिए।

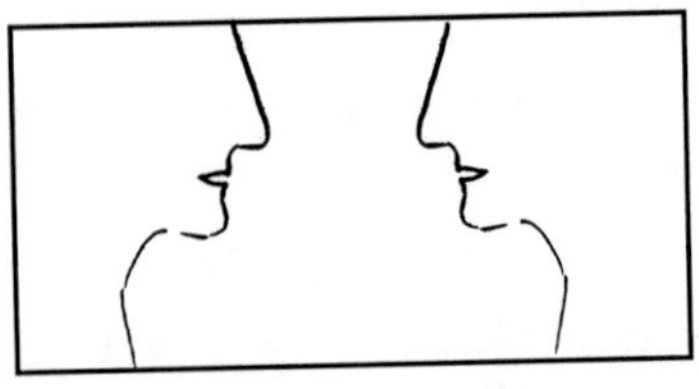

समान दूरी पर खड़े चरित्र रुचिकर प्रतीत नहीं होते, जब तक कि इनके बीच प्रभावशाली संवाद प्रक्रिया तथा विशेष प्रकाश-व्यवस्था न हो जिससे दृश्य किसी एक चरित्र को महत्त्व दे सके। इस प्रकार के शॉट को सामान्यतः नहीं लेना चाहिए। इसमें रचनात्मकता के साथ किसी भी विशेष प्रभाव का अभाव होता है।

प्रकाश-व्यवस्था (Lighting)

किसी भी शॉट या सेट की प्रकाश-व्यवस्था किसी छायाकार एवं निर्देशक की रचनात्मकता का दर्पण होती है। व्यावसायिक रूप से सामान्यतः ये देखा गया है कि अधिकांश छायाकार किसी भी शॉट या सेट की अत्यधिक प्रकाश-व्यवस्था (Over Lighting) करते हैं। इससे न तो किसी विशेष चरित्र या वस्तु को महत्त्व मिलता है और न ही किसी विशेष प्रभाव या मूड की उत्पत्ति होती है। किसी भी विशेष प्रकाश-व्यवस्था में छायाकार को दृश्य के अनुसार किसी विशेष चरित्र या वस्तु तथा विशेष प्रभाव व भाव (Mood) को महत्त्व देते हुए प्रकाश संयोजन करना चाहिए, ताकि वह वस्तु, चरित्र या भाव ही दर्शकों के आकर्षण का केन्द्र बना रहे। अन्य अनावश्यक वस्तुओं पर ध्यान नहीं देना चाहिए।

अधिक प्रकाश सेट या शॉट में प्रयुक्त स्थान (Space) को नष्ट कर देता है यानी उजाले एवं अँधेरे स्थान के बीच सन्तुलन समाप्त हो जाता है। अधिक प्रकाश का उपयोग सामान्यतः टेलीविजन कार्यक्रमों में देखा जा सकता है क्योंकि इसका पर्दा छोटा होता है और गहराई की जरूरत कम होती है। परन्तु मोशन पिक्चर में जहाँ बड़ा पर्दा होता है तथा क्षेत्र की गहराई (Depth of Field) भी अधिक होती है, इस तरह की प्रकाश-व्यवस्था से बचना चाहिए। जो निर्देशक या छायाकार अधिक प्रकाश (Over Lighting) पसन्द करते हैं, उन्हें कम्पोज़ीशन (Compositions) में काफ़ी परेशानियों का सामना करना पड़ता है।

फोकस परिवर्तन (Shift of Focus)

किन्हीं विशेष परिस्थितियों में निर्देशक एक ही पिक्चर फ्रेम में दर्शकों का आकर्षण बिन्दु एक व्यक्ति से दूसरे व्यक्ति की ओर ले जाना चाहता है। इस स्थिति में कैमरामैन एक व्यक्ति से फोकस बदलकर दूसरे पर स्थिर कर देता है। अधिकतर यह विधि विज्ञापन फिल्मों में देखी जा सकती है। यह अधिकांश रूप से एक दृश्यात्मक जादूगरी (Visual Gimmick) के रूप में प्रयोग की जाती है।

किसी भी अन्य तकनीक से फोकस परिवर्तन भी तभी किया जाना चाहिए जब उसके लिए कोई निश्चित कारण या उद्देश्य हो। अन्यथा यह दृश्य के सामान्य प्रवाह में रुकावट बन जाती हैं। ऐसे प्रयोग से बचना चाहिए।

फोकस परिवर्तन तभी करना चाहिए, जब फ्रेम में स्थित दो पात्रों के बीच की दूरी इतनी अधिक हो कि दूसरा व्यक्ति क्षेत्र की गहराई (Depth of Field) से बाहर हो। यदि दोनों पात्रों के बीच दूरी कम है तो फोकस परिवर्तन दृष्टिगत न होने के साथ अप्रभावी भी रहेगा। फोकस परिवर्तन से निर्देशक पार्श्वभूमि को धुँधला करके अग्रभूमि में हो रहे एक्शन को महत्त्व दे सकता है या भीड़ में किसी व्यक्ति को अलग कर सकता है।

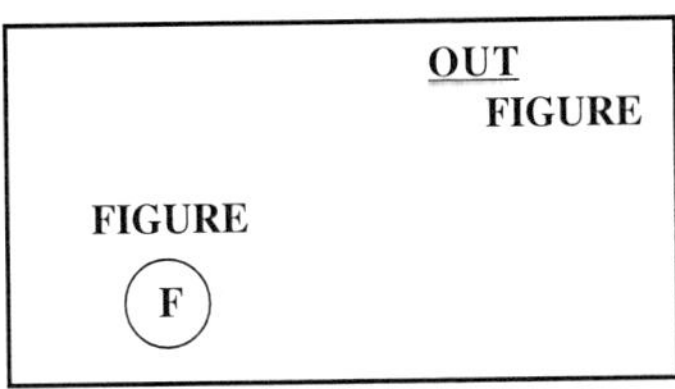

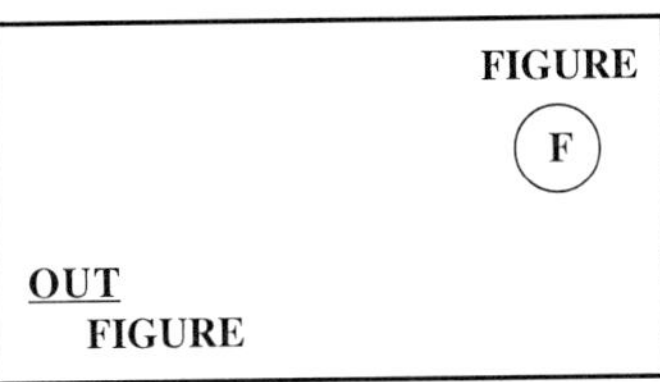

जूम लेंस (Zoom Lens)

दुर्भाग्यवश जूम का प्रयोग आजकल के निर्देशक तथा छायाकार ट्रैकिंग (Tracking) या ट्रॉली (Trolly) शॉट के विकल्प के रूप में करते हैं, यह उचित नहीं है। इस प्रकार जूम लेंस के प्रयोग के अग्रभूमि (Foreground) का क्षेत्र कम हो जाता है जो काफ़ी बाधा उत्पन्न करता है। जूम लेंस के प्रयोग का आरम्भ पिछली शताब्दी के तीसरे दशक से आरम्भ होकर पाँचवें दशक तक काफ़ी प्रचलित हो गया था। उसके पश्चात् तो यह हर फिल्म में एक फैशन की तरह प्रयोग किया जाने लगा और आज यह काफ़ी प्रसिद्ध है परन्तु फिर भी इसके प्रयोग के बारे में अधिकतर ग़लत धारणाएँ तथा अज्ञानता बनी हुई है। इसके कारण जूम लेंस के प्रयोग की अन्य सम्भावनाओं से लोग अब भी अनजान हैं।

शॉट में फोकस बदलने (Shifting Focus Shots) के लिए जूम लेंस अत्यधिक उपयोगी तथा सुविधाजनक है क्योंकि एक ही लक्ष्य में अनेक बार फोकस बदला जा सकता है, इसके लिए सामान्य लेंसों की तरह Multi Lens Turret की आवश्यकता नहीं होती। अतः इसे समाचार चित्रों (News Reel), या अन्य अचानक लिए जानेवाले शॉट के लिए प्रयोग करना आसान है। जूम लेंस कैमरे से व्यक्ति अथवा वस्तु या एक्शन की दूरी कम कर देता है और इस प्रकार बिना स्थिति बदले हुए कैमरा एक्शन के पास चला जाता है। इसी एक्शन को विभिन्न दूरियों से शूट करने के लिए कैमरामैन को अन्यथा कई अलग-अलग लेंसों का प्रयोग करना पड़ता।

जूम लेंस में दृश्यात्मक गहराई अस्पष्ट (Pictorial Depth Distortion) होने के कारण इसे चलते-फिरते एक्शन को साथ-साथ शूट (Follow) करने के लिए अनुपयोगी समझा जाता है क्योंकि इस अनुगामी क्रिया (Following Action) में दृश्यात्मक गहराई (Pictorial Depth) का काफ़ी महत्त्व है। इस गहराई के बिना दृश्य प्रभावहीन हो जाता है। परन्तु यदि किसी नाटकीय एवं रचनात्मक प्रभाव के लिए दृश्यात्मक गहराई को अस्पष्ट करना आवश्यक है तो जूम लेंस का प्रयोग वाकई रचनात्मक होगा। यह निर्देशक तथा छायाकार को विचार-विमर्श करने के बाद सुनिश्चित करना चाहिए। रेखात्मक गहराई (Linear Depth) में जूम लेंस के प्रयोग से बचना चाहिए।

जूम लेंस के द्वारा विषय (Subject) के पास या दूर जाया जा सकता है परन्तु इस प्रकार के मूवमेंट भी बिना किसी कारण या प्रयोजन के नहीं करना चाहिए। जूम लेंस द्वारा जल्दी-जल्दी आगे या पीछे किए जानेवाले Movements आँखों को थकानेवाली तकनीकी जादूगरी से अधिक कुछ नहीं होते, क्योंकि इनका कोई उद्देश्य नहीं होता और न ही किसी भी प्रकार से ये दृश्य को प्रभावपूर्ण बनाने में कोई सहयोग देते हैं।

लेंस तथा मूवमेन्ट (Lens & Movement)

कैमरे में प्रयोग किए जानेवाले लेंस का किसी फ्रेम में होनेवाले एक्शन तथा लोकेशन/सेट के साथ काफ़ी घनिष्ठ सम्बन्ध होता है। शॉट लेने के पूर्व की जानेवाली रिहर्सल का मुख्य प्रयोजन यही है कि फ्रेम में होनेवाले एक्शन के अनुसार उपयुक्त लेंस का चुनाव किया जाए। लेंस का चुनाव के एक्शन स्थान पर भी काफी निर्भर करता है। यदि एक्शन का स्थान छोटा है और कैमरे को मूवमेंट के लिए स्थान

की कमी है तो उस एक्शन को शूट करने के लिए जिस लेंस आकार की आवश्यकता होगी, वह उस लेंस से भिन्न होगा, जब उसी एक्शन को किसी दूसरे बड़े स्थान या खुली जगह (Outdoor Locations) में शूट किया जाए। यदि वही एक्शन स्टूडियो में विशेष रूप से बनाए गए सेट पर किया जाए तो किसी अन्य लेंस आकार का प्रयोग भी किया जा सकता है। कभी-कभी स्टूडियो सेट में चलायमान दीवारों (Moveable Walls) का प्रयोग किया जाता है ताकि कैमरामैन को उचित लेंस आकार का प्रयोग करने के साथ ही कैमरा मूव करने में आसानी हो।

यदि कोई एक्शन एक छोटे से कमरे में किया जाए तो उसके लिए सामान्य लेंस आकार का प्रयोग किया जाएगा परन्तु यदि वही एक्शन आउटडोर स्थलों पर किया जाए तो निर्देशक वाइड एंगल लेंस (Wide Angle Lens) का प्रयोग कर सकता है। कभी-कभी अभिनेताओं को अपने मूवमेंट्स की गति कम रखनी पड़ती है ताकि अस्पष्टता कम-से-कम हो। ऐसा तब होता है जब अभिनेता कैमरे से दूर या पास आ रहा हो। इस प्रकार एक ही एक्शन का दो अलग-अलग स्थानों/सेट पर विभिन्न लेंसों द्वारा शूट किया जाना स्थान और लेंस आकार के सम्बन्ध को स्थापित करता है।

यदि किसी पात्र को दूर से कैमरे की तरफ आते हुए दिखाना है और नाटकीय प्रभाव देने के लिए उसकी गति (Movement) को धीमा दिखाया जाना है तो दूरगामी लेंस (Telephoto Lens) का प्रयोग किया जाना चाहिए। आते हुए विषय की यह धीमी गति टेलीफोटो लेंस द्वारा उत्पन्न अस्पष्टता (Distortion) के कारण होती है और इसे किसी भी प्रकार से कम या समाप्त नहीं किया जा सकता।

बिना किसी नाटकीय प्रभाव की आवश्यकता के टेलीफोटो लेंस का प्रयोग काफ़ी चिड़चिड़ापन उत्पन्न करता है क्योंकि उस एक्शन में उत्पन्न हुई अस्पष्टता (Distortion) एक बाधा बन जाती है जिसकी कोई आवश्यकता नहीं है। इसी तरह तेज गति (Fast Paced) वाले एक्शन, जैसे खेल घटना, समाचार चित्र आदि में टेलीफोटो लेंस का प्रयोग अचानक एक्शन को धीमा करके उचित प्रभाव को समाप्त कर देगा क्योंकि पर्दे पर उस शॉट को स्थापित करने के लिए अधिक देर तक रहना होगा जो एक्शन के सामान्य प्रवाह में बाधा उत्पन्न करेगा। इसी प्रकार खेल घटनाओं में एक ही पंक्ति में भाग रहे खिलाड़ियों को टेलीफोटो लेंस से शूट करने में सन्तोषजनक परिणाम प्राप्त नहीं होते, अतः इस प्रकार के लेंस का प्रयोग करने के पूर्व शॉट की पूर्ण तैयारी तथा विचार-विमर्श करना बहुत आवश्यक है।

अस्पष्टता (Distortion)

सामान्य लेंसों के अतिरिक्त लगभग सभी लेंस कम या अधिक अस्पष्टता (Distortion) उत्पन्न करते हैं। यदि इस अस्पष्टता को किसी विशेष नाटकीय प्रभाव के लिए पूर्व नियोजित तरीके से प्रयोग किया जाए तो बहुत ही अच्छे परिणाम मिलते हैं, अन्यथा ये सिर्फ एक अनावश्यक जादूगरी बनकर रह जाते हैं। निर्देशक को चाहिए कि वह प्रत्येक लेंस से उत्पन्न होनेवाले अस्पष्ट प्रभाव की जानकारी प्राप्त करे ताकि आवश्यकतानुसार उसका प्रभावपूर्ण उपयोग किया जा सके।

कैमरा कोण एवं स्थिति (Camera Angles & Placement)

फिल्म के पर्दे पर जो कुछ भी दिखाई देता है, वह दर्शकों या चरित्रों के दृष्टिकोण से जो निर्देशक चाहता है वही होता है। कहानी के अनुसार हर चरित्र का किसी अन्य परिस्थिति या चरित्र के प्रति विशेष दृष्टिकोण होता है जिसे वह विभिन्न एक्शन, प्रतिक्रिया तथा चरित्र के विभिन्न प्रकार के मूवमेंट के द्वारा अभिव्यक्त करता है। चरित्रों का यही दृष्टिकोण दर्शकों का दृष्टिकोण बन जाता है यानी दर्शक वही सोचता व समझता है जो निर्देशक उसे सोचना या समझाना चाहता है। इस प्रकार निर्देशक तथा दर्शक के दृष्टिकोण में एकरूपता बनी रहती है।

चरित्र या निर्देशक के दृष्टिकोण की अभिव्यक्ति में प्रमुख भूमिका निभाते हैं कैमरे के विभिन्न कोण एवं स्थितियाँ (Camera Angles & Placements)। कैमरे के हर कोण किसी विशेष परिस्थिति, चरित्रों के बीच सम्बन्ध, उनकी मानसिक स्थिति एवं प्रतिक्रिया, दृश्य में चरित्र का महत्त्व आदि प्रतिबिम्बित करते हैं। इसलिए निर्देशक को कैमरे के प्रत्येक कोण एवं उनके प्रभाव का पूर्ण ज्ञान होना चाहिए। उसके इस कार्य में यद्यपि कैमरामैन का योगदान भी महत्त्वपूर्ण होता है।

ऊँचाई (Hight)

सामान्यतः कैमरे की ऊँचाई व्यक्ति की ऊँचाई के बराबर होती है, जो किसी वयस्क व्यक्ति की आँखों तक की ऊँचाई (Eye Level) मानी जा सकती है।

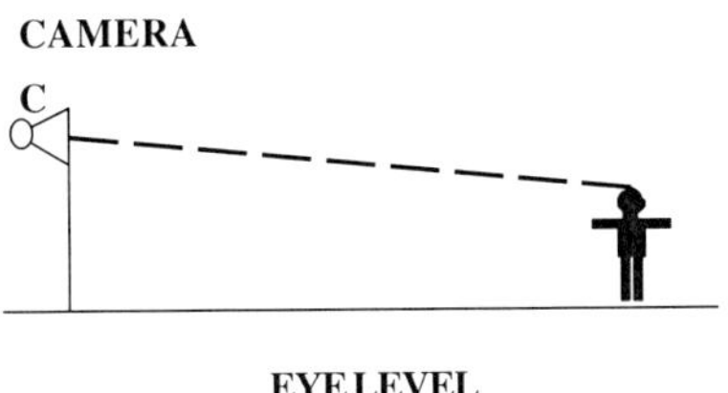

EYE LEVEL

लो एंगल शॉट (Low Angle Shot) में कैमरा नीचे से ऊपर की ओर देखता है तथा टॉप एंगल शॉट (Top Angle Shot) में ऊपर से नीचे।

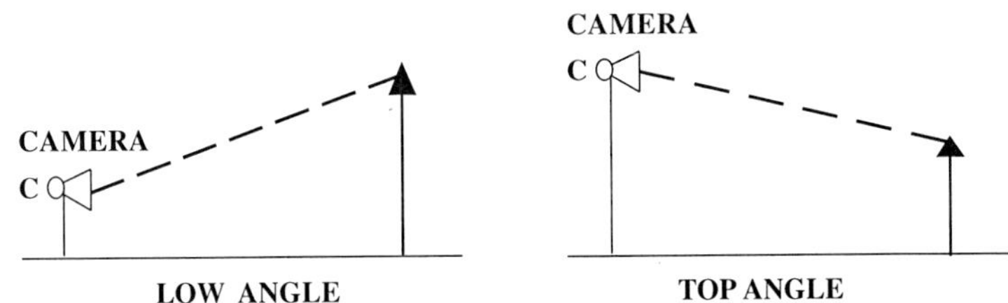

LOW ANGLE

TOP ANGLE

लो एंगल तथा टॉप एंगल शॉट का दृश्य में नाटकीय प्रभाव अधिक महत्त्वपूर्ण होता है। अतः इनका उपयोग आवश्यकता के अनुसार ही किया जाना चाहिए।

सामान्य दृष्टिकोण (Normal View Point)

नाटकीयता की दृष्टि से न्यूनतम नाटकीय होता है। इस दृष्टिकोण में कोई प्रभाव नहीं होता, सिर्फ दृश्यात्मक अभिव्यक्ति हो सकती है। इसमें अस्पष्टता भी न्यूनतम होती है तथा दृश्य अपने प्राकृतिक रूप में सामान्य दिखाई देता है, यानी खड़ी रेखाएँ (Vertical Lines) या क्षैतिज रेखाएँ (Horizontal Lines) इसी रूप में दिखाई देंगी। यहाँ निर्देशक को यह निर्णय करना होता है कि शॉट किसी अन्य चरित्र का व्यक्तिगत दृष्टिकोण (Subjective View Point) है यानी कैमरा स्थिति इस चरित्र की आँखों की सतह के बराबर होगी। यदि शॉट चरित्र के लिए दर्शकों का दृष्टिकोण है तो कैमरा कोण इस की आँखों तक की ऊँचाई पात्र के Eye Level से लिया जाएगा।

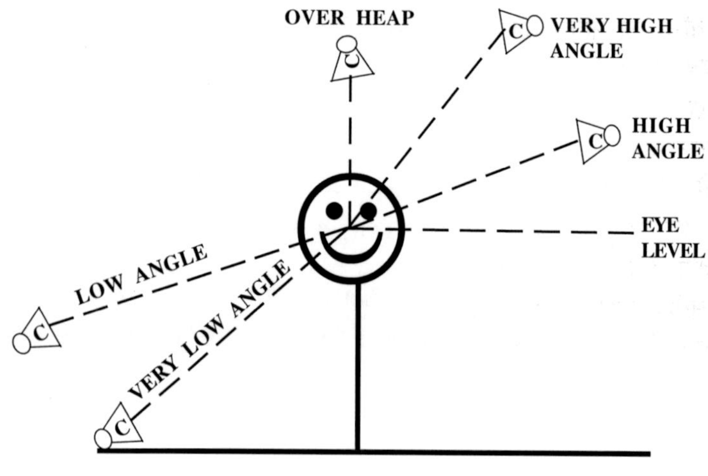

विभिन्न स्थितियों में कैमरा कोण

टॉप एंगल शॉट (Top Angle Shot)

किसी चरित्र का टॉप एंगल से लिया गया शॉट उसके महत्त्व को कम करते हुए उसे कमजोर या शक्तिहीन प्रदर्शित करता है। यदि वाइड एंगल लेंस से टॉप एंगल शॉट लिया जाए तो प्राकृतिक दृश्य का अति नाटकीय प्रभाव उत्पन्न होता है। उसमें यदि कोई एक्शन भी हो, जैसे क्रिकेट या फुटबॉल मैच या कोई अन्य एक्शन, तो इस प्रकार के शॉट काफ़ी प्रभावशाली होते हैं। अधिक टॉप एंगल में दृश्य द्विपरिमाणीय (Two Dimesional) प्रतीत होता है। भूदृश्य (Landscapes) ऊँचाई से देखने पर मैदान, जंगल तथा नदियों के भाग दिखाई देते हैं तथा कोई शहर रेखाओं तथा वर्गों के रूप में दिखाई देगा।

टॉप एंगल तथा लो एंगल में क्लोज अप शॉट काफ़ी अस्पष्ट हो जाते हैं अतः इन्हें लेते समय काफ़ी सावधानी बरतनी चाहिए।

लो एंगल शॉट (Low Angle Shot)

इस कोण में कैमरा विषय (Subject) की दृष्टि सतह (Eye Line) से नीचे की ओर रखा जाता है। इसमें कैमरे को नीचे रखकर ऊपर की ओर उठा (Tilt) दिया जाता है। इससे दर्शक को ऊपर (Upward) दिखाई देने का आभास होता है। इस कोण

में चरित्र का महत्त्व, प्रभाव व शक्ति बढ़ी हुई प्रतीत होती है। इस प्रकार यह चरित्र अन्य की तुलना में प्रधान होता है। उचित प्रयोग से यह कोण यदि वाइड एंगल लेंस (Wide Angle Lens) द्वारा लिया जाए तो दर्शक में भय की भावना उत्पन्न होती है, इसीलिए इस तरह के शॉट अधिकतर रोमांचक बनाने के लिए लिये जाते हैं।

शॉट में अनावश्यक स्थान को ये लो एंगल शॉट कम कर देते हैं या पूरी तरह से हटा भी सकते हैं। इसीलिए इस प्रकार के शॉट बाह्य दृश्यों (Outdoor Scenes) में अधिक उपयोगी होते हैं जहाँ वस्तुस्थिति पर निर्देशक का कोई नियन्त्रण नहीं होता।

Camera Canting/Slanting

पर्दे पर किसी व्यक्ति या वस्तु को तिरछा दिखाने के लिए कैमरे को ऊपर या नीचे की ओर घुमाकर तिरछी (Tilt) स्थिति में रख दिया जाता है। इस प्रकार के शॉट में छवि Distract होती है अतः समुचित प्रयोग के लिए सावधानी बरतनी चाहिए।

किसी त्वरित एक्शन (Swift Action) या हिंसात्मक दृश्यों में, चाहे वह मानवीय हिंसा हो या प्राकृतिक हिंसा, जैसे भूकम्प, बाढ़ आदि, इस प्रकार के शॉट किसी विशेष मानसिक स्थिति को प्रतिबिम्बित करते हैं। इस प्रकार के शॉट दर्शक को शीघ्र ही आकर्षित करते हैं, अतः इनका प्रयोग विज्ञापन फिल्मों में अधिकतर किया जाता है। शैक्षिक फिल्मों में रुचि उत्पन्न करने के लिए भी इस तरह के शॉट लिए जा सकते हैं। ऊँची इमारतें, ऊँची पहाड़ियाँ तथा अन्य ऊँचाईवाली वस्तुएँ चरित्रों के साथ Intercut करके और अधिक प्रभावपूर्ण बन जाती हैं। इन दृश्यों में विभिन्न प्रकार के कोणों का तिरछे रूप में प्रयोग किया जा सकता है।

Camera Slanting/Tilting शॉट इस प्रकार दृश्य को काफ़ी आकर्षक तथा प्रभावशाली बना सकते हैं, यदि उनका समुचित प्रयोग किया जाए।

कैमरा स्थिति (Camera Position)

कैमरा स्थिति का कैमरे के सामने होनेवाले एक्शन से अति घनिष्ठ सम्बन्ध होता है। इन दोनों में कैमरे की तुलना में एक्शन का महत्त्व अधिक होता है, चाहे यह एक्शन किसी नाटकीय कथा चित्र का हो या किसी लघु बजटवाली वृत्तचित्र (Documentary) का। किसी भी एक्शन को शूट करने के पूर्व निर्देशक को उस

विशेष एक्शन के प्रति आश्वस्त एवं निर्णायक होने के बाद ही कैमरामैन की अपनी आवश्यकताएँ समझानी चाहिए।

एक्शन शूटिंग करते समय इस बात का ध्यान रखा जाए कि एक्शन को कैमरे के पास न लाएँ बल्कि कैमरे को एक्शन के पास ले जाएँ, ताकि एक्शन में सजीवता बनी रहे और ऐसा प्रतीत न हो कि कैमरे के क्षेत्र के लिए विशेष तौर पर एक्शन की रचना की गई है। एक्शन को अपने सामान्य रूप में घटने देना चाहिए और उसके अनुसार ही कैमरा स्थिति निश्चित करनी चाहिए, ताकि एक्शन का प्राकृतिक रूप प्रभावित न हो।

कैमरा स्थिति और एक्शन के बीच सम्बन्ध समझ लेने के पश्चात् एक्शन के अनुसार ही उपयुक्त लेंस के प्रयोग का निश्चय करना चाहिए, ताकि शॉट की अन्य शॉट्स के साथ उचित लय (Rhythm) भी स्थापित हो सके। उदाहरणार्थ, वाइड एंगल लेंस में लाँग फोकस लेंस की तुलना में एक अभिनेता की दूर जाते हुए गति तेज दिखाई देगी। अतः उसकी चलने की गति को इस प्रकार नियन्त्रित करना होगा कि वह इसी एक्शन के अन्य शॉट्स के समान दिखाई दे।

यदि किसी दृश्य में कई चरित्र हों, तो उन सभी को किसी-न-किसी कार्य में व्यस्त दिखाया जाना चाहिए, न कि वह मात्र एक वस्तु बनकर खड़े रहें। इन अतिरिक्त चरित्रों को उनके कार्य की पूर्व जानकारी तथा तैयारी अवश्य कर लेनी चाहिए ताकि फिल्म और समय बरबाद न हो।

किसी भी दृश्य में कई चरित्रों के साथ शूटिंग करते समय उनकी दृष्टिगत तारतम्यता (Eye Line Continuity) पर विशेष ध्यान दिया जाना चाहिए अन्यथा अन्य शॉट्स में अन्य चरित्रों के साथ उनकी दृष्टि दिशा (Direction of Looks) में अन्तर आ जाएगा। उचित होगा कि लघु चरित्रों (Extras) को छोड़कर अन्य सभी चरित्रों की दृष्टि दिशा पर विशेष ध्यान दिया जाए और शॉट आरम्भ होने के पूर्व ही उन्हें उनकी दृष्टि दिशा के बारे में समझा दिया जाए।

पैन शॉट (Pan Shot)

कैमरे को बाईं और दाईं ओर घुमाने की स्थिति में लिया गया शॉट पैन शॉट (Pan Shot) कहलाता है। पैन शॉट का मुख्य उद्देश्य दर्शक को दृश्य की वस्तुस्थिति से अवगत कराता होता है। पैन शॉट निम्नलिखित प्रकार के होते हैं–

1. सर्वे पैन (Survey Pan) : इस प्रकार के शॉट दर्शक को घटित होनेवाले दृश्य स्थान से परिचित कराते हैं। इसमें दर्शक घटनास्थल के क्षेत्र, प्राकृतिक

स्थिति तथा आनेवाले घटनाक्रम की परिकल्पना करता है। वह उस क्षेत्र के रेखात्मक एवं क्षेत्रीय परिदृश्य (Linear तथा Aereal Perspective) को समझ लेता है तथा उस स्थान के विस्तृत चरित्र की जानकारी भी प्राप्त करता है। सामान्यतः सर्वे शॉट (Survey Shot) फिल्म या दृश्य के आरम्भ में प्रयोग किए जाते हैं। इनके द्वारा दृश्य के घटनास्थल को स्थापित किया जाता है।

2. ट्रैकिंग पैन (Tracking Pan) : इस शॉट में कैमरा बाएँ-दाएँ घूमते हुए किसी एक चलायमान चरित्र, वस्तु या एक्शन पर केन्द्रित हो जाता है। जैसे– पैन करते हुए कैमरा चलती हुई कार, घुड़दौड़, सड़क पर चलता हुआ व्यक्ति पर केन्द्रित हो जाए। ये चरित्र, वस्तु या एक्शन आनेवाले दृश्य का केन्द्रबिन्दु होते हैं क्योंकि इन्हीं के द्वारा दृश्य का आगामी विकास होगा। अतः इस प्रकार के शॉट सम्पूर्ण दृश्य के परिप्रेक्ष्य को ध्यान में रखते हुए निर्धारित करने चाहिए। ट्रैकिंग शॉट की गति बाद में परिचित होनेवाली वस्तु, चरित्र तथा एक्शन की गति के अनुरूप होनी चाहिए अन्यथा दर्शक में झुँझलाहट पैदा होगी। इसी प्रकार ट्रैकिंग शॉट की अन्तिम सीमा अगले शॉट के कम्पोज़ीशन तथा गति के अनुसार ही होनी चाहिए। टेलीफोटो लेंस के द्वारा पैन शॉट लेने में झटके (Vibrations) तथा अस्पष्टता (Distortion) उत्पन्न होती है, अतः इससे बचना चाहिए।

3. स्लो एवं व्हिप पैन (Slow & Whip Pan) : पैन शॉट की गति धीमी हो या तेज़ इसका निश्चय सम्पूर्ण दृश्य की गति तथा उसके उद्‌देश्य के आधार पर करना चाहिए। धीमा पैन (Slow Pan) किसी दृश्य के आरम्भ में प्रयोग किए जाने पर दर्शक में आनेवाले दृश्य की पूर्वकल्पना तथा उत्सुकता उत्पन्न करता है। अतः उसका ध्यान इस पैन शॉट पर अधिक केन्द्रित होगा। यद्यपि अन्त में जब अन्य चरित्रों, वस्तुओं या एक्शन का इस शॉट में समावेश होने पर उसका केन्द्र बिन्दु शिफ्ट हो जाएगा जो आगामी शॉट से सम्बन्धित होगा।

इसके विपरीत तेज पैन (Fast Pan or Whip Pan) विशेष धुँधलेपन (Blur Effect) के लिए प्रयुक्त होता है। सामान्यतः व्हिप पैन तेज गतिवाले एक्शन दृश्य या परिवर्तन सूचक (Transition Device) के रूप में प्रयोग होता है।

विषय की गति (Moving the Subject)

चलचित्र का अर्थ है मूविंग इमेज यानी जो भी हमें दिखाई दे यह चलता फिरता हो, चाहे वह कैमरा हो या चरित्र या वस्तु। फिल्म के पर्दे पर वास्तविकता का आभास (Illusion) देने के लिए यह अति आवश्यक है क्योंकि हमारे जीवन

में कुछ भी स्थिर नहीं है, चाहे वह समय हो, आसपास घटनेवाले दृश्य अथवा एक्शन हों, या फिर हमारा अपना भावनात्मक सोच हो, ये सभी नाटकीयता से भरपूर होते हैं। शायद इसी सत्य से प्रेरित होकर यह कहा गया है कि जीवन एक नाटक है और संसार एक रंगमंच। यही वास्तविकता है और फिल्म के पर्दे पर इसी वास्तविकता का आभास दिया जाता है। अतः यह आवश्यक है कि पर्दे पर हम जो भी देखें, सुने अथवा अनुभव करें, उसमें वास्तविकता का आभास हो। यह आभास निर्देशक द्वारा शॉट्स का मात्र छायांकन कर देने से ही उत्पन्न नहीं होगा बल्कि फिल्म सम्पादक द्वारा दृश्य में प्रयुक्त विभिन्न शॉट्स को क्रमवार जोड़कर उत्पन्न किया जाता है परन्तु इसके लिए ये भी आवश्यक है कि निर्देशक द्वारा लिए गए हर शॉट में एक अन्तर्निहित गति हो, जो सम्पूर्ण दृश्य की गति के अनुरूप हो। भावनात्मक दृश्यों में यह गति धीमी होती है तथा एक्शन दृश्यों में तेज।

शॉट या दृश्य में अन्तर्निहित इस गति का निर्धारण निर्देशक तथा छायाकार मिलकर करते हैं। इस गति की रचना करने में कैमरा गति (Camera Movement) तथा कैमरे के सामने होनेवाले एक्शन की गति महत्त्वपूर्ण है। आवश्यक है कि ये दोनों प्रकार की गतियाँ एक-दूसरे के अनुरूप हों। स्थिर कैमरे के सामने होनेवाला एक्शन अरुचिकर तथा अनाकर्षक होगा एवं इसमें नाटकीयता का अभाव होगा। इसके विपरीत एक्शन के साथ-साथ चलनेवाला कैमरा दृश्य का सहयोगी बन जाता है। इसमें कैमरा सामने होनेवाले एक्शन का हिस्सा होता है, अन्यथा कैमरा अलग-थलग पड़ जाएगा। शॉट के कम्पोजीशन में कैमरा एक महत्त्वपूर्ण भूमिका निभाता है, इसमें लेंस तथा कैमरा गति निश्चित करते समय अत्यन्त सावधान रहना चाहिए। किसी भी एक्शन को लॉंग शॉट (Long Shot) या क्लोज शॉट (Close Shot) में लिया जा सकता है। इसका निर्णय दृश्य में निहित प्रभाव के अनुरूप ही करना चाहिए।

निर्देशक के लिए आवश्यक है कि वह शूटिंग आरम्भ करने के पूर्व सम्पूर्ण दृश्य का सूक्ष्म अध्ययन करे और उसके द्वारा उत्पन्न आवश्यक प्रभाव के लिए छायाकार के साथ उचित विचार-विमर्श करे। सम्भव है कि कैमरा तकनीक का विशेषज्ञ छायाकार दृश्य में निहित आवश्यक प्रभाव को कैमरा तथा प्रकाश तकनीकों से बढ़ा दे जो फिल्म की सफलता में चार चाँद लगा दें।

लॉंग शॉट (Long Shot)

तुलनात्मक रूप में लॉंग शॉट में किसी भी चरित्र का महत्त्व कम हो जाता है और

उसकी पार्श्वभूमि, आसपास का वातावरण, सेटिंग अथवा प्राकृतिक दृश्य, प्रॉपर्टीज़ (Properties) आदि का महत्त्व बढ़ जाता है। अतः लाँग शॉट लेते समय सेट को अनुकूल वातावरण, प्रॉपर्टीज़ एवं दृश्य अनुसार यदि आवश्यक हो तो विशेष प्रकाश-व्यवस्था से सँवारना चाहिए। लाँग शॉट में कलाकारों की गति धीमी दिखाई देती है, अतः उन्हें अपने एक्शन को सीमित क्षेत्र में छोटा रखना चाहिए। लाँग शॉट में विशेष मूड (Mood) उत्पन्न करने के लिए सेटिंग पर विशेष ध्यान देना आवश्यक है, ताकि दृश्य नीरस न लगे।

क्लोज़ शॉट (Close Shot)

क्लोज़ शॉट में अभिनेता के चेहरे पर उभरनेवाले भाव एवं प्रतिक्रिया का महत्त्व अधिक होता है। इसमें विभिन्न दूरियों पर कैमरा स्थिति तथा लेंसों के प्रयोग से विभिन्नता लाई जा सकती है। इसमें मूड, कैमरा स्थिति तथा प्रकाश-व्यवस्था काफ़ी महत्त्वपूर्ण होती है क्योंकि इसमें पार्श्वभूमि तथा आसपास के विवरण अत्यधिक कम होते हैं। कैमरा जितना अधिक पास होगा यानी क्लोज़ शॉट जितना बड़ा होगा, उतना ही पार्श्वभूमि तथा आसपास का क्षेत्र कम होता जाएगा। जूम या ट्रॉली द्वारा क्लोज शॉट को ट्रैक (Track) करना काफ़ी नाटकीय तथा प्रभावशाली होता है। क्लोज शॉट को कम्पोज करते समय कैमरा स्थिति, प्रकाश-व्यवस्था तथा मूड का सम्पूर्ण सामंजस्य होना चाहिए, अन्यथा दर्शक कैमरे के प्रति अधिक concious हो जाएँगे। अतः कैमरा स्थिति निश्चित करते समय कैमरे की ऊँचाई, दृष्टि सतह पर या टिल्ट (Tilt) स्थिति में, का विशेष ध्यान रखना चाहिए।

लाँग शॉट टू क्लोज शॉट (Long Shot to Close Shot)

किसी भी दृश्य के छायांकन में अभिनेता या कैमरे का एक्शन में दूर से पास आना यानी 'लॉग शॉट टू क्लोज शॉट' एक सामान्य स्थिति है। अभिनेता दूर से एक्शन करते हुए पास आ सकता है या कैमरा पास (Close Shot) से दूर जा सकता है अथवा इसके विपरीत। इन सभी स्थितियों में एक ही शॉट में एक्शन, पार्श्वभूमि, वातावरण तथा अभिनेताओं के भाव या प्रतिक्रियाएँ देखी जा सकती हैं। सामान्य ऊँचाई में दूर से पास आता हुआ अभिनेता महत्त्वपूर्ण हो जाता है, इसके विपरीत दूर जाता हुआ चरित्र महत्त्वहीन होता जाता है।

दृश्य-9

फिल्म सेंसरशिप

फिल्म निर्माण के क्षेत्र में भारत संसार के अन्य सभी देशों में अग्रणी है। यहाँ का फिल्म उद्योग सबसे बड़ा उद्योग है जहाँ लगभग 900 कथा चित्रों (Feature Films) के अतिरिक्त काफ़ी बड़ी संख्या में लघु तथा वृत्तचित्रों का निर्माण प्रति वर्ष होता है। देश के लगभग 13000 सिनेमाघरों, वीडियो पार्लर्स तथा केबल प्रदर्शन के द्वारा लगभग 15000000 दर्शक प्रतिदिन इन फिल्मों का आनन्द उठाते हैं।

फिल्म निर्माण में लगनेवाली लागत तथा लाखों व्यक्तियों को मिलनेवाली रोजी-रोटी को देखते हुए निर्माता द्वारा अपनी फिल्मों से अधिक-से-अधिक आय किसी भी तरीके से प्राप्त करने की कोशिशों से इनकार नहीं किया जा सकता। इसके अतिरिक्त फिल्म निर्माता को टेलीविजन, वीडियो, केबल तथा सेटेलाइट आदि से भी मुकाबला करना पड़ता है, अतः कभी-कभी अधिक-से-अधिक दर्शकों तक पहुँचने के लिए फिल्म निर्माता किसी भी सीमा को पार कर सकते हैं, चाहे वह सामाजिक मर्यादा की सीमा हो या व्यक्तिगत मर्यादा। हमारे दर्शकों का एक बड़ा समूह उन कच्ची उम्र के बच्चों का या समाज के अभावग्रस्त व्यक्तियों का होता है, जिनके लिए जीवन में मनोरंजन का एक पल भी जीना आसान नहीं होता। इस समूह के दर्शकों को लुभाने के लिए फिल्म निर्माता उनकी आधारभूत मूल भावनाओं (Basic Instincts) को उत्तेजित करने का प्रयास करते हैं, जो हमारी सामाजिक, सांस्कृतिक एवं राष्ट्रीय परम्पराओं के विरुद्ध होती हैं। यहीं आवश्यकता होती है फिल्म सेंसर एवं उसके द्वारा प्रदान किए जानेवाले फिल्म प्रमाण-पत्र की।

फिल्म सेंसर बोर्ड, जिसका नाम बाद में बदलकर केन्द्रीय फिल्म प्रमाणन बोर्ड (Central Board of Film Certification) कर दिया गया है, फिल्म की कुल गुणवत्ता के आधार पर आवश्यक संशोधनों के साथ फिल्म को एक प्रमाण-पत्र देता है, जिसे सेंसर सर्टिफिकेट (Censor Certificate) कहते हैं। प्रदर्शन के लिए सिर्फ यह सर्टिफिकेट काफ़ी नहीं है। समस्या तब आती है, जब निर्माता सेंसर सर्टिफिकेट प्राप्त करने के बाद सेंसर द्वारा निर्धारित मार्गदर्शक नियमों तथा

क़ानूनों का उल्लंघन करता है। इन उल्लंघनों की जाँच तथा आवश्यक क़ानूनी कार्रवाई करने का कार्य पुलिस का होता है परन्तु शहर की क़ानून-व्यवस्था की जिम्मेदारियों के बोझ से दबी हुई पुलिस के लिए फिल्म सेंसरशिप के उल्लंघनों पर आवश्यक कार्यवाही कर पाना एक टेढ़ी खीर है। जागरूक नागरिक तथा स्वयंसेबी संस्थाएँ (NGO's) फिल्म सेंसरशिप के मार्गदर्शक नियमों (Guide-lines) तथा उल्लंघन क़ानूनों का पालन तथा आवश्यक कार्यवाही करने में राज्य तथा पुलिस की सहायता करके इस दिशा में अपना महत्त्वपूर्ण योगदान दे सकती हैं, इसलिए यह आवश्यक है कि फिल्म निर्माताओं व निर्देशकों के साथ-साथ सामान्य नागरिकों को भी फिल्म सेंसरशिप के मार्गदर्शक नियमों तथा उल्लंघन क़ानूनों का समुचित ज्ञान हो। नागरिकों तथा समाज सेवी संस्थाओं के सहयोग से ही फिल्म सेंसरशिप के उद्देश्य को सफल बनाया जा सकता है।

अभिव्यक्ति की स्वतन्त्रता

फिल्म प्रभाग एवं दूरदर्शन, जो मूल रूप से सरकारी संस्थाएँ हैं, के अतिरिक्त एक निजी उद्योग के रूप में भारतीय सिनेमा एवं पत्रकारिता पूर्ण स्वतन्त्र हैं। अन्य देशों की तुलना गें भारत में पत्रकारिता (Press) सभी बन्धनों से मुक्त है और यही बात सिनेमा पर भी लागू होती है। जहाँ संविधान में व्यक्ति की वाणी एवं अभिव्यक्ति के आधारभूत सिद्धान्त को मान्यता दी गई है, वहीं पत्रकारिता एवं सिनेमा को व्यक्ति की अभिव्यक्ति का एक सशक्त माध्यम माना गया है। इसी के अनुरूप व्यक्ति के विचारों को वाणी, लेखन, प्रकाशन, दृश्य तथा अन्य किसी भी माध्यम द्वारा अभिव्यक्त करने की पूर्ण स्वतन्त्रता है। (आधार आर्टिकल (1) (ए))

संविधान के अनुरूप वाणी एवं अभिव्यक्ति की यह स्वतन्त्रता 'पूर्ण' है परन्तु 'असीमित' नहीं है। देश की एकता एवं स्वाधीनता की रक्षा, राज्य की सुरक्षा, पड़ोसी देशों से मैत्रीपूर्ण सम्बन्ध, सामाजिक-व्यवस्था एवं अनुशासन, नैतिकता, अदालत की अवमानना, मानहानि तथा जुर्म की उकसाने जैसे कार्य आदि को सीमित रखने के लिए संविधान की धारा 19 (2) के अनुसार कुछ सीमाएँ निर्धारित की गई हैं, जिनका पालन फिल्म सेंसर बोर्ड द्वारा फिल्म को प्रमाण-पत्र देते समय किया जाता है, ताकि अभिव्यक्ति की स्वतन्त्रता तथा सामाजिक लाभ (Social Interest) के बीच उचित सन्तुलन बना रहे। चूँकि यह प्रतिबन्ध सामाजिक लाभ के लिए बनाए गए हैं, अतः समाज के हर व्यक्ति का यह कर्त्तव्य होना चाहिए

कि वह इन प्रतिबन्धों का कड़ाई से स्वयं पालन करे तथा उन सभी असामाजिक तत्त्वों पर भी निगरानी रखे जो इन प्रतिबन्धों को तोड़कर सामाजिक व्यवस्था में व्यवधान उत्पन्न करते हैं या राज्य द्वारा दी गई स्वतन्त्रता एवं सुविधाओं का दुरुपयोग करते हैं।

फिल्म सेंसरशिप की आवश्यकता

कहते हैं, व्यक्ति के मानस पर हजार शब्दों की तुलना में सिर्फ एक चलचित्र (Moving Image) हजार गुना प्रभाव डालता है। इसी कथ्य पर आधारित अँधेरे हॉल में चलचित्रों का प्रदर्शन व्यक्ति के मन को इतना प्रभावित करता है कि वह स्वयं को फिल्म में हो रही घटनाओं एवं चरित्रों के समकक्ष समझने लगता है। यह प्रभाव व्यक्ति की मानसिक परिपक्वता पर भी निर्भर करता है परन्तु हमें यह प्रभाव एक औसत व्यक्ति के नजरिए से मापना चाहिए। चलचित्र एक औसत मानसिक परिपक्वतावाले व्यक्ति को किस सीमा तक प्रभावित कर सकते हैं कि वह सामाजिक मर्यादा एवं नैतिकता के दायरे में रहे, इसी कार्य के लिए फिल्म सेंसरशिप की आवश्यकता महसूस की गई।

यद्यपि हमारे देश में प्रेस की स्वाधीनता पर कोई अंकुश नहीं है, क्योंकि उनका प्रभाव शिक्षितों के अनुपात के अनुसार काफ़ी कम है, चलचित्रों की पहुँच असीमित होने तथा दृश्य (Images) अधिक प्रभावशाली होने के कारण फिल्मों पर कुछ प्रतिबन्ध लगाना आवश्यक समझा गया, इस प्रकार सेंसरशिप फिल्म प्रदर्शन के पूर्व की अन्तिम प्रक्रिया है जिसमें फिल्म को 'सामान्य प्रदर्शन' के अनुरूप बनाने के लिए कुछ भाग/अंश निकालने, जोड़ने या उसे सुधारने की सलाह दी जाती है। यदि यह समझा जाता है कि फिल्म किसी भी प्रकार से लोगों की भावनाओं और मानसिकता पर अनुचित प्रभाव डाल सकती है तो ऐसी फिल्म को सेंसर प्रमाण-पत्र देने से मना कर दिया जाता है। सेंसरशिप की इस आवश्यकता की पुष्टि कुछ वर्ष पूर्व सर्वोच्च न्यायालय ने भी की है।

वर्तमान सेंसरशिप सन् 1952 में बनाए गए क़ानून, 1983 में सिनेमेटोग्राफ प्रमाणन नियम तथा समय-समय पर भारत सरकार द्वारा जारी किए गए निर्देशों के अन्तर्गत कार्य करती है। यह दिशा निर्देश भारतीय संविधान की धारा 5बी के अन्तर्गत जारी किए जाते हैं, जिसके अनुसार, "फिल्म प्रमाण-पत्र निम्नलिखित किसी भी दशा का उल्लंघन होने पर न दिया जाए–

1. भारत की एकता एवं स्वाधीनता की रक्षा

2. राज्यों की सुरक्षा (Security of States)
3. पड़ोसी राज्यों/देशों के मैत्रीपूर्ण सम्बन्ध (Friendly Relations with Foreign States)
4. सामाजिक व्यवस्था एवं क़ानून (Public Order)
5. नैतिकता (Decency and Morality)
6. मानहानि (Defamation)
7. अदालत की अवमानना (Contempt of Court)
8. किसी भी जुर्म (Offence) को उकसाना

फिल्म प्रमाण-पत्र की श्रेणियाँ

भारतीय संविधान में सिनेमेटोग्राफिक क़ानून 1952 की धारा 37 के अनुसार सेंसरबोर्ड की स्थापना के साथ फिल्मों के लिए प्रमाण-पत्र जारी करने सम्बन्धी कई दिशा निर्देश दिए गए हैं। आरम्भ में सेंसर बोर्ड द्वारा फिल्मों को निम्नलिखित दो श्रेणियों के प्रमाण-पत्र ही दिए जाते थे–

U—सार्वजनिक या अनिर्बन्धित (Unrestricted) प्रदर्शन के लिए।

A—वयस्कों के लिए यानी 18 वर्ष से अधिक उम्र के व्यक्तियों के लिए।

1983 में दो अन्य श्रेणियों का समावेश किया गया–

UA—अनिर्बन्धित प्रदर्शन परन्तु 12 वर्ष से कम उम्र के बच्चों को अभिभावकों के मार्गदर्शन के साथ।

S—किसी विशेष समूह (Specialised Audience) के लिए।

सिनेमेटोग्राफ क़ानून के अन्तर्गत केन्द्रीय फिल्म प्रमाणन बोर्ड (पूर्व में फिल्म सेंसर का केन्द्रीय बोर्ड) में भारत सरकार द्वारा नामित अध्यक्ष के अतिरिक्त कम-से-कम 12 व अधिक-से-अधिक 25 सदस्य होते हैं, जो समाज के विभिन्न प्रबुद्ध वर्गों, जैसे समाजशास्त्री, क़ानूनविद, शिक्षा, तकनीकी, कला एवं सिनेमा आदि क्षेत्रों से सम्बन्धित हों, चुने जाते हैं। इनका कार्यकाल अधिक-से-अधिक तीन वर्ष का होता है।

फिल्म प्रमाणन की योग्यता का निर्धारण बोर्ड द्वारा गठित निम्नलिखित प्रकार की समितियाँ करती हैं–

1. परीक्षण समिति (Examining Committee)–इस समिति में परीक्षण अधिकारी के अतिरिक्त चार नामित सदस्य होते हैं। इनमें दो महिला सदस्यों का शामिल होना आवश्यक है। इस समिति द्वारा फिल्म के प्रदर्शन के बाद एकमत

(Unanimous) निर्णय के अनुसार प्रमाण-पत्र जारी कर दिया जाता है।

2. पुनर्विचार समिति (Revising Committee)–परीक्षण समिति के सदस्यों से मतभेद होने पर अथवा एकमत निर्णय को फिल्म निर्माता/आवेदक द्वारा स्वीकार न किए जाने की स्थिति में फिल्म को पुनर्विचार के लिए पुनर्विचार समिति (Revising Committee) को भेजा जाता है।

परीक्षण समिति या पुनर्विचार समिति के निर्णय को फिल्म निर्माता/आवेदक द्वारा चुनौती दिए जाने के लिए फिल्म प्रमाणन निवेदन अदालत (Film Certification Appelilte Tribunal : F.C.A.T.) की स्थापना की गई हैं जिसका कार्यालय नई दिल्ली में स्थित है।

फिल्म प्रमाणन विदेशों से आयातित फिल्मों, एक से अन्य/अनेक भाषाओं में परिवर्तित (Dubbed) फिल्मों, वीडियो फिल्मों पर भी लागू होता है। डब की गई फिल्मों में सामान्यतः दृश्यों को सेंसर नहीं किया जाता, सिर्फ भाषा पर निर्णय लिया जाता है, जिसके लिए परीक्षण समिति के सदस्यों में एक भाषा विशेषज्ञ का होना आवश्यक है। भारत सकार के दूरदर्शन के लिए विशेष रूप से बनाई गई फिल्मों के लिए फिल्म प्रमाणन आवश्यक नहीं है क्योंकि ऐसी फिल्मों के परीक्षण के लिए दूरदर्शन ने विशेष व्यवस्था की है।

फिल्म प्रमाणन-दिशा निर्देश

समय-समय पर केन्द्र सरकार द्वारा फिल्म प्रमाणन से सम्बन्धित दिशा निर्देश दिए जाते रहे हैं। ये दिशा निर्देश सामाजिक परिवेश तथा परिवर्तनों एवं फिल्म निर्माण में होनेवाले बदलाव को ध्यान में रखकर दिए जाते हैं ताकि समाज को इन फिल्मों द्वारा स्वस्थ एवं स्वच्छ मनोरंजन प्राप्त हो सके। इन दिशा निर्देशों को समझने के पूर्व यह आवश्यक है कि फिल्म प्रमाणन के उद्देश्य को समझ लिया जाए। ये उद्देश्य हैं–

1. फिल्म माध्यम सामाजिक मूल्यों तथा स्तर के प्रति जागरूक एवं उत्तरदायी बना रहे।
2. कलात्मक अभिव्यक्ति एवं रचनात्मक स्वतन्त्रता की अनावश्यक प्रतिबन्धों से रक्षा की जाए।
3. फिल्म प्रमाणन सामाजिक परिवर्तनों के प्रति जवाबदेह रहे।
4. फिल्म माध्यम समाज को स्वस्थ एवं स्वच्छ मनोरंजन प्रदान करने में सक्षम हो।

5. जहाँ तक सम्भव हो, फिल्म की कलात्मक एवं छायात्मक गुणवत्ता उत्कृष्ट हो।

फिल्म प्रमाणन के उक्त उद्देश्यों को ध्यान में रखते हुए फिल्म प्रमाणन बोर्ड ये सुनिश्चित करता है कि–

1. असामाजिक कार्य, जैसे हिंसा आदि को गौरवान्वित न किया जाए।
2. अपराधियों की कार्यविधि का दृश्यों अथवा शब्दों द्वारा इस प्रकार वर्णन न किया जाए कि वह समाज के किसी भी वर्ग को अपराधों की ओर आकर्षित कर सके।
3. ऐसे दृश्य को निकाल देना चाहिए जो–
   (A) ब च्चों को अपराध में शामिल करे, उन पर अत्याचार करे या फिर अधिक हिंसात्मक घटना में उन्हें ताकत से गवाह बनाए अथवा बच्चों पर किसी भी प्रकार का शारीरिक एवं मानसिक प्रताड़न दिखाए।
   (B) शारीरिक एवं मानसिक रूप से विकलांग व्यक्तियों का मज़ाक उड़ाना या उन्हें प्रताड़ित करना दिखाए।
   (C) जानवरों के साथ अनावश्यक अत्याचार एवं प्रताड़न सामने लाए।
   (D) अनावश्यक भय, हिंसा, प्रताड़ना एवं अत्याचार मनोरंजन प्रदान करने के लिए दिखाया जाए।
   (E) शराब पीने को न्यायसंगत एवं गौरवपूर्ण बताए।
   (F) नशीली दवाओं के प्रयोग को तर्कसंगत बताते हुए प्रेरित करे।
   (G) तम्बाकू के प्रयोग को सही ठहराते हुए उनके प्रयोग की प्रेरणा दे।
   (G) भद्दे, गन्दे तथा गरीबी के दृश्य दिखाए, जो मानवीय संवेदनाओं को आहत करें।
   (I) व्यक्तियों की मूल भावनाओं (Basic Instincts) को उत्तेजित करनेवाले द्विअर्थी शब्द या संवादों का प्रयोग करे।
   (J) महिलाओं का अपमान तथा अवनति दर्शाए।
   (K) महिलाओं का शारीरिक एवं मानसिक शोषण, बलात्कार, बलात्कार की कोशिश या किसी भी प्रकार से उनको यातना देना दिखाए।
       (यदि इस प्रकार के दृश्य कथानक की आवश्यकता है तो उनको कम-से-कम दिखाया जाए।)
   (L) किसी भी रूप में यौनाचार (Sexual Perversion) को दिखाए। (यदि कथानक के लिए आवश्यक है तो इसे कम-से-कम दिखाया जाना चाहिए।)

(M) किसी भी जाति, धर्म एवं समूहों के प्रति अपमानजनक अभिव्यक्ति करे।

(N) राष्ट्र विरोधी, विज्ञान विरोधी एवं साम्प्रदायिक भावना को भड़काने वाला हो।

(O) देश की स्वाधीनता एवं एकता पर प्रश्नचिह्न लगाए।

(P) राज्य की सुरक्षा का खतरा हो।

(Q) मित्र देशों के साथ सम्बन्धों पर प्रभाव डालता हो।

(R) क़ानून एवं व्यवस्था की स्थिति को खराब करे।

(S) किसी व्यक्ति, समूह या अदालत की अवमानना करे।

(T) राष्ट्रीय चिह्न एवं संकेतों का राष्ट्रीय चिह्न एवं संकेत क़ानून (अनुचित प्रयोग की रोकथाम) 1950 के दिशा-निर्देशों के अतिरिक्त प्रदर्शन अथवा दुरुपयोग करे।

4. इसके अतिरिक्त बोर्ड यह भी सुनिश्चित करता है कि–

(A) किसी फिल्म के बारे में सही आकलन एवं निर्णय उसके सम्पूर्ण प्रभाव के अनुसार ही किया जाए।

(B) किसी फिल्म के कथानक के समय (Period) तथा उस देशकाल में उपस्थित परिस्थितियाँ, चरित्र चित्रण, सामाजिक व्यवस्था एवं रहन-सहन के अनुरूप ही फिल्म का आकलन किया जाए, परन्तु यह ध्यान भी अवश्य रखा जाए कि इसमें व्यक्तियों की नैतिकता पर दुष्प्रभाव न पड़े।

5. फिल्म प्रदर्शन के बाद यदि परीक्षण समिति (Examining Committee) यह महसूस करती है कि उक्त दिशा निर्देशों का पालन करके भी फिल्म 'अवयस्कों' (Non-Adults) के देखने योग्य नहीं है तो उसे 'सिर्फ वयस्कों के लिए' (For Adults Only) या 'A' प्रमाण-पत्र दिया जा सकता है।

(A) अनिर्बन्धित प्रदर्शन (Unrestricted Exhibition) के लिए प्रमाण-पत्र देते समय बोर्ड को यह ध्यान रखना चाहिए कि फिल्म परिवार के सभी सदस्यों एवं बच्चों सहित देखने योग्य हो।

(B) फिल्म के कथानक एवं दर्शकों पर पड़नेवाले प्रभाव के अनुसार यदि बोर्ड यह महसूस करता है कि फिल्म 12 वर्ष से कम उम्र के बच्चों के पूर्ण योग्य नहीं है परन्तु वह अभिभावकों के साथ उनके मार्गदर्शन (Parental Guidence) में देख सकते हैं, तो फिल्म को अनिर्बन्धित प्रदर्शन के लिए उक्त सुझाव के साथ 'UA' प्रमाण-पत्र दिया जा

सकता है।

(C) इसी प्रकार फिल्म की विषयवस्तु के अनुसार यदि फिल्म 'विशेष दर्शकों के लिए' (For Specialised Audience) उपयुक्त पाई जाती है तो उसे 'S' प्रमाण-पत्र दिया जा सकता है।

शीर्षक (Title)

बोर्ड को यह भी अधिकार होता है कि वह फिल्म के शीर्षक (Titles) का भी सावधानीपूर्वक आकलन करे ताकि वह हिंसा, नग्नता, भद्दापन न उकसाए या उक्त दिशा निर्देशों की अवहेलना न करे।

प्रमाणन/सेंसरशिप प्रक्रिया

सिनेमेटोग्राफ (प्रमाणन) नियम 1983 के अन्तर्गत फिल्म प्रमाणन के लिए एक निश्चित प्रक्रिया का प्रावधान किया गया है, जिसके विभिन्न चरणों से फिल्म निर्माता/आवेदक को गुजरना पड़ता है। यह प्रक्रिया कथाचित्र, वीडियो फिल्म तथा लघु एवं वृत्तचित्रों पर समान रूप से लागू होती है।

इस प्रक्रिया के अन्तर्गत आवेदक को सर्वप्रथम एक निश्चित फॉर्म पर आवेदन करने के साथ बोर्ड द्वारा प्रमाणन के लिए निर्धारित आवेदन शुल्क तथा आवश्यक फिल्म एवं लिखित सामग्री प्रदान करनी होती है, जो नियम 21 के अनुरूप निश्चित की गई है। ये आवेदन पत्र बोर्ड के मुख्यालय या क्षेत्रीय कार्यालयों में प्रस्तुत किए जाते हैं।

आवेदन पत्र तथा अन्य आवश्यक सामग्री शुल्क सहित प्राप्त होने के पश्चात् क्षेत्रीय अधिकारी एक परीक्षण समिति का गठन करता है, जिसमें नियम 22 के अन्तर्गत–

1. लघु फिल्मों (70 मिनट तक) के लिए दो सदस्य होते हैं, जिनमें एक बोर्ड का अधिकारी और एक सलाहकार समिति का सदस्य होता है। इन दो सदस्यों में से एक महिला सदस्य का होना आवश्यक है।
2. लम्बी अथवा कथा फिल्मों (70 मिनट से अधिक) के लिए एक बोर्ड अधिकारी के अतिरिक्त चार अन्य सदस्य सलाहकार समिति (Advisory Panel) से चुने जाते हैं। इनमें दो महिला सदस्यों का प्रतिनिधित्व होना आवश्यक है।

फिल्म के प्रदर्शन के पश्चात् हर सदस्य को अपने विचार एक निर्धारित फॉर्म पर लिखित रूप से बोर्ड अधिकारी को सौंपने होते हैं। समिति द्वारा अन्तिम निर्णय पर पहुँचने के पूर्व फिल्म निर्माता/आवेदक को भी अपनी बात समिति के सदस्यों तक पहुँचाने का अधिकार होता है, ताकि किसी भी अन्तिम निर्णय में आवेदक सहित सभी की सहमति शामिल हो। इस समिति के सदस्यों द्वारा काट-छाँट या अन्य परिवर्तनों के सुझाव सहित 'सिफारिशें' (Recommendations) बोर्ड के अध्यक्ष को भेज दी जाती हैं, जो प्रादेशिक अधिकारी को अगली कार्यवाही का आदेश देता है।

प्रमाणन नियम 24 के अन्तर्गत यदि अपने विचार से या आवेदक की प्रार्थना पर अध्यक्ष महसूस करता है तो फिल्म को पुनर्विचार समिति (Revising Committee) को भेज दिया जाता है। पुनर्विचार समिति में अध्यक्ष या सलाहकार बोर्ड (Advisory Board) के एक सदस्य के अतिरिक्त अधिक-से-अधिक 9 अन्य सदस्य सलाहकार समिति (Advisory Panel) से नामित किए जाते हैं, बशर्ते इन सदस्यों में से कोई भी परीक्षण समिति (Examining Committee) में न रहा हो। परीक्षण समिति द्वारा देखे गए उसी प्रिंट को पुनर्विचार समिति (Revising Committee) पुनः अवलोकित करती है कि उस प्रिंट में कोई परिवर्तन न किए गए हों। इसके बाद पुनर्विचार समिति का हर सदस्य अपनी रिपोर्ट प्रस्थान करने के पूर्व अध्यक्ष को सौंपता है। यदि अध्यक्ष इस पुनर्विचार समिति के बहुमत विचार (Majority Views) से सहमत नहीं है तो वह इस फिल्म को पुनः एक अन्य पुनर्विचार समिति को भेज सकता है। फिल्म अवलोकन के लिए पुनर्विचार समिति के कम-से-कम पाँच सदस्यों का, जिनमें दो महिलाएँ हों, उपस्थित होना आवश्यक है, बशर्ते पुनर्विचार समिति के कुल नामित सदस्यों में कम-से-कम आधी महिला सदस्य हों (उप नियम-2)।

बोर्ड द्वारा फिल्म प्रमाणन सम्बन्धी अपने निर्णय की सूचना आवेदक को देने के पश्चात् आवेदक आवश्यक काट-छाँट (Deletion) अथवा परिवर्तन (Revision) करके फिल्म की एक प्रति प्रादेशिक अधिकारी (Regional Officer) को प्रस्तुत करता है, जिसके प्रमाणित होने के पश्चात् फिल्म को 'प्रमाण-पत्र' प्रदान कर दिया जाता है।

बोर्ड से असहमति होने पर धारा 52 के अन्तर्गत फिल्म निर्माता/आवेदक फिल्म प्रमाणन निवेदन अदालत (Film Certification Appelite Tribunal : F.C.A.T.) को पुनर्विचार के लिए आवेदन कर सकता है। इस अदालत के अध्यक्ष सेवानिवृत्त न्यायाधीश चार अन्य सदस्यों की समिति के सहयोग से फिल्म निर्माता

एवं सेंसर बोर्ड का पक्ष जानने के बाद फिल्म का अवलोकन करके उचित निर्णय लेते हैं। इस अदालत द्वारा लिया गया निर्णय अन्तिम तथा दोनों पक्षों को मान्य होता है।

फिल्म सेंसरशिप अवमानना

सेंसरबोर्ड का कार्य फिल्मों को प्रदर्शन के लिए प्रमाण-पत्र प्रदान करना है। चूँकि सिनेमा तथा फिल्म प्रदर्शन राज्य सरकारों के अधीन है, अतः उन पर सेंसरशिप की अवमानना एवं दिशानिर्देशों के उल्लंघन पर क़ानूनी कार्यवाही करना भी राज्य सरकार के अधिकार क्षेत्र में आता है। इस अवमानना एवं अवहेलना के कई प्रकार हैं जो सामान्यतः बेरोक-टोक तथा किसी भी व्यक्ति या संस्था द्वारा बिना शिकायत के होते रहते हैं।

फिल्मों के प्रदर्शन के सन्दर्भ में सामान्यतः निम्नलिखित प्रकार की सेंसरशिप अवमानना तथा अवहेलना प्रकाश में आई हैं–

1. वयस्कों के लिए प्रमाणित 'A' फिल्मों को अवयस्क (Non-Adults) को दिखाना।
2. विशेष दर्शकों (Specialised Films) के लिए प्रमाणित 'S' फिल्म को अन्य दर्शकों को दिखाना, जो उस दर्शक समूह से सम्बन्ध नहीं रखते।
3. प्रमाणित फिल्म के अतिरिक्त उसे किसी अन्य 'प्रकार' या 'प्रारूप' में प्रदर्शित करना। यहाँ 'प्रकार' का अर्थ है वीडियो, फिल्म, सी.डी. या डी.वी.डी. आदि। सामान्यतः फिल्में वीडियो या फिल्म (Celluloid) में ही प्रमाणित की जाती है। 'प्रारूप' का अर्थ है सेंसर होने के बाद फिल्म का प्रमाणित प्रारूप। सामान्यतः निर्माता, वितरक या प्रदर्शक इसी प्रारूप में फेर बदल या कुछ अवांछनीय दृश्यों को जोड़कर फिल्म प्रदर्शित करते हैं। इसे इंटरपोलेशन (Interpolation) कहते हैं, जो निम्नलिखित प्रकार के हो सकते हैं–

    (A) सेंसर द्वारा निकाल दिए गए (Deleted) अंशों को दोबारा जोड़कर।

    (B) ऐसे अंशों को जोड़कर जो सेंसर को दिखाए ही नहीं गए हों।

    (C) ऐसे अंश, जिनका फिल्म से कोई सम्बन्ध न हों, को जोड़कर।
4. ऐसी फिल्म का प्रदर्शन कर, जिन्हें सेंसर प्रमाण-पत्र देने से मना (Refuse) कर दिया गया हो या जिन्हें प्रतिबन्धित (Ban) कर दिया गया हो।

5. नकली सेंसर प्रमाण-पत्र (Forged Censor Certificate) का प्रयोग करके फिल्म प्रदर्शित करना।
6. बिना सेंसर प्रमाण-पत्र के फिल्म का प्रदर्शन करना।

फिल्म पोस्टर्स

अधिकतर देखा गया है कि सिनेमा हॉल, वितरक तथा निर्माता फिल्म का प्रचार करने के लिए उत्तेजक, भड़काऊ तथा भद्दे पोस्टर्स का प्रयोग करते हैं, ताकि अधिक-से-अधिक दर्शक उस फिल्म को देखें। सिनेमेटोग्राफ क़ानून, 1952 के अन्तर्गत फिल्म पोस्टर, विज्ञापन तथा अन्य प्रचार सामग्री, जो व्यक्ति की मूल भावनाओं (Basic Insticts) को उत्तेजित करे, इंडियन पैनल कोड की धारा 292 के अन्तर्गत एक ही क़ानून के अन्तर्गत आती है। इस क़ानून का पालन करना राज्य प्रशासन के अधिकार क्षेत्र में, विशेषकर पुलिस के कार्य क्षेत्र में आता है।

कुछ समय पूर्व इस विषय पर फिल्म उद्योग के प्रतिनिधियों और केन्द्र सरकार के साथ हुए समझौते के आधार पर यह निर्णय लिया गया कि फिल्म की प्रचार-प्रसार सामग्री, मुख्यतः विज्ञापन एवं पोस्टर आदि, से सम्बन्धित हर निर्णय एवं अनुमोदन फिल्म उद्योग द्वारा फिल्म निर्माण क्षेत्रों में स्थापित फिल्म पब्लिसिटी स्क्रीनिंग कमेटियों द्वारा किए जाएँगे। ये कमेटियाँ केन्द्र सरकार अथवा सेंसर बोर्ड द्वारा समय-समय पर जारी किए गए दिशा-निर्देशों का पूर्णरूपेण पालन करेंगी। भारत सरकार समिति की कार्यप्रणाली पर निगरानी रखे हुए है। यदि यह प्रयोग सफल रहा तो फिल्म उद्योग की अभिव्यक्ति की स्वतन्त्रता की दिशा में यह पहला कदम होगा।

सेंसरशिप अवहेलना रोकथाम के सरकारी प्रयास

भारत में लगभग 13000 या इससे भी अधिक सिनेमा हॉल हर कोने में फैले हुए हैं। इनके अतिरिक्त लाखों वीडियो प्रदर्शन गृह (Parlours) तथा अनगिनत चल-सिनेमा (Mobile Cinema) हैं, जो गाँव-गाँव जाकर फिल्मों का प्रदर्शन करते हैं। सिनेमाघरों के फैले हुए इतने बड़े जाल को देखते हुए सरकारी प्रयासों का सेंसरशिप उल्लंघन एवं सरकारी दिशा निर्देशों की अवहेलना रोकने में प्रभाव नगण्य ही होता है। इस स्थिति में नागरिकों का भी यह कर्त्तव्य होता है कि वे

सामाजिक एवं सांस्कृतिक सुरक्षा के लिए फिल्मों में किए जानेवाले उल्लंघनों एवं अवमानानाओं को रोकने के लिए आगे आएँ और फिल्मों द्वारा स्वस्थ एवं स्वच्छ मनोरंजन प्रदान करने की दिशा में अपना सहयोग दें।

सेंसरशिप अवहेलनाओं एवं इस सम्बन्ध में समय-समय पर दिए गए दिशा-निर्देशों की फिल्म निर्माताओं, वितरक तथा प्रदर्शक द्वारा की जानेवाली अवमानानाओं की सूचना केन्द्र सरकार राज्य प्रशासनों को देती रहती है और उनसे आग्रह करती है कि वे फिल्मों के द्वारा समाज में फैलनेवाली गन्दगी (Obseenity and Vulgarity) को रोकने में कड़ाई बरतें। क़ानून द्वारा इस समस्या से निपटने के लिए विशेष प्रावधान किए गए हैं।

1952 की धारा 5(ई) के अन्तर्गत सेंसरशिप उल्लंघनों के दोषी पाए जाने पर फिल्म का सेंसर प्रमाण-पत्र रद्द किया जा सकता है। फिल्म के प्रमाणित प्रारूप (Form) के अतिरिक्त किसी अन्य अप्रमाणित प्रारूप में फिल्म प्रदर्शित करने की दशा में भी ये प्रमाण-पत्र रद्द किया जा सकता है। धारा 5(एफ) के अन्तर्गत आवेदक इस आदेश का विरोध प्रकट करते हुए प्रमाण-पत्र को बहाल करने की प्रार्थना कर सकता है।

1952 की धारा 6 के अन्तर्गत सेंसरशिप अथवा दिशा-निर्देशों की अवमानना की सूचना मिलने पर केन्द्र सरकार सेंसर बोर्ड द्वारा की गई कार्यवाही एवं दिए गए प्रमाण-पत्र का पुनर्विवेचन (Review) भी कर सकती है और यदि उचित हुआ तो सेंसर प्रमाण-पत्र को निलम्बित, रद्द या परिवर्तित करने के साथ ही पुनः काट-छाँट या सुधार करने के आदेश दिए जा सकते हैं।

सेंसरशिप उल्लंघनों पर दंड

सेंसरशिप उल्लंघनों तथा दिशा-निर्देशों की अवहेलनाओं पर (Cognisible) तथा गैरजमानती (Non-Bailable) दंडों का प्रावधान है।

1952 की धारा 7 के अन्तर्गत सेंसरशिप उल्लंघन, जोड़-तोड़ (Interpolation), प्रमाणित फिल्म से छेड़छाड़, (Tempering), अप्रमाणित फिल्म का प्रदर्शन, 'वयस्क फिल्म' को 'अवयस्क' दर्शकों को दिखाना, अथवा 'S' यानी विशेष दर्शकों के लिए प्रमाणित फिल्म को अन्य दर्शकों के लिए प्रदर्शित करने की दशा में दंड का प्रावधान है।

धारा 6 (ए) के अन्तर्गत आदेशों की अवहेलना करने पर आवेदक द्वारा फिल्म वितरक एवं प्रदर्शक को सेंसर द्वारा बताए गए काट-छाँट का विवरण, प्रमाण-पत्र,

शीर्षक, फिल्म की लम्बाई एवं प्रमाणन की शर्तों (Conditions) की विस्तृत सूचना देने का भी प्रावधान है।

धारा 7 के अन्तर्गत सेंसरशिप उल्लंघनों की दशा में जेल एवं जुर्माने का भी प्रावधान है। इसके अतिरिक्त न्यायालय के आदेश पर प्रशासन किसी भी फिल्म अथवा वीडियो प्रिंट को अधिग्रहण कर सकता है।

धारा 7 (ए) के अनुसार पुलिस किसी भी सिनेमा हॉल में चल रही फिल्म की जाँच कर सकती है तथा दोषी पाए जाने पर अधिगृहण कर सकती है।

आपके अधिकार एवं कर्त्तव्य

पुलिस विभाग प्रशासन के अन्य अधिक चुनौतीपूर्ण कार्यों के अतिरिक्त क़ानून व्यवस्था के प्रबन्धन में अत्यधिक व्यस्त होने के कारण सेंसरशिप उल्लंघनों पर समुचित निगरानी नहीं रख सकता। इस कार्य के निष्पादन के लिए पुलिस को नागरिकों का सहयोग अधिक महत्त्वपूर्ण है, जिसके बिना यह कार्य सम्भव नहीं है। नागरिकों की निगरानी उन्हें स्वच्छ एवं स्वस्थ मनोरंजन प्रदान करने के लिए निर्माताओं को बाध्य कर सकती है।

नियम 30 (3) के अन्तर्गत प्रत्येक सिनेमाघर को मुख्य स्थान पर सेंसर प्रमाण-पत्र का प्रदर्शन करना आवश्यक है। इसके साथ ही सेंसर द्वारा की गई काट-छाँट की जानकारी भी दी जानी चाहिए। इस प्रकार यदि किसी दर्शक को फिल्म के किसी दृश्य के प्रति यह आभास होता है कि वह दृश्य फिल्म में नहीं होना चाहिए या उसमें कोई अवांछनीय परिवर्तन किया गया है, तो इस दशा में सिनेमा हॉल में प्रदर्शित सेंसर प्रमाण-पत्र एवं काट-छाँट अथवा अन्य किसी परिवर्तन की जानकारी के आधार पर दर्शक पुलिस में धारा 7 के अन्तर्गत प्रथम सूचना रिपोर्ट (F.I.R.) लिखवा सकता है। इस प्रथम सूचना रिपोर्ट के आधार पर पुलिस अधिकारी अपनी जाँच प्रारम्भ कर सकता है। धारा 7 (एफ) के अन्तर्गत प्रदान किए हुए अधिकारों द्वारा पुलिस दोषी जाए जाने पर फिल्म के प्रिंट का अधिग्रहण कर सकती है और ये प्रिंट केन्द्रीय फिल्म प्रमाणन बोर्ड (C.B.F.C.) को भेजकर उल्लंघनों एवं अवमाननाओं की पुष्टि करवा सकती है।

चूँकि फिल्म प्रमाणित होने के पश्चात् प्रमाणित फिल्म की एक प्रति तथा फिल्म काट-छाँट किए हुए अंश निर्माता द्वारा सेंसर बोर्ड में जमा किए जाते हैं अतः प्रादेशिक अधिकारी प्रशासन द्वारा नियुक्त एक विशेष कार्यकारी न्यायाधीश (Special Executive Magistrate) की उपस्थिति में अधिगृहित प्रति (Seized

Print) को सत्यापित करता है। इसके आधार पर न्यायाधीश अपनी रिपोर्ट तैयार करता है। इसके पश्चात् धारा 7 के अनुसार क़ानूनी कार्रवाई की जाती है।

दर्शकों के लिए मार्गदर्शन

1. कृपया फिल्म के सभी प्रचार पोस्टरों तथा विज्ञापनों की जाँच कर सुनिश्चित कीजिए कि उन पर सेंसर प्रमाण-पत्र की श्रेणी U, UA, A अथवा S का संकेत है या नहीं।
2. सिनेमाघर के मुख्य स्थान पर सेंसर प्रमाण-पत्र, काट-छाँट अथवा सुझाए गए किसी परिवर्तन का विवरण प्रदर्शित किया गया है या नहीं।
3. फिल्म के प्रारम्भ में सेंसर प्रमाण-पत्र दिखाया गया है या नहीं।
4. वयस्क प्रमाण-पत्र 'A' वाली फिल्म के प्रदर्शन के समय 18 वर्ष से कम उम्र के बच्चों को प्रवेश दिया जाता है या नहीं।
5. सेंसर बोर्ड द्वारा निकाले गए अंश (दृश्य या संवाद) फिल्म में दिखाए जा रहे हैं या नहीं। इसकी पुष्टि सिनेमा हॉल में बाहर दर्शाए काट-छाँट के विवरण के आधार पर की जा सकती है।
6. फिल्म में उत्तेजक, हिंसात्मक या अन्य दृश्य, जो आपके अनुसार सेंसर द्वारा स्वीकृत न किए जा सकते हों, की जाँच कीजिए। इस प्रकार के दृश्य सम्भवतः सेंसर प्रमाण-पत्र जारी करने के बाद जोड़ दिए गए हैं।

उक्त सेंसरशिप उल्लंघनों की सूचना आप केन्द्रीय फिल्म प्रमाणन बोर्ड (C.B.F.C.) या जिलाधिकारी को दे सकते हैं। इसके अतिरिक्त किन्हीं अन्य प्रशासनिक अधिकारियों, समाजसेवी संस्थाओं तथा समाचारपत्रों (Press) का भी आवश्यक कार्यवाही करने के लिए सहयोग ले सकते हैं।

अतः अगली बार आप जब भी फिल्म देखने जाएँ तो उक्त बातों को ध्यान में रखते हुए कार्रवाई अवश्य करें। आपका सहयोग समाज तथा हर व्यक्ति की नैतिकता एवं सांस्कृतिक सुरक्षा के लिए आवश्यक है।

(आधार : केन्द्रीय फिल्म प्रमाणन बोर्ड द्वारा प्रकाशित दिशा-निर्देशिका)

दृश्य-10

सपनों के सौदागर

मुझसे कहा गया कि पुस्तक 'फिल्म निर्देशन' के अन्त में मैं अपने कुछ प्रिय फिल्म निर्देशकों के बारे में पाठकों का ज्ञानवर्धन करूँ कि वे मुझे क्यों पसन्द हैं। भारतीय फिल्म संस्थान के एक छात्र के रूप में देश-विदेश की अनगिनत फिल्मों के अवलोकन, आकलन तथा तकनीकी रूप से स्वयं एक लेखक, सम्पादक तथा निर्देशक के रूप में कुछ प्रिय फिल्मकारों को चुनना सिर्फ एक कठिन कार्य ही नहीं है, बल्कि उन अन्य फिल्मकारों के प्रति अन्याय एवं अनादर भी होगा, जिन्होंने किसी-न-किसी रूप में मेरे फिल्मकार को कहीं-न-कहीं प्रेरित एवं प्रभावित किया है। दिन, सप्ताह, और महीने इसी उधेड़-बुन एवं दुविधा में बीत गए परन्तु मैं किसी निर्णय पर नहीं पहुँच पाया। उन सभी फिल्मकारों को नज़रअन्दाज़ भी नहीं किया जा सकता जिन्होंने मुझे प्रभावित करने के साथ भारतीय फिल्म उद्योग के विकास में भी एक महत्त्वपूर्ण भूमिका निभाई है। ये फिल्मकार अपने-अपने समय की परिस्थितियों, स्वयं के व्यक्तित्व एवं व्यक्तिगत रुख (Attitude) तथा व्यावसायिक आवश्यकताओं से प्रभावित हुए हैं। जिस प्रकार एक व्यक्ति सर्वगुण सम्पन्न नहीं हो सकता उसी प्रकार एक फिल्मकार भी फिल्म निर्माण में निहित सभी कलापक्षों का विशेषज्ञ नहीं हो सकता, कोई अच्छा लेखक है तो कोई अच्छा तकनीशियन, कोई श्रेष्ठ कवि है तो कोई संगीत का कुशल पारखी, कोई समाज विशेष (Class) के दर्शकों के लिए फिल्में बनाता है तो कोई सार्वजनिक मनोरंजन के लिए। अतः सभी फिल्मकारों में कोई-न-कोई प्रतिभा उत्कृष्ट होती है जिसकी छाप वे दर्शकों के मन-मस्तिष्क पर हमेशा के लिए छोड़ जाते हैं। उन फिल्मकारों की अपनी शैली तथा फिल्म के विशेष प्रस्तुतीकरण से मैं भी अछूता नहीं रह सका। इसीलिए पुस्तक का यह भाग उन सभी फिल्म निर्देशकों को समर्पित है जिन्होंने जाने-अनजाने मेरे सोच, मेरी शैली, मेरी कलात्मक प्रतिभा तथा मेरे अभिव्यक्ति को थोड़ा-बहुत प्रभावित अवश्य किया है।

चलचित्र का आरम्भ

चलचित्र के साथ भारत का प्रथम साक्षात्कार 7 जुलाई 1896 को हुआ, जब फ्रांस के लूमियर बन्धुओं द्वारा आविष्कृत सिनेमेटोग्राफ़ी यन्त्र के द्वारा बम्बई के वाटसन होटल में छह मूक लघु फिल्मों का प्रदर्शन किया गया। उसी दिन सुबह 'टाइम्स ऑफ इंडिया' में एक विज्ञापन में इस अविष्कार को 'शताब्दी का आश्चर्य' और 'दुनिया का अजूबा' बताते हुए शाम को इसके प्रदर्शन की सूचना दी गई थी।

उस दिन बम्बई में मानसून की तेज बारिश हो रही थी। जब शाम को यह

वाटसन होटल, बम्बई-1896

बारिश कुछ कम हुई तो प्रबुद्ध एवं अभिजात्य वर्ग के दर्शकों की लम्बी पंक्तियाँ वाटसन होटल एवं इस प्रदर्शन के आयोजकों के लिए एक अनपेक्षित अनुभव था। इस अद्‌भुत प्रदर्शन से लोग चकित हुए बिना न रह सके। आग की तरह इस हैरतअंगेज शो का समाचार सारे शहर में फैल गया। लोगों में इस प्रदर्शन के प्रति रुचि एवं आकर्षण को देखते हुए नॉवेल्टी सिनेमा में इसके विशेष प्रदर्शन की व्यवस्था की गई।

लूमियर शो का एक दृश्य (1896)

उन्नीसवीं सदी के अन्तिम वर्षों में इस अविष्कार को भारत लाने का श्रेय इन्हीं लूमियर बन्धुओं को जाता है जिन्होंने 28 दिसम्बर 1895 को पेरिस में फिल्मों का प्रथम प्रदर्शन कर मनोरंजन को एक ऐसा मुहावरा दिया जिसने पिछली शताब्दी में सम्पूर्ण संसार के विचार प्रवाह को प्रभावित किया है। उन्नीसवीं शताब्दी के पूर्ण होने के पूर्व ही एक व्यावसायिक छायाकार हरिश्चन्द्र सखाराम भातवडेकर ने इक्कीस गिनी (उस समय की मुद्रा) में एक मूवी कैमरा आयात कर खुद ही दो लघु फिल्मों का निर्माण कर डाला, जिन्हें हम भारत में बनी पहली फिल्में कह सकते हैं। हरिश्चन्द्र भातवडेकर (सवे दादा) द्वारा नवम्बर 1899 में निर्मित इन स्वदेशी फिल्मों 'द रेसलर्स' और 'मैन एंड मंकी'' के प्रदर्शन से प्रारम्भ हुआ यह सिलसिला शीघ्र ही एक लघु उद्योग के रूप में विकसित हो गया। देश के विभिन्न भागों की रंगशालाओं, सभागारों अथवा खुले मैदानों में खड़े किए गए तम्बुओं में ऐसे प्रदर्शनों की धूम मच गई और उत्सुक दर्शक विस्फारित नेत्रों से यह तमाशा देखते रहे। मनोरंजन के इस नए उद्योग की सम्भावनाओं को भाँपकर अनेक नए उद्यमी इससे जुड़ते गए। बम्बई तब तक फिल्म निर्माण की प्रसव भूमि बन चुकी थी। पेशे से विद्युत अभियन्ता एफ़.बी. थानावाला ने मई 1900 में 'स्पलेंडिड न्यू व्यू ऑफ बॉम्बे' नामक एक फिल्म में बम्बई के दर्शनीय स्थलों की एक नयनाभिराम झाँकी अपने ही थानावाला ग्रांड काइनेटोस्कोप के द्वारा प्रदर्शित की। कह सकते

हैं कि यह फिल्म पहली सैलानी प्रचार फिल्म (Tourism Promotion Film) होगी।

भारत की अन्वेषक प्रतिभा केवल बम्बई तक ही सीमित नहीं रही। कलकत्ता में हीरालाल सेन तथा उनके भाई ने अपने रायल बायस्कोप के द्वारा बंगाल की

हरिश्चन्द्र भातवडेकर 'सवे दादा'

रंग-परम्परा का लाभ उठाते हुए बँगला के विभिन्न नाटकों के कुछ दृश्यों तथा नृत्य प्रसंगों की फोटो उतारकर फरवरी 1901 में इन्हीं नाटकों के मंचन के साथ प्रदर्शन आरम्भ किया। रंगमंच एवं सिनेमा के अद्‌भुत समन्वय के कारण उनका यह अभिनव प्रयोग दर्शकों के औत्सुक्य को जागृत करने में काफ़ी सहायक रहा और रंगशालाओं में भीड़ उमड़ने लगी।

बंगाल के जे.एफ. मदन के 1905 में सिने जगत में प्रवेश के साथ ही इस उद्योग की एक मजबूत बुनियाद रख दी गई और कलकत्ता में एलफिंस्टन पिक्चर पैलेस प्रदर्शन का और बायस्कोप कम्पनी निर्माण का केन्द्र बन गई। मदन ने अपनी फिल्मों को 'स्वदेशी' की संज्ञा दी। कुछ वर्ष बाद जब दादा साहब फालके ने बम्बई में कथाचित्रों का निर्माण शुरू किया तो इसी 'स्वदेशी' भावना की गूँज उनकी सृजनात्मकता में सुनाई दी। मदन रंगमंच की पृष्ठभूमि से फिल्म निर्माण

की ओर प्रवृत हुए थे। उन्होंने 'ग्रेट बंगाल पार्टीशन मूवमेंट' जैसी समाजपरक फिल्म बनाई। भारतीय दर्शक अब तक मूक कथाचित्रों को देखने के अभ्यस्त हो चुके थे जिनमें दृश्यों का तारतम्य बनाए रखने के लिए 'फ्रेम' पर शीर्षक के साथ-साथ मंच के पार्श्व से आर्केस्ट्रा में धुनें बजाई जाती थीं। इन फिल्मों के अवलोकन से संवेदनशील भारतीय निर्माताओं को एक बार फिर इसी ढंग का कुछ नया काम करने की प्रेरणा मिली।

कथाचित्रों का उदय

भारतीय सृजनात्मकता का प्रथम स्फुरण प्रख्यात रंगकर्मी आर.जी. (दादा) टोर्नी की फिल्म 'पुंडालिक' थी। इसका उन्होंने अपनी रंगमंडली के कलाकारों के अभिनय

दादा साहेब फालके

द्वारा निर्माण किया। भारत की यह पहली सुगठित पटकथा (Screen Play) थी जिसको कलाकारों ने कैमरे के समक्ष मंचन द्वारा फिल्म का स्वरूप प्रदान किया। दर्शकों ने इसे भरपूर सराहा और यह फिल्म दो सप्ताह की रिकॉर्ड अवधि तक चली। बाद में कुछ अन्य निर्माताओं के हलके-फुलके प्रयासों के बाद एक और विलक्षण प्रतिभा का उदय हुआ, जिसने फिल्म संस्कृति के संवर्धन में उल्लेखनीय योगदान दिया। दादा साहब फालके द्वारा निर्मित 'राजा हरिश्चन्द्र' भारत की प्रथम स्वदेशी मौलिक फिल्म थी, जिसने दर्शकों की संवेदनाओं का संस्पर्श किया। इसे 'पुंडालिक' के ठीक एक वर्ष बाद बम्बई के उसी कोरीनेशन थियेटर में रिलीज़ किया गया, जहाँ वह 23 दिनों तक चली। बाद में इसे देश के अन्य भागों में भेजा गया।

भारतीय फिल्म उद्योग 1920 तक एक सुगठित स्वरूप ले चुका था। इस मूक युग में बनी अधिकतर फिल्में पौराणिक कथाओं पर आधारित लोकरुचि के अनुरूप थीं, लेकिन इनके बीच कुछ उत्कृष्ट कलात्मक सौन्दर्यबोध से ओतप्रोत फिल्में भी आईं, जिन्हें अन्तर्राष्ट्रीय स्तर पर ख्याति मिली। बाबू राव पेंटर ने कोल्हापुर में 'सैरन्ध्री' फिल्म का निर्माण किया, जो अपनी विशिष्ट कलात्मक उपलब्धि के लिए सराही गई। मूक फिल्म निर्माण बम्बई के अतिरिक्त पुणे, राजकोट, बैंगलूर, मध्य भारत, हैदराबाद और लाहौर जैसे शहरों में फैल चुका था। मूक सिनेमा उन दिनों निर्मित हो रही फिल्मों की संख्या तथा विशिष्ट उपलब्धियों की दृष्टि से अपनी पराकाष्ठा पर था, जब बोलती फिल्मों (Talkie) के जादू ने फिल्म निर्माण में एक नया कौतूहलपूर्ण तत्त्व जोड़ा। चटपटे संवाद, सुरीले गानों के तिलस्म और उनकी शक्ति का मूक युग मुकाबला नहीं कर सका और 1934 के आते-आते इसका पूर्णरूप से पटाक्षेप हो गया।

बोलती फिल्में

भारत की पहली बोलती फिल्म (Talkie) 'आलम आरा' के बम्बई में मैजेस्टिक सिनेमा में 14 मार्च 1931 में प्रदर्शन के साथ ही फिल्म निर्माण का पूरा परिदृश्य ही बदल गया और मनोरंजन की दुनिया में एक युगान्तरकारी परिवर्तन आया। आर्देशिर इरानी द्वारा इम्पीरियल फिल्म कम्पनी के बैनर तले निर्मित यह फिल्म पारसी रंगमंच के इसी नाम से बने एक लोकप्रिय नाटक की पटकथा पर आधारित प्रेम कहानी थी। इसमें मास्टर विट्ठल के साथ जुबैदा और सुशीला ने मुख्य भूमिकाएँ की थीं और पृथ्वी राजकपूर खलनायक की भूमिका में थे। इसी फिल्म

में भारतीय सिनेमा का पहला गाना 'दे दे खुदा के नाम पे प्यारे' था, जिसका संगीत फिरोज़शाह मिस्त्री एवं बी. इरानी ने दिया था।

'आलम आरा' की अपार सफलता ने उस दौर के निर्माताओं को सफलता का एक नुस्खा (Formula) सिखा दिया तथा लोकप्रिय नाटकों की भावभूमि पर गानों की भरमार से उन्होंने नए दर्शकों को आकर्षित करना सीख लिया। नई फिल्मों में गानों की संख्या बढ़ती गई और बढ़ते-बढ़ते 'इन्द्र सभा' में यह 71 तक पहुँच गई, जो आज तक किसी एक फिल्म में गानों का कीर्तिमान है।

पार्श्वगायन का प्रचलन तब तक नहीं था एवं पटकथा तथा सम्पादन की कोई अवधारणा भी विकसित नहीं हो पाई थी। यही कारण था कि इस दौर की फिल्में नाटकों की भौंडी अनुकृति बनकर रह गईं, लेकिन विकास की यह प्रक्रिया अन्य दिशाओं में सतत जारी रही। बोलती फिल्मों के प्रदर्शन के लिए सिनेमाघरों को नए ध्वनि एवं प्रकाश उपकरणों तथा प्रेक्षण सुविधाओं से सुसज्जित करना आवश्यक हो गया। नए-नए सिनेमाघर भी साथ-साथ खुलते गए।

विषयवस्तु में नए आयाम

नए निर्माताओं एवं निर्देशकों को लगा कि वह घिसे-पिटे फॉर्मूले पर फिल्में बनाकर दर्शकों की भीड़ अधिक समय तक आकर्षित नहीं कर पाएँगे। अतः कुछ कल्पनाशील एवं साहसी निर्माताओं ने गानों की संख्या कम करके ध्वनि के रचनात्मक उपयोग तथा विषयवस्तु में विभिन्नता लानी शुरू की। वे नाच और गानों से पूरी तरह मुक्ति नहीं पा सके। शायद आज भी हमारे सिनेमा दर्शक उसी मानसिकता के शिकार हैं। शायद इसका मुख्य कारण यह भी रहा होगा कि फिल्में रंगमंच के अतिरिक्त अधिक प्रभावी एवं मनोरंजन के एक मुख्य साधन के रूप में उभरीं। यह मनोरंजन एक सार्वजनिक आवश्यकता के रूप में सामान्य जन के लिए जीवन के कठोर क्षणों से कुछ समय के लिए ही सही, पलायन (Shift) का एक बहाना बना। इसीलिए भारतीय सिनेमा को पलायनवादी सिनेमा (Escapist) कहना अनुचित न होगा। हमारे देश की सामाजिक रचना, आर्थिक स्थिति एवं शैक्षणिक स्तर को देखते हुए आज भी कमोबेश वही स्थिति है। इसी कारण रंगमंच एवं सिनेमा ने कलात्मकता एवं रचनात्मकता के साथ ही व्यावसायिकता का भी जामा ओढ़ लिया। कुछ जागरूक निर्माता-निर्देशकों ने कला, रचना एवं व्यवसाय में सन्तुलन बनाने का भरपूर प्रयास किया।

उस दौर की तीन बड़ी निर्माण कम्पनियों प्रभात, न्यू थिएटर और बॉम्बे टॉकीज़ ने यह सन्तुलन एवं फिल्म निर्माण की शैली में परिवर्तन लाने में मुख्य भूमिका निभाई। वी. शान्ताराम की श्रेष्ठ अभिनय क्षमता 'अमृत मन्थन', 'दुनिया न माने', 'अमर ज्योति', 'आदमी' और 'पड़ोसी' जैसी प्रायोगिक एवं सामाजिक फिल्मों में प्रस्फुटित हुई। उनमें से कुछ फिल्में आज भी उतनी ही प्रासंगिक हैं जितनी पहले थीं। यह उनके जीवंत अभिनय कौशल एवं सुगठित निर्माण कौशल का अभूतपूर्व उदाहरण है।

वी. शांताराम 'डॉ. कोटनीस की अमर कहानी' में

भारतीय सिनेमा के जनक कहे जानेवाले वी. शान्ताराम ने समसामयिक समस्याओं तथा संगीत-प्रधान फिल्मों में अपनी एक अलग ही छाप छोड़ी है। द्वितीय विश्वयुद्ध के पश्चात् युद्ध घायलों (War Efforts) पर बनी फिल्म 'डॉ. कोटनीस की अमर कहानी' शान्ताराम की उन गिनी-चुनी फिल्मों में से है जिन्होंने अन्तर्राष्ट्रीय स्तर पर अपना स्थान बनाया। 1946 में पत्रकार ख्वाजा अहमद अब्बास की पुस्तक 'एंड वन डिड नॉट कम बैक' पर आधारित यह फिल्म भारतीय कांग्रेस के द्वारा भेजे गए एक चिकित्सक दल द्वारा युद्ध में घायल हुए व्यक्तियों की सहायता पर आधारित है। इस दल का एक चिकित्सक एक चीनी महिला से विवाह कर लेता है और वहीं रहकर अन्त में मृत्यु को प्राप्त होता है। यह फिल्म विषय की संवेदनात्मक प्रस्तुति का एक अनूठा उदाहरण है। लीक से हटकर बनाई जानेवाली शान्ताराम की एक अन्य फिल्म है, 'दो आँखें बारह हाथ' जो एक जेलर द्वारा कैदियों के सुधार पर आधारित है। मेरे विचार से शान्ताराम की यह फिल्म समय

से पूर्व ही बन गई थी, आज कैदियों के सुधार पर सरकार का ध्यान आकर्षित हुआ है। तिहाड़ जेल में बन्दी कैदियों के सुधार का एक अच्छा उदाहरण पुलिस कमिश्नर किरन बेदी ने प्रस्तुत किया है। कहीं किरन बेदी इस फिल्म से तो प्रभावित नहीं थीं। संगीत-प्रधान फिल्मों की शृंखला भी शान्ताराम ने ही आरम्भ की थी, जो आज भी मील का पत्थर है। 'झनक-झनक पायल बाजे' को भारत की पहली 'टेक्नीकल फिल्म' होने का गौरव प्राप्त है। इसके नायक भारत के श्रेष्ठतम नर्तक गोपी कृष्ण थे। आज भी पं. उदय शंकर की फिल्म 'कल्पना' के बाद नृत्य-प्रधान फिल्मों में 'झनक-झनक पायल बाजे' का उच्च्य स्थान है। इसके बाद भी शान्ताराम ने नृत्य-प्रधान फिल्मों के निर्माण की परम्परा 'नवरंग' एवं 'जल बिन मछली नृत्य बिन बिजली' जैसी फिल्मों से कायम रखी। शान्ताराम की फिल्मों का इतिहास फिल्म निर्माण के इतिहास के समकक्ष होते हुए कई दशकों तक फैला रहा, और वह अपने जीवन के अन्त तक फिल्म निर्माण में सक्रिय रहे।

न्यू थिएटर्स के द्वारा देवकी बोस, पी.सी. बरुआ, नितिन बोस तथा विमल राय जैसे बुद्धिजीवी और दार्शनिक प्रकृति के निर्देशक सामने आए। 'देवदास', 'चंडीदास', 'विद्यापति', 'मुक्ति', 'जिन्दगी' और 'मंज़िल' जैसी फिल्मों ने दर्शकों की रुचि को निखारा और स्वस्थ सिनेमा के विकास की भावभूमि तैयार की।

बिमल राय

भारतीय सिनेमा के स्तम्भ विमल राय, जिन्होंने अपनी फिल्मी यात्रा बंगाली फिल्मों से शुरू की थी, ने अपने समय के अनेकानेक फिल्मकारों को ही प्रभावित नहीं किया, बल्कि वह आज भी सार्थक फिल्मकारों के लिए एक

आदर्श हैं। बंगाली फिल्म 'उदये पथे' से भारतीय सिनेमा में अपनी पहचान बनानेवाले विमल राय ने 1952 में अपनी निर्माण संस्था 'विमल राय प्रॉडक्शंस' की स्थापना की। यह वर्ष भारत में प्रथम अन्तर्राष्ट्रीय फिल्म समारोह के आयोजन का भी वर्ष था। इस समारोह में प्रदर्शित विटोरिया डी सिका की 'बाइसिकल थीव' तथा इटली की अन्य नव-वास्तविकतापूर्ण (Neo-Realistic) फिल्मों ने जितना विमल राय को प्रभावित किया, उतना किसी अन्य भारतीय फिल्मकार को नहीं और इन फिल्मों का प्रभाव विमल राय की हिन्दी फिल्मों में स्पष्ट रूप से देखा जा सकता है। 1953 में बनी विमल राय की 'दो बीघा जमीन', बंगाल के किसानों और जमींदारों के बीच संघर्ष एवं शोषण का मार्मिक चित्रण है। भारत के अन्य क्षेत्रों के अधिकतर व्यक्तियों के लिए यह फिल्म एक वर्णन थी, सबने इसे काफी सराहा। यद्यपि इसके बाद की फिल्में 'देवदास' तथा 'सुजाता' भी उत्कृष्टतम थीं परन्तु वे 'दो बीघा जमीन' जैसी संवेदनशील नहीं बन पाईं। इसमें उन्होंने सदियों से संत्रस्त, पददलित लोगों के जीवन का सच्चा प्रतिबिम्ब उतारकर रख दिया। बाद में उन्होंने बँगला के अमर उपन्यासों पर 'परिणीता', 'विराज बहू' तथा 'बन्दिनी' जैसी हृदयग्राही फिल्मों का निर्माण किया।

फिल्म : 'दो बीघा जमीन' का एक दृश्य

शरतृचन्द्र के लिखे उपन्यास 'देवदास' पर अब तक विभिन्न भाषाओं में इसी नाम से लगभग नौ फिल्में बन चुकी हैं परन्तु आज भी विमल राय द्वारा निर्देशित फिल्म 'देवदास', जिसमें दिलीप कुमार ने देवदास की मुख्य भूमिका निभाई थी, अन्य फिल्मों की तुलना में सर्वश्रेष्ठ एवं अधिक संवेदनशील है। भारतीय सिनेमा

के इतिहास में इस फिल्म का एक विशेष महत्त्व है। दिल को छू लेनेवाले 'देवदास' के संवाद आज भी मन को झकझोर जाते हैं। विमल राय भारतीय सिनेमा के सबसे संवेदनशील 'कवि' थे, जिन्होंने प्रकृति से प्रतीक उठाकर एक सर्वथा नए किस्म का बिम्ब विधान विकसित किया।

अब तक हिन्दी फिल्मों के लिए मध्यमवर्गीय दर्शकों का एक विशाल समूह देश के आर-पार अस्तित्व में आ चुका था और निर्माताओं को उनकी अभिरुचि का ज्ञान हो गया था। कुछ घटिया निर्माताओं को छोड़कर सुसंस्कृत निर्माता दर्शकों की रुचि का सम्मान कर मनोरंजक एवं संगीत-प्रधान फिल्में बनाते रहे। फिल्मों के गीतों को भी अपार लोकप्रियता मिली, जिससे फिल्मों से जुड़ा एक संगीत उद्योग भी अस्तित्व में आया। तमाम शहरों में अच्छे किस्म के नए सिनेमाघर भी बने। फिल्म निर्माण की पृथक विधाएँ अपना निश्चित स्वरूप ले चुकी थीं और उन सभी से उत्कृष्ट प्रतिभाएँ सम्बद्ध थीं, जो अपने-अपने क्षेत्र में सफलता का मानक बन चुकी थीं। सपनों के सौदागरों की इस बस्ती के सरताज अभिनेता और अभिनेत्रियाँ थीं, जिनकी रोमांटिक छवि के सहारे आम आदमी अपने सपनों का संसार बुनता था। प्रतिष्ठित फिल्म निर्माण कम्पनियाँ अपनी फिल्मों की कथावस्तु में दर्शकों की भावना का सम्मान करती थीं और यह मनोरंजन मर्यादा की एक सीमा में बँधा होता था। उनका चित्रण कभी अश्लील या भौंडा नहीं हुआ। बॉक्स ऑफिस पर सफलता प्रेरक तत्त्व था परन्तु यह निर्माताओं का मुख्य उद्देश्य कभी नहीं बना।

बँगला संस्कृति से प्रभावित कलकत्ता में शिक्षित एक अन्य फिल्मकार जिन्होंने मेरे अतिरिक्त अन्य फिल्मकारों की हर पीढ़ी को प्रभावित किया, वह हैं गुरुदत्त। दक्षिण से आए तथा प्रसिद्ध शास्त्रीय नर्तक उदय शंकर के साथ उन्होंने कार्य किया। उनका यह बंगाली प्रभाव उनकी सभी फिल्मों में साफ दिखाई देता है। 1944 में पूना में प्रभात स्टूडियो में उन्होंने फिल्म तकनीक का ज्ञान अर्जित किया। वहीं उनका सम्पर्क देव आनन्द से हुआ और उनके नवकेतन फिल्म्स के बैनर तले विलक्षण प्रतिभा के धनी अभिनेता गुरुदत्त को सबसे पहले 'बाजी' फिल्म में काम करने का अवसर दिया। नए निर्माताओं की एक नई पौध फिल्मों में अपने अस्तित्व का बोध कराने लगी। नए लोगों ने दृश्यों के 'टेक' और फिल्मों की सम्पादन कला के पहलुओं पर जोर दिया और इस प्रकार फिल्म कैमरे को पहली बार उसका उचित स्थान मिला। इसी नए परिवेश में गुरुदत्त की प्रतिभा अपनी सम्पूर्ण भव्यता में प्रस्फुटित हुई और उन्होंने 'प्यासा', 'कागज़ के फूल' एवं 'साहब बीवी और गुलाम' बनाकर फिल्मी इतिहास में अपना नाम स्वर्णाक्षरों में

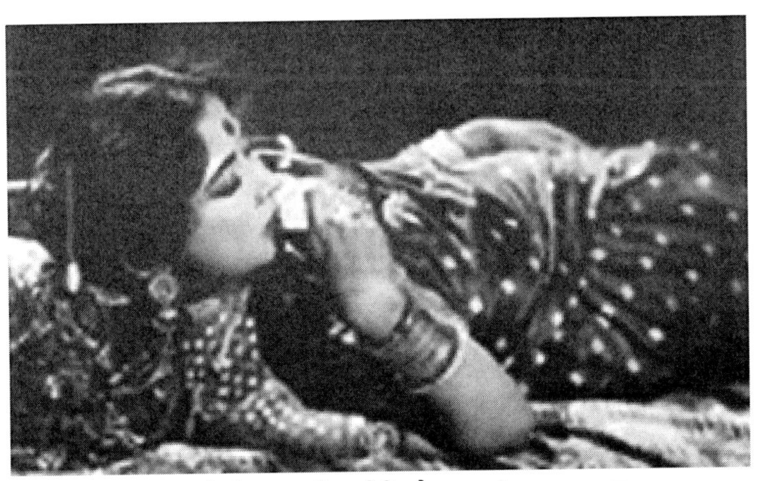

गुरुदत्त की फिल्म 'साहिब बीवी और गुलाम' का एक दृश्य

लिख दिया। गुरुदत्त के व्यक्तित्व की संवेदनशीलता सिर्फ उनके अभिनय में ही प्रतिबिम्बित नहीं हुई बल्कि उनकी शॉट रचना, प्रकाश-व्यवस्था तथा चरित्रों एवं संवादों में भी प्रतिबिम्बित हुई। उनकी इस संवेदनशीलता की पराकाष्ठा 'कागज़ के फूल' में हुई, जिसमें एक फिल्मकार की व्यथा, सफलता एवं असफलता की मन को छू लेनेवाली प्रस्तुति दर्शकों को भी व्यथित कर गई। कहते हैं, यह उनकी आत्मकथात्मक फिल्म थी और इसके बाद उनके द्वारा निर्देशित कोई फिल्म नहीं आई परन्तु उनकी यह अन्तिम फिल्म, फिल्म के छात्रों के लिए एक अध्याय बन गई।

इन सभी निर्देशकों के संयुक्त प्रयासों से एक नए सार्थक सिनेमा ने जन्म लिया, जिसने आम दर्शकों के सौन्दर्यबोध को परिष्कृत किया।

पश्चिम बंगाल की समृद्ध संस्कृति तथा कला के संवाहक सत्यजीत राय ने अपने यथार्थवादी एवं हृदयग्राही चित्रण से भारत को अन्तर्राष्ट्रीय सम्मान दिलाया। 'पाथेर पांचाली' से भारत की अस्मिता की यह तलाश शुरू करके उन्होंने 'अपराजिता', 'अपूर संसार', 'जलसा घर', 'देवी', 'तीन कन्या', 'महानगर', 'चारुलता', 'नायक', 'प्रतिद्वन्द्वी', 'जनारण्य' आदि फिल्मों के अपने विपुल कृतित्व से मनुष्य की मानवीयता को गरिमा प्रदान की। उनकी जीवन दृष्टि इतनी व्यापक थी कि उनकी प्रत्येक कृति भावनाओं के महाकाव्य का सर्ग बन गई। सिनेमा के माध्यम से उनकी सहज अभिव्यक्ति विश्व सिनेमा के इतिहास में अनुपम है, इसीलिए उन्हें विश्व के दस सर्वश्रेष्ठ निर्देशकों में से एक माना गया। उनकी

फिल्म : 'प्यासा' का एक दृश्य

उपलब्धियों का चरमबिन्दु जीवन की संध्या में उनके समग्र रचनात्मक संसार के लिए अमेरिकी मोशन पिक्चर अकादमी के आस्कर पुरस्कार का समर्पण था।

अनेक निर्माताओं ने सत्यजीत राय के यथार्थवादी सिनेमा से प्रेरणा ग्रहण की और खुद बंगाल में ही ऋत्विक घटक (मेघे ढाका तारा) और मृणाल सेन (मृगया) अपनी कृतियों से यथार्थ की परतें उकेरते रहे। मृणाल सेन की हिन्दी कृति 'भुवन शोम' से हिन्दी सिनेमा में एक सर्वथा नई रचना प्रक्रिया का शुभारम्भ हुआ, जो कला सिनेमा (Art Film) अथवा समानान्तर सिनेमा (Parallel Cinema) के रूप में विख्यात हुई। कई नव फिल्मकार बासु चटर्जी, श्याम बेनेगल, गोविन्द निहलानी, अवतार कौल, सई परांजपे आदि की रचना प्रक्रिया मुख्यधारा के निर्माताओं के सृजन शिल्प से सर्वथा भिन्न थी और उनमें प्रयोग करने का अपूर्व साहस था। इनकी फिल्में बहुधा नए कलाकारों को लेकर अथवा कला फिल्मों से प्रतिबद्ध एवं प्रतिष्ठित अभिनेताओं को लेकर बनाई गईं। इनकी अधिकतर शूटिंग स्टूडियो में न होकर 'लोकेशन' पर की जाती थी। इन निर्माताओं ने नए तकनीकी प्रयोग किए। वे एक बड़े दर्शकों तक चाहे न पहुँच सके हों परन्तु समाज के विचार प्रवाह पर उनका बड़ा प्रभाव पड़ा। समानान्तर फिल्मों के इस आन्दोलन में अनेक

पड़ाव आए और इस नई धारा की अनेक कृतियों को अन्तर्राष्ट्रीय फिल्म समारोहों में प्रतिष्ठित पुरस्कार भी प्राप्त हुए। वीडियो और उपग्रह के आक्रमणों के बावजूद यह आन्दोलन सिर्फ जीवित ही नहीं है बल्कि और अधिक विकसित हुआ है। घर-घर में उपग्रह टेलीविजन की पहुँच ने दर्शकों के सोच को अतिरिक्त सार्थक फिल्मों के चयन की शक्ति से भी पूरित किया है। विश्व सिनेमा ने अपने घर में साक्षात्कार करके प्रबुद्ध दर्शकों को मुख्य सिनेमा अथवा व्यावसायिक सिनेमा के छिछलेपन की पहचान करने की शिक्षा दी है तो वहीं महँगे बजटवाली बड़े अभिनेताओं को लेकर बनाई जानेवाली 'फॉर्मूला फिल्मों' को नकार देने का अवसर भी दिया है। पिछले कुछ वर्षों में सफल फिल्मों के आँकड़े इस बात का प्रमाण हैं कि आज का दर्शक गुणवत्ता के साथ कथात्मक उत्कृष्टता का भी प्रशंसक है। यही कारण है कि कम बजट में बनाई गई अधिकतर फिल्में सफल हुई हैं, बशर्ते उनमें कथा-पटकथा के साथ तकनीकी गुणवत्ता का भी ध्यान रखा गया हो। भिन्न-भिन्न विषयों पर बनी फिल्में निर्माताओं तथा दर्शकों को निराश नहीं करतीं। कई फिल्मों की सफलता इस सच का उदाहरण है।

हिन्दी में कला फिल्मों के इस दौर को सृजनात्मक प्रतिभाओं के अपूर्व विस्फोट के कालखंड के रूप में याद किया जाता है, जब एक साथ इतनी बड़ी संख्या में निर्माता-निर्देशकों तथा कलाकारों ने स्वस्थ सिनेमा के रांवर्धन में अपनी भूमिका निभाई। इन लोगों ने पारदर्शी ईमानदारी के साथ फिल्में बनाईं और उन्हें सदैव इस बात का अहसास रहा कि वे दर्शकों के प्रति जवाबदेह हैं और उनके विश्वास की उन्हें हर कीमत पर रक्षा करनी है।

एक अन्य फिल्मकार, जिसे फिल्म उद्योग आज भी सबसे बड़े 'शो मैन' के रूप में याद करता है, राजकपूर ने अपनी कम्पनी 'आर.के. फिल्म्स' को अमर बनाने के साथ कम्पनी के प्रतीक चिह्न (Logo) को भी कलात्मक, संवदेनात्मक तथा प्रेमाभिव्यक्ति का प्रतीक बना दिया। व्यावसायिकता एवं सामाजिक सार्थकता का अभूतपूर्व संगम उनकी फिल्मों जैसे, 'आग', 'आवारा', 'श्री 420', 'संगम', 'मेरा नाम जोकर', 'प्रेम रोग', 'राम तेरी गंगा मैली' आदि में देखने को मिला। 'जागते रहो' को जहाँ एक ओर उनकी कला एवं संवेदना की पराकाष्ठा व समालोचकों द्वारा एक कला फिल्म के उत्कृष्ट उदाहरण के रूप में याद किया जाता है, वहीं 'मेरा नाम जोकर', जिसे हिन्दी फिल्मों में मील का पत्थर कहा जाता है, की व्यावसायिक असफलता के उबरने के लिए किए गए व्यावसायिक समझौतों के फलस्वरूप निर्मित फिल्म 'बॉबी' की अपार सफलता भी राजकपूर को आत्मसन्तुष्टि नहीं दे पाई। प्रायः चार दशकों की फिल्म यात्रा में उन्होंने ग्लैमर और रोमांस के

राजकपूर

बीच अपने सहज एवं स्वाभाविक अभिनय तथा उत्कृष्ट संगीत की लयात्मकता द्वारा एक सन्देश भी प्रेषित करने का प्रयास किया। जहाँ राजकपूर अन्य फिल्मकारों के लिए काव्यात्मक अभिव्यक्ति का एक उदाहरण बन गए तो वहीं व्यावसायिक सफलता के पर्यायवाची। राजकपूर सिर्फ भारत में ही नहीं, विदेशों में भी अविस्मरणीय बन गए। उनकी फिल्मों का मधुर संगीत सुर और ताल के इतिहास में स्थापित होकर आज भी फिल्म संगीत का एक मापदंड बन गया है। फिल्म तकनीक, कला एवं काव्य, गीत एवं संगीत की इतनी समझ रखनेवाले फिल्मकार बिरले ही होते हैं। राजकपूर की कलात्मक अभिव्यक्ति का अर्थ यह नहीं था कि वे मुख्यधारा के दर्शकों से न जुड़ सके। राजकपूर की फिल्में व्यक्तिवादी न होकर हर उस दर्शक के लिए होती थीं जो स्टॉल से बालकनी तक बैठता है। उनकी फिल्में दर्शकों को सपनों के उस संसार की सैर कराती थीं जिसमें डूबने-उतराने की सुप्त उत्कंठा हर व्यक्ति में होती है। उनकी फिल्मों के हर चरित्र से समाज के हर वर्ग का व्यक्ति अपनी पहचान बना लेता है। दर्शकों के मनोविज्ञान का प्रदर्शन राजकपूर की हर फिल्म के हर चरित्र में होता था। यही राजकपूर को सिर्फ एक सफल फिल्मकार ही नहीं, वरन व्यावसायिक फिल्मों के अनेक फिल्मकारों के लिए प्रेरणास्रोत बना गया। यह बात अलग है कि कोई भी राजकपूर के चरणों की धूल तक भी नहीं पहुँच सका, यही राजकपूर को मुख्यधारा से जोड़ने के साथ जीवन के यथार्थ से भी जोड़ देता है। उनके जीवन के अन्तिम शब्द—"Show must go on." (शो चलता रहना चाहिए।) एक कलाकार मन की सार्थक अभिव्यक्ति हैं, जिसने राजकपूर को एक फिल्मकार के रूप में अमर बना दिया।

राजकपूर की फिल्म 'मेरा नाम जोकर' का एक दृश्य

एक ओर जहाँ राजकपूर ने कलात्मकता, काव्यात्मकता एवं व्यावसायिकता का अभूतपूर्व संगम प्रस्तुत किया, वहीं कुछ प्रगतिशील विचारोंवाले कतिपय सुसंस्कृत निर्माताओं ने मुख्य धारा से विमुख हुए बिना स्वस्थ एवं सार्थक सिनेमा की ओर ध्यान देना शुरू किया। बी.बार. इशारा ने 'चेतना', 'जरूरत', 'कागज़ की नाव' तथा राजिन्दर सिंह बेदी ने 'दस्तक' जैसी फिल्मों में साहसिक कथावस्तु को अत्यन्त कल्पनाशील एवं भावनापूर्ण शैली में निर्माण किया।

चूँकि विशुद्ध रूप से कला फिल्में एक अल्पसंख्यक अभिजात्य दर्शक वर्ग की रुचि का विषय होकर रह गई थीं, सभी भाषाओं के मध्यमार्गी निर्माताओं ने बीच का रास्ता अपनाकर अपने लिए एक विशिष्ट दर्शक समूह तैयार कर लिया, जो उनके नामों की विश्वसनीयता पर भरोसा कर उनकी फिल्में अवश्य देखता। कला के साथ-साथ सामाजिक सरोकारों का समन्वय कर स्वस्थ मनोरंजन प्रदान करनेवाले निर्माताओं में अमिय चक्रवर्ती ने 'सीमा', ऋषिकेश मुखर्जी ने 'मुसाफिर',

के. आसिफ की फिल्म 'मुगल-ए-आजम' का एक दृश्य

'अनुराधा' और 'अनुपमा' से लेकर 'सत्यकाम' और 'नमक हराम', बासु चटर्जी ने 'रजनीगन्धा', गुलजार ने 'मेरे अपने', 'परिचय', 'कोशिश', 'आँधी' जैसी भावनाप्रधान फिल्मों से दर्शकों की सुकुमार संवेदनाओं को झकझोर दिया। इनके अतिरिक्त बी.आर. चोपड़ा ने 'एक ही रास्ता', 'क़ानून', 'साधना', 'नया दौर', 'निकाह', 'इंसाफ का तराजू' और हाल ही में 'बागवान' जैसी फिल्में बनाईं जिनमें मुख्य धारा से पृथक हुए बिना एक पारदर्शी कलाबोध का परिचय दिया गया। वहीं यश चोपड़ा ने 'दाग', 'लम्हे', 'मुहब्बतें' तथा 'वीर जारा' आदि फिल्मों में अपने कला-कौशल का प्रदर्शन कर अभूतपूर्व सफलता अर्जित की। विजय आनन्द, राज खोसला, शक्ति सामन्त तथा चेतन आनन्द जैसे निर्देशक भी इसी मध्यमार्गी निर्माताओं की श्रेणी में थे, जिन्होंने कैमरे की शक्ति को भरपूर पहचाना और उसका उपयोग किया। इन सभी निर्माताओं की कृतियों से अभिव्यक्ति के नए आयाम प्रकट हुए और अनुभूतियों की नई परतें खुलीं।

भारतीय सिनेमा में कुछ ऐसे निर्माता भी उभरे, जो बड़े पैमाने तथा विराट फलक पर ही काम करते थे। उन्होंने भले ही कम संख्या में फिल्में बनाई हों परन्तु वे यादगार कृतियाँ दे गए। के. आसिफ की 'मुग़ल-ए-आज़म' ऐसी ही एक फिल्म

थी जो भारतीय सिनेमा के इतिहास का एक स्वर्णिम पृष्ठ बनकर, दर्शकों की संवेदनाओं का एक हिस्सा बनकर आज भी सजीव है। लगभग पचास वर्ष के बाद यह श्वेत-श्याम फिल्म आज अपने रंगीन अवतार में इस नई पीढ़ी के दर्शकों को भी उतना ही लुभा रही है जितना पुरानी पीढ़ी को। विश्व के हर देश में 'मुग़ल-ए-आज़म' की आवाज़ गूँज रही है। कमाल अमरोही भी इसी अभिजात्य कोटि के निर्माता थे, जिनकी 'पाकीज़ा' सेल्यूलायड पर लिखी एक कविता बन गई। के. आसिफ और कमाल अमरोही भारतीय सिनेमा के चन्द सरताज फिल्मकारों में थे, जो सिर्फ बड़ा और भव्य ही सोच पाते थे और उसे उसी भव्यता से साकार करने का दमखम भी रखते थे। उत्कृष्टता के प्रति उनकी प्रतिबद्धता इतनी प्रगाढ़ थी कि एक-एक शॉट का वह बीस-बीस बार रिटेक करते थे और जब तक खुद सन्तुष्ट न हो जाएँ आगे नहीं बढ़ते थे। जितनी फुटेज वह बर्बाद कर देते थे, उतने में कई और फिल्में बन जातीं लेकिन वे अपनी धुन के पक्के थे।

कभी-कभी बड़ी प्रतिभाओं ने छोटी-छोटी खूबसूरत फिल्मों में काम करके अविस्मरणीय भूमिकाओं का निर्वाह किया, जैसे गीतकार शैलेन्द्र की फणीश्वरनाथ रेणु की कहानी पर आधारित 'तीसरी क़सम', जिसमें राजकपूर और वहीदा रहमान ने अपने अभिनय जीवन की सर्वोत्कृष्ट भूमिकाएँ अभिनीत कीं। यह आश्चर्य का विषय है कि 'आवारा', 'बरसात', 'श्री 420', 'संगम' और 'मेरा नाम जोकर' का राजकपूर इस फिल्म में हीरामन की निपट अबोध और निष्कपट देहाती की भूमिका को इस खूबसूरती से कैसे निभा ले गया। यदा-कदा कोई मँजा हुआ कलाकार स्वयं निर्देशक बनकर किसी अविस्मरणीय कृति का सृजन कर गया, जैसे सुनील दत्त ने बरसों पहले केवल एक ही अभिनेता और एक ही सेटिंग में एक प्रयोगात्मक कृति 'यादें' का सृजन किया, जो अपनी लयात्मकता के लिए आज भी अनूठी है। वहीं मनोज कुमार ने राष्ट्रीयता और देशभक्ति की भावना से ओत-प्रोत फिल्मों की एक नई श्रृंखला दी। फिल्म 'शहीद' में अपनी अभिनय क्षमता का लोहा मनवानेवाले मनोज कुमार 'उपकार', 'पूरब और पश्चिम', 'रोटी कपड़ा और मकान', 'शोर' तथा 'क्रान्ति' जैसी फिल्मों के निर्देशक के रूप में राष्ट्रीयता का एक प्रतीक बन गए और 'भारत' उनकी एक पहचान बन गया। मनोज कुमार के निर्देशन की सबसे विशेष बात थी शॉट लेते समय कैमरे का प्रयोग। एक खिलौने की तरह फिल्म कैमरे की गतिशीलता (Movements) के सभी नियमों, क़ानूनों और सीमाओं को तोड़कर मनोज कुमार ने अपनी टेकिंग (Takings) के लिए अलग नियमों, क़ानूनों एवं सीमाओं का निर्धारण किया। कैमरे का यही

उच्छृंखल प्रयोग मनोज कुमार को राजकपूर जैसे फिल्मकार से भिन्नता प्रदान करता है। कैमरे की इस स्वच्छन्दता ने दर्शकों की भावनात्मकता से कभी खिलवाड़ नहीं किया, वरन् मधुर संगीत, चुस्त पटकथा तथा भावनापूर्ण संवादों से दर्शकों को हमेशा बाँधे रखा। मनोज कुमार की 'टेकिंग' किसी भी छायाकार के लिए एक चुनौती थी तो स्वयं उनके लिए उन 'शॉट' की कल्पना करना एक अविश्वसनीय कार्य, क्योंकि वैसी कल्पना करना किसी भी छायाकार या फिल्मकार के बस की बात नहीं थी।

और भी कई फिल्मकार हैं जिन्होंने मुझे तथा फिल्मकारों की एक सम्पूर्ण पीढ़ी को प्रभावित एवं प्रेरित किया है और यहाँ सभी की चर्चा करना न तो सम्भव है और न ही वांछनीय। इसका अर्थ यह बिलकुल नहीं है कि जिन फिल्मकारों का यहाँ जिक्र नहीं हो पाया, वे किसी भी रूप में कमतर थे या हैं। इन सभी फिल्मकारों के योगदान को किसी-न-किसी रूप में हमेशा सराहा जाएगा।

शब्द व्याख्या

अंक (Act) : रंगमंच की तरह सम्पूर्ण फिल्म की कथा को भी कई अंकों में विभाजित किया जा सकता है। यद्यपि यह कतई आवश्यक नहीं। सामान्यतः विराम या मध्यान्तर के अनुसार अंकों का विभाजन किया जाता है और हर अंक आरम्भ, मध्य तथा अन्त के सिद्धान्त के अनुसार उत्कृष्ट एवं रुचिकर होना चाहिए। सम्पूर्ण पटकथा में एक अंक कई दृश्यों की एक शृंखला होता है।

क्रिया (Action) : चित्रपट या रंगमंच पर हो रही सभी गतिविधियाँ, जैसे कलाकारों द्वारा की जानेवाली क्रियाएँ, प्रतिक्रियाएँ, कार्य, पार्श्वभूमि में होनेवाली गतिविधियाँ तथा दृश्य को प्रभावपूर्ण बनाने के लिए विशेष प्रभाव व संवाद, कैमरा मूवमेंट आदि एक्शंस या गतिविधियाँ कहलाते हैं। चलचित्र में कोई भी एक्शन स्थिर नहीं होना चाहिए।

कोण (Angle) : शॉट में विशेष प्रभाव उत्पन्न करने के लिए कैमरे की विभिन्न कोणीय स्थिति दर्शकों को शॉट देखने का विशेष कोण प्रदान करती है। दर्शक उसी कोण से शॉट को देखते हैं जिस कोण में कैमरा होता है। ये Top Angle, Wide Angle, Low Angle तथा Normal Angle होते हैं।

चरित्र (Character) : कहानी को आगे बढ़ाने के लिए विभिन्न पात्र होते हैं और हर एक पात्र का अपना विशेष चरित्र तथा भूमिका होती है। अतः इन्हें चरित्र भी कहा जाता है। कहानी के अनुसार कुछ चरित्र मुख्य होते हैं तथा कुछ सहयोगी परन्तु सभी अपनी भूमिका में महत्त्वपूर्ण होते हैं।

चरित्र चित्रण (Characterisation) : प्रत्येक चरित्र की कहानी में एक विशिष्ट भूमिका होती है, जिसे वह आरम्भ से अन्त तक प्रभावपूर्ण रूप से निभाता है। उस विशेष भूमिका के लिए चरित्र के विशेष गुणों को विकसित करके उसे अन्य चरित्रों के साथ समन्वित किया जाता है। चरित्र का यही विकास चरित्र चित्रण है।

रूपरेखा (Concept) : पटकथा लेखन के पूर्व कहानी का एक धुँधला-सा स्वरूप,

आधार या विचार रूपरेखा होती है। इस समय कहानी/पटकथा के अन्तिम स्वरूप का ज्ञान किसी को भी नहीं होता और न ही किसी विशेष प्रकार के चरित्र या उनके विकास का निश्चित पैमाना होता है।

विषयवस्तु (Content) : किसी भी कहानी/पटकथा, शॉट या दृश्य में एक विशेष मुद्दा/कथ्य होता है जिसे निर्देशक दर्शकों तक पहुँचाना चाहता है।

जटिलताएँ (Complications) : आरम्भ से अन्त तक कहानी में रुचि बनाए रखने के लिए विभिन्न स्थितियों में, विभिन्न चरित्रों के बीच जटिलतम परिस्थितियाँ तथा समस्याओं को उत्पन्न किया जाता है और उनका समाधान करते हुए कहानी को आगे बढ़ाया जाता है।

संवाद (Communication) : विभिन्न स्तरों में, विभिन्न व्यक्तियों में, फिल्म/रंगमंच तथा दर्शकों के बीच अपनी बात को स्पष्ट रूप से कहना, पहुँचाना संवाद कहलाता है, ताकि वह बात उसी रूप में समझी जाए जिस रूप/आशय से कही गई है अन्यथा संवाद अधूरा, अस्पष्ट तथा व्यर्थ माना जाता है।

सज्जा (Composition) : फिल्म विधा में फ्रेम में हर वस्तु, चरित्र, प्रकाश-व्यवस्था साज-सज्जा आदि किसी भी दिखाई देनेवाली चीज़ को सुन्दरतम रूप में आकर्षक तथा सन्तुलित दिखाने को कम्पोजीशन कहते हैं।

तारतम्य (Continuity) : एक दृश्य से दूसरे दृश्य, एक शॉट से दूसरे शॉट, एक संवाद से दूसरे संवाद तथा एक क्रिया (Actions) से दूसरे एक्शन के बीच तारतम्य होना चाहिए, ताकि ये टूटे हुए या अलग-अलग न लगें। ये तारतम्य समय के अतिरिक्त हर उस चीज़ में होना चाहिए, जो शॉट या दृश्य में उपयोग में लाई गई है।

क्रेन ऊपर/नीचे (Crane Up/Down) : शूटिंग के समय किसी शॉट के लिए कैमरा क्रेन में रखकर ऊपर या नीचे लाया जाता है। टॉप एंगल शॉट के लिए क्रेन ऊपर तथा लो ऐंगल के लिए क्रेन नीचे लाई जाती है।

कट अवे शॉट (Cut away Shot) : दो शॉट या दृश्य के बीच में समयान्तर, समय प्रबन्धन या वातावरण से सम्बन्धित शॉट 'कट अवे शॉट' कहलाते हैं। ये शॉट मुख्य दृश्य से अतिरिक्त लिए जाते हैं।

चरम सीमा (Climax) : कहानी/फिल्म का अन्तिम चरण, जिसमें आरम्भ में उठाई गई समस्या अनेक उतार-चढ़ावों से गुजरते हुए अन्त में इस स्थिति तक पहुँचती

है, जिसमें इस पार या उस पार का निर्णय आवश्यक होता है, इस स्थिति को चरम सीमा कहते हैं।

डोप सीट (Dope Sheet) : शूटिंग के समय या पुनर्ध्वनि अथवा ध्वनि अंकन के समय के लिए लिखी गई विस्तृत सूची जिसमें शॉट्स, ध्वनि तथा अन्य आवश्यक जानकारी दी जाती है, जो फिल्म सम्पादक तथा रिकॉर्डिस्ट को उनके कार्य में सहायता देती है।

निकालना (Deletion) : किसी शॉट/दृश्य को फिल्म से बाहर कर देना। ऐसा अनावश्यक विस्तार अथवा चित्रपट समय (Screen Time) को प्रबन्धित करने के लिए किया जाता है।

डिज़ोल्व (Dissolve) : समयान्तर (Time Lapse) दिखाने के लिए एक शॉट धीरे-धीरे गुम होता है, उसी समय आगे आनेवाला शॉट धीरे-धीरे पर्दे पर आने लगता है।

डबिंग (Dubbing) : शूटिंग के समय रिकॉर्ड किए हुए संवाद अनावश्यक शोर या ध्वनि-बाधाओं के कारण प्रयोग नहीं किए जा सकते। यही संवाद बाद में दृश्य देखकर कलाकार द्वारा होंठों की गति के अनुसार मिलान कर पुनः रिकॉर्ड किए जाते हैं। इस समय कलाकार अभिनय द्वारा नहीं, बल्कि अपनी आवाज़ द्वारा उचित प्रभाव प्रदान करता है।

सम्पादन (Editing) : पटकथा के अनुरूप समय, कारण तथा कार्य को ध्यान में रखते हुए दृश्यों एवं शॉट्स का संयोजन सम्पादन कहलाता है। इस प्रक्रिया में तारतम्य (Continuity) का विशेष ध्यान रखा जाता है।

घटनाएँ (Events) : शॉट्स/दृश्य में होनेवाली घटनाएँ जो कहानी, दृश्य या किसी चरित्र को एक विशेष पहचान देती हैं और कहानी के मनोरंजक विकास में सहयोग देती है।

फेड इन/फेड आउट (Fade in/Fade out) : दृश्य समाप्ति एवं नए दृश्य के आरम्भ की सूचना। इसमें एक शॉट धीरे-धीरे पर्दे पर अँधेरा करके बाहर चला जाता है तथा अगला शॉट इस अँधेरे से बाहर निकलता है। डिजोल्व की तरह ये दोनों प्रक्रियाएँ समानान्तर नहीं हैं, बल्कि एक शॉट जाने के बाद दूसरा आता है। फेड समयान्तर के लिए भी प्रयोग किए जाते हैं।

फ्लैश बैक/फ्लैश फॉरवर्ड (Flash Back/Flash Forward) : अतीत के बारे में

सोचना 'फ्लैश बैक' तथा भविष्य की कल्पना करना 'फ्लैश फॉरवर्ड' होता है। ये किसी चरित्र की विशेष मनःस्थिति दिखाने के लिए प्रयोग किए जाते हैं।

चरम संकट (Final Crisis) : सम्पूर्ण पटकथा की रचना में एक के बाद एक नई समस्या उठती है और उसका समाधान होता है। इस प्रकार अन्त में सबसे गम्भीर स्थिति पैदा होती है जिसका समाधान आवश्यक होता है। इसे अन्तिम समस्या/समाधान कहते हैं।

फ्रेम (Frame) : फिल्म की पट्टी में प्रयुक्त अनेक स्थिर चित्रों में से एक चित्र को फ्रेम कहते हैं। किसी सीन या शॉट के लिए हमें फ्रेम को कम्पोज करना होता है। शॉट में होनेवाली विभिन्न गतिविधियाँ फ्रेम्स की एक शृंखला में कैद हो जाती हैं।

आभास (Illusion) : फिल्म के पर्दे पर होनेवाली हर घटना वास्तविकता नहीं होती, बल्कि वास्तविकता का आभास होती है जिसे वास्तविक समझकर दर्शक स्वयं को उस घटना का एक भाग समझने लगते हैं।

इंटर कटिंग (Inter Cutting) : एक दृश्य में अलग-अलग स्थान पर होनेवाली विभिन्न घटनाओं को बारी-बारी से कट करना 'इंटर कटिंग' करना होता है।

संयोजन (Juxtapposition) : फिल्म के सम्पादन की प्रक्रिया में एक शॉट से दूसरे शॉट को कट करना/जोड़ना ताकि दृश्य का कथा तथा समयानुसार तारतम्य बना रहे।

आकार (Magnification) : शॉट में किसी वस्तु, चरित्र या क्षेत्र का आकार, जो कैमरे में विभिन्न प्रकार के लेंसों के प्रयोग से प्राप्त किया जा सकता है।

गतिविधि (Movements) : शॉट में होनेवाला हर मूवमेंट चाहे वह चरित्रों द्वारा हो या कैमरे के द्वारा या फिर प्रॉपर्टीज़ यानी वस्तुओं द्वारा।

मोंटाज (Montage) : कई विभिन्नार्थी शॉट्स को जोड़कर एक 'मोंटाज' की रचना की जाती है जिसका अर्थ शॉट्स के अर्थों से भिन्न होता है।

अ-समक्रमिक ध्वनि (Non-Synchronous Sound) : संवादों तथा घटनाक्रम से उत्पन्न ध्वनियों के अतिरिक्त प्रयुक्त किए जानेवाले साउंड इफेक्ट्स, जो सामान्य रूप से वातावरण की रचना करने के लिए किए जाते हैं, जैसे चिड़ियों की चहक, यातायात, हवा की आवाज आदि। संवाद तथा घटनाक्रम (Incidental) से उत्पन्न

ध्वनि समक्रमिक ध्वनि (Synchronous Sound) कहलाती है।

पर्दे के पीछे की आवाजें (Off Screen Voices) : किसी दृश्य में पर्दे से आनेवाले ध्वनि प्रभाव, पार्श्व संगीत, संवाद या विवरण आदि।

गति (Pace) : फिल्म के बहाव में आरम्भ से अन्त तक एक विशेष गति, जो कथा/कहानी के भाव के अनुसार निर्धारित की जाती है।

पैनिंग (Panning) : बाएँ से दाएँ या दाएँ से बाएँ कैमरा मूवमेंट।

मार्गदर्शक ट्रैक (Pilot Track) : फिल्म की शूटिंग के समय ध्वनि मुद्रित संवादों की ध्वनि पट्टी (Dialogue Track), जो डबिंग के समय कलाकारों को पुनः संवाद बोलने के लिए मार्गदर्शक का कार्य करती है। कलाकार संवादों को उसी भाव में बोलते हैं, जिसमें शूटिंग के समय बोले गए थे।

कथावस्तु (Plot) : कहानी/कथावस्तु की योजना।

समानान्तर क्रिया (Parallel Action) : एक ही दृश्य में एक ही समय में विभिन्न स्थानों पर हो रही क्रियाएँ/घटनाएँ।

भूमिका (Premise) : किसी कथा/कहानी का आधार।

सजावटी वस्तुएँ (Properties) : दृश्य में उपयुक्त सजावटी तथा उपयोग में आनेवाली वस्तुएँ।

समाधान (Resolution) : आरम्भ से अन्त तक कथा में उत्पन्न होनेवाली विभिन्न समस्याओं, जटिलताओं व विरोधों का समाधान।

लय (Rhythem) : संगीत की लय की तरह ही पटकथाकार हर दृश्य तथा सम्पूर्ण पटकथा में विभिन्न प्रकार की क्रियाओं, भावों, तनावों तथा नाटकीयता के प्रयोग से लय की उत्पत्ति करता है।

दृश्य (Scene) : किसी घटना या कथावस्तु का दृश्य रूप।

पटकथा (Screen Play) : किसी कहानी को चित्रपट की तकनीकियों की आवश्यकता के अनुसार दृश्य तथा नाटकीय रूप।

स्क्रीन टाइम (Screen Time) : पर्दे पर किसी घटना के घटने का समय (Duration) वास्तविक समय से भिन्न होता है।

दृश्य शृंखला (Sequence) : पटकथा में प्रयुक्त दृश्यों की क्रमिक शृंखला। लेखक इसका निर्णय कहानी/पटकथा के कुछ विशेष गुणों के अनुसार करता है।

पर्दे की दिशा (Screen Direction) : पर्दे पर विभिन्न कलाकारों या चरित्रों के गति करने की दिशा।

सेटिंग (Setting) : किसी दृश्य का काल्पनिक घटनास्थल, जिसे दृश्य की आवश्यकतानुसार तैयार किया जाता है।

मन्द गति (Slow Motion) : कैमरे की गति (Speed) बढ़ाकर पर्दे पर होनेवाली घटना मन्द गति से होती दिखाई देती है। कैमरे की गति को कम करके इन्हीं घटनाओं (Actions) को तीव्र गति से होते हुए दिखाया जाता है। इसे तीव्र गति (Fast motion) कहते हैं।

ध्वनि प्रभाव (Sound Effects) : दृश्य में उपयुक्त वातावरण तथा प्रभाव प्राप्त करने के लिए विशेष ध्वनि प्रभाव (Special Sound Effects)।

विशेष प्रभाव (Special Effect) : कैमरे की विभिन्न तकनीकों के द्वारा विशेष दृश्य प्रभाव (Visual Effect) की रचना, जैसे–डिजोल्व (Dessolve), फेड (Fade), वाइप (Wipe) आदि।

अध्यारोपण (Superimposition) : एक दृश्य के ऊपर अन्य दृश्य का अध्यारोपण।

कार्य योजना (Strategy) : पटकथा में एक चरित्र के विकास एवं परिवर्तन की योजना। इसके अनुसार उसका विभिन्न चरित्रों, घटनाओं तथा कथा के साथ सम्बन्ध जोड़ना।

टिल्ट (Tilt Up/Tilt down) : कैमरे की ऊपर से नीचे या नीचे से ऊपर की ओर गति।

पदार्पण (Transition) : एक दृश्य से दूसरे दृश्य अथवा एक शॉट से दूसरे शॉट में पदार्पण की क्रिया।

कल्पनाशक्ति (Vision) : रचनात्मक कल्पनाशक्ति, जो किसी भी रचना की व्यक्तिगत विशेषता होती है।

दृश्य कल्पना (Visualisation) : किसी कथा/कहानी, नाटक या उपन्यास की दृश्य रूप में प्रस्तुति।

दृश्य क्षेत्र (Visual Area) : कैमरे द्वारा किसी शॉट में दिखाई देनेवाला क्षेत्र।

वाइप (Wipe) : शॉट्स या दृश्य में समयान्तर या पदार्पण के लिए प्रयुक्त विशेष प्रभाव, जिसमें एक दृश्य जाता है तथा अगला दृश्य आ जाता है।

जूम (Zoom) : कैमरे में एक विशेष लेंस (Zoom Lens) के प्रयोग से वस्तुओं या चरित्रों के पास या दूर होना।

●●●